厚德博學
經濟匡時

大学通识课教材

思想中国与中华优秀传统文化

白振奎 著

上海财经大学出版社

图书在版编目(CIP)数据

思想中国与中华优秀传统文化 / 白振奎著. -- 上海：上海财经大学出版社, 2025.2. -- (匡时). -- ISBN 978-7-5642-4586-3

Ⅰ. K203

中国国家版本馆 CIP 数据核字第 20259M2R78 号

□ 责任编辑　刘光本
□ 封面设计　张克瑶

思想中国与中华优秀传统文化
白振奎　著

上海财经大学出版社出版发行
(上海市中山北一路 369 号　邮编 200083)
网　　址:http://www.sufep.com
电子邮箱:webmaster@sufep.com
全国新华书店经销
上海华业装潢印刷厂有限公司印刷装订
2025 年 2 月第 1 版　2025 年 9 月第 2 次印刷

710mm×1000mm　1/16　19.25 印张(插页:2)　276 千字
定价:79.00 元

前　言

中华民族具有百万年的人类史、一万年的文化史、五千多年的文明史。中华文明博大精深，只有全面深入了解中华文明的历史，才能更有效地推动中华优秀传统文化创造性转化、创新性发展，更有力地推进中国特色社会主义文化建设，建设中华民族现代文明。

在建设中华民族现代文明的进程中，向大学生讲好中国故事，使他们喜爱中国文化，领悟中国思想进而坚信中国理论，具有重大意义。讲述中国故事，挖掘故事反映的文化因素，分析故事背后的中国思想，乃至与世界上其他有影响力的文化形态进行对比，可以使学生真正体会到中华文化独一无二的理念、智慧、气度、神韵，在内心深处为中华先祖前赴后继的伟大实践所感动，从而提升对中华优秀传统文化的温情与敬意[①]，增强民族自信与自豪，这既是时代的召唤，也是教育工作者的使命担当。我们的教材建设正是基于这样的初衷而进行的。

在现有的课程体系中，已经有很多讲中国历史、中国思想、中国概况乃至中国文化的课程了，我们设计这样一门课程、编写这样一本教材，其价值何在？特色何在？我们的价值与特色就在于，以案例教学理念为指导，在讲述一个个生动的"中国故事"的同时，致力于挖掘故事背后的"中国思想"，使学生对中国文化的精华了然于心，进而能够融会贯通、游刃有

[①] 钱穆先生在《国史大纲》前言中说："所谓对其本国以往历史略有所知者，尤必附随一种对其本国以往历史之温情与敬意。所谓对其本国以往历史有一种温情与敬意者，至少不会对其本国以往历史抱一种偏激的虚无主义。"引自钱穆著：《国史大纲》上册，商务印书馆1996年版，第1页。

余地分析社会生活和文化现象。本教材力争将思想的深刻性和表达的生动性结合起来，使学生学有所思、思有所得、得后有所悟。基于这样的考虑，每个专题都精心选择了与本专题内容相匹配的案例，案例后设计了一些具有区分度的问题，目的是检验学生对案例内容的了解程度并激发其深入了解和探讨的兴趣。在此基础上，教师与学生一起挖掘案例背后蕴含的中华优秀传统文化的基本要素，就水到渠成了。因此，案例既是课程导入的素材，也是课程讨论的重要载体。案例可以是历史故事，也可以是当代社会生活事件，还可以是文学作品、影视作品，题材及形式不拘一格。

基于上述想法，本教材精心打造能够代表中华优秀传统文化精髓的十大专题，各讲题目依次为：第一讲九州共贯、多元一体的大一统思想，第二讲一体同构、兴亡有责的家国情怀，第三讲民为邦本、为政以德的德治思想，第四讲安民富民、惠民利民的民生思想，第五讲道法自然、天人合一的生态理念，第六讲亲仁善邻、和合包容的天下思想，第七讲革故鼎新、与时俱进的创新思想，第八讲自强不息、厚德载物的道德追求，第九讲形神兼备、情景交融的美学追求，第十讲文以载道、以文化人的教化思想。

第一讲的内容，意在使学生深入了解大一统思想的表现层面、鲜明优势。具体应了解：大一统表现为疆域一统、政治一统、思想一统、民族一统；大一统的优越性表现为：大一统政权有能力维护国家稳定，大一统国家形成了强大的国家治理能力，大一统政治有利于实现百姓的大面积身份平等，大一统政治有利于促进文化发展和科技进步。通过本讲内容，使学生坚定地认识到，中华民族是几千年来形成的民族命运共同体、文化共同体，中华民族不可分割、不能分裂，大一统是中华文明绵延不断的关键所在，也是当今全体中华儿女的共识。

通过第二讲的内容，使学生深入了解家国情怀的演变历程、具体表现，特别是使其坚定认识到，家国情怀是与乡土观念、民族尊严、民族文化等紧密相连的，家国情怀既是中华文明薪火相传的深层逻辑，也是中华民族发展进步的内在支撑。

通过第三讲的内容，使学生深入了解德治思想具有以民为本、以人性善为基础及注重榜样示范、注重道德教化等特点；本讲还特别强调，德治具体包括安民富民、轻徭薄赋、荒政救助、轻刑缓刑、道德教化与移风易俗、王者无外与德化边疆等多方面内容。本讲内容最终落实为一点就是，德治是闪耀着人性光芒的治理方式。

通过第四讲的内容，使学生深入了解古代民生思想的主要表现和商业思想的表现，深入了解民生思想表现为养民保民、重农贵粟、均田与仓储等原则与理念。本讲最终落实为一点就是，民生问题是执政之基、治国之本。

通过第五讲的内容，使学生深入了解天人合一思想的特点及在社会生活中的具体表现，特别是了解天人合一思想与整体性认知方式的关系、与共通性思维方式的关系、与法自然的民族思维的关系以及天人合一在农业生产、生态环保、断狱刑罚、养生顺生等方面的具体表现。在教材展开过程中还贯穿这样的理念：天人合一思想是中国智慧，也是世界智慧。

通过第六讲的内容，使学生深入了解天下思想的表现层面和思想特点，特别是了解以和为贵是中华传统文化的基因，和而不同、求同存异是民族思维的核心内容，和合包容是中国传统文化追求的目标；还要使学生了解，天下思想是个人修身的自然延伸，天下思想注重讲信修睦、以德怀远。本讲内容还想传达的一点是："人类命运共同体"理念与天下思想一脉相承，这一理念诠释了中华传统文化智慧，彰显了文化的力量。

通过第七讲的内容，使学生深入了解创新精神的表现层面及创新精神所体现的民族文化特点，把握创新精神表现为思想创新、制度创新、科技创新、文学艺术创新、模式创新等各个层面，还使学生深入领会：创新精神发源于生生不息的生命意志、创新精神彰显了自强不息的进取精神、创新精神负载了仁民爱物的道德情怀。本讲内容一言以蔽之就是：创新是一个民族进步的灵魂，是一个国家兴旺发达的不竭动力，是中华民族深沉的民族禀赋。

通过第八讲的教学内容，使学生深入了解道德追求的表现层面及道德追求的特点，使学生深入领会：道德追求与个体成长不可分割，道德追求与家庭教育紧密相连,道德追求与家国情怀一脉相通;还要使学生了解,道德追求源于同情心,道德追求与自强不息紧密相连,道德追求与为政以德一脉相承。本讲内容落实为一句话就是:中华传统文化认为人生最大价值就是学道、悟道、行道。

通过第九讲的教学内容,使学生深入了解中华美学追求的表现层面、形成原因;使学生深刻领会:生气灌注、气韵生动是中华艺术精神最鲜明的特色,中华艺术精神重视虚实相生、超越形似,中华艺术风格追求情景交融、意境深远;并进而使学生领会:中华美学追求的哲学基础是天人合一,外师造化、中得心源是处理艺术家与世界关系的重要原则,物我同一是具有鲜明民族特色的创作心理机制。本讲内容概括言之就是:中国艺术注重传达生生不息的精神气韵,注重人与世界的和谐共生。

通过第十讲的教学内容,使学生深入了解文学艺术教化思想的表现层面及表现特点,具体应把握诗歌艺术与教化、文章艺术与教化、小说艺术与教化、戏曲艺术与教化的关系。本讲内容还包括:一方面教化文艺观具有鲜明的功利特色,另一方面教化文艺观的功利色彩与审美追求相映成趣。本讲内容约略言之就是:文学艺术是人学,是对人类命运深切的关怀,文学艺术家应具有深沉的社会责任担当。

有一点这里须加说明,教材中对文明与文化这两个词的使用看似随意,实际上作者在使用这两个词的时候是有一定考虑的。基于一般的认识,"文明"的概念要比"文化"更广大,也更固定。或者反过来说,"文化"的概念比"文明"更细微,也更弥散。在区别地使用这两个词的时候,我们常常用"文化"表达"文明"精神的部分即非器物的部分。本书名为"思想中国与中华优秀传统文化",主要目的是挖掘精神层面文化背后的中国思想,致力于培养学生探究、分析各类文化现象、文化事件的能力,使学生能够体会蕴含在文化之中的思想的魅力,器物层面的介绍并不是本教材要表现的重点。换言之,我们的重点并不在展示物质、器物层面的差异、特色,而是致力于揭示中华优秀传统文化背后的思想支撑,这正是当代大学生亟须养成的能力。举一个通俗的例子,如果在大学课堂上还热衷于讨论南方人喜欢吃肉粽、蛋黄粽，北方人喜欢吃甜粽，或者说南方人过年多吃年糕，北方人过年多吃饺子之类的具体而微的知识，而没有上升到文化上的提炼和提升，这是令人悲哀的，这本是中小学课堂上要做的事。我们要思考的是更为抽象、宏观的东西。比如说，你能从北方人过年吃饺子、南方人过年吃年糕这些事实中体悟到文化的某些特点，体悟到中华文化的和合包容，体会到"一方水土养一方人"以及"身土不二"的饮食理念，甚至从食物取材到烹饪方式及用餐习惯等各个角度比较中西饮食文化所蕴含的思想观念，这就是很有意义的视角，这才是大学课堂应做的事，其道理就不用多说了。一言以蔽之，本教材的目标是培养学生概括提炼、对比反思、类推迁移、举一反三的能力，不仅使思维能力跃上一个台阶，且对中华文化的敬意与温情也有提升。

本教材是为上海财经大学匡时书院同名必修课及全校通识限选课而编写的。本教材能获得立项并顺利推进，要衷心感谢上海财经大学原常务副校长（现为匡时书院院长）徐飞教授、国际文化交流学院院长董静教授及教务处江晓东处长的大力支持。他们的支持、鼓励使本教材顺利出版，本人也在与他们的交流中获益良多。在此还要感谢2024春季学期选修"思想中国"通识课的蔡扬宇、刘恋、李晨彤、王宇卓、刘益彰、李楠、厉安琪等同学，每周一次的课堂讨论短暂而快乐，使我深感孟子所说"得天下之英才而教育之"的"君子之乐"所言非虚，教学相长的原则也在课堂上得到了充分体现。期末考试结束后，蔡扬宇同学手拿厚厚的一叠复习材料交给我，让我转交给下一届学弟学妹，给他们做参考，一瞬间我心里特别感动，竟不知何云了。德国哲学家雅思贝尔斯曾说："真正的教育是用一棵树去摇动另一棵树，用一朵云去推动另一朵云，用一个灵魂去唤醒另一个灵魂。"随着教龄渐长，我对这一表述有了更深的认识，真正的教育就应该是这个样子，"双向奔赴"是人生的莫大享受！在此还要感谢学棣闵克香，她代为查阅了大量资料，使我免去奔波之苦。

对于学校交给我的课程建设任务，我念兹在兹、夕惕若厉，丝毫不敢松懈。但由于时间紧迫，我的知识储备有限，课程涉及内容博大精深，我个人对某些问题的认识还有待提升,本教材只能是一个阶段性的成果,有待于今后逐步完善。诚挚希望同道及同学有以教我,使我不断进步!

白振奎

2025 年 2 月

目 录

第一讲 九州共贯、多元一体的大一统思想

第一部分 大一统的表现层面 / 001

一、案例导入 / 001

二、大一统的表现层面 / 003

(一)疆域一统 / 003

(二)政治一统 / 006

(三)思想一统 / 010

(四)民族一统 / 012

第二部分 大一统的优越性 / 014

一、案例导入 / 014

二、大一统的优越性 / 016

(一)大一统政权有能力维护国家稳定 / 016

(二)大一统国家形成了强大的国家治理能力 / 018

(三)大一统政治有利于实现百姓的大面积身份平等 / 018

(四)大一统政治有利于促进文化发展和科技进步 / 019

课后思考题 / 021

第二讲 一体同构、兴亡有责的家国情怀

第一部分 家国情怀的演变历程 / 026

一、案例导入 / 026

二、家国情怀的演变历程 / 029

（一）家国情怀起源于氏族—部落—部族国家的发展历程 / 029

（二）家国情怀与儒家士大夫的倡导和践行密不可分 / 031

（三）家国情怀在民族危急时容易被激发 / 033

第二部分　家国情怀的表现形式 / 035

一、案例导入 / 036

二、家国情怀的表现形式 / 040

（一）家国情怀表现为对土地的守护 / 040

（二）家国情怀表现为捍卫国家形象和民族尊严 / 042

（三）家国情怀表现为传承民族文化 / 044

课后思考题 / 046

第三讲　民为邦本、为政以德的德治思想

第一部分　德治特点概括 / 048

一、案例导入 / 048

二、德治特点概括 / 052

（一）德治理念下的国家治理——以民为本 / 052

（二）德治的心理学基础是人性善 / 056

（三）德治注重道德典范的示范性 / 058

（四）德治注重道德教化 / 060

第二部分　德治的具体内容分析 / 063

一、案例导入 / 063

二、德治的具体内容分析 / 064

（一）安民富民 / 064

（二）轻徭薄赋 / 066

（三）荒政救助 / 068

（四）轻刑缓刑 / 070

（五）道德教化与移风易俗 / 072

（六）王者无外与德化边疆 / 073

课后思考题 / 074

第四讲　安民富民、惠民利民的民生思想

第一部分　古代民生思想的主要表现 / 078

一、案例导入 / 078

二、古代民生思想的主要表现 / 082

（一）养民保民思想 / 082

（二）重农贵粟思想 / 087

（三）均田与仓储思想 / 091

第二部分　中国古代的商业思想 / 097

一、案例导入 / 097

二、司马迁与"看不见的手" / 098

三、明代中期以后的重商思想 / 104

课后思考题 / 105

第五讲　道法自然、天人合一的生态理念

第一部分　天人合一思想特点概括 / 107

一、案例导入 / 108

二、天人合一思想特点概括 / 113

（一）天人合一思想与整体性认知方式 / 113

（二）天人合一思想与共通性思维方式 / 117

（三）天人合一思想与法自然的民族思维方式 / 120

第二部分　天人合一与社会生活 / 123

一、案例导入 / 123

二、天人合一与社会生活 / 125

（一）天人合一与农业生产 / 125

（二）天人合一与生态环保 / 126

（三）天人合一与断狱刑罚 / 129

（四）天人合一与养生顺生 / 130

课后思考题 / 133

第六讲　亲仁善邻、和合包容的天下思想

第一部分　天下思想的表现层面 / 138

一、案例导入 / 138

二、天下思想的表现层面 / 139

（一）以和为贵 / 139

（二）和而不同、求同存异 / 143

（三）和合包容 / 146

第二部分　天下思想特点概括 / 153

一、案例导入 / 153

二、天下思想特点概括 / 155

（一）天下思想是个人修身的自然延伸 / 155

（二）天下思想注重讲信修睦、以德怀远 / 158

课后思考题 / 163

第七讲　革故鼎新、与时俱进的创新精神

第一部分　创新精神的表现层面 / 167

一、案例导入 / 168

二、创新精神的表现层面 / 170

（一）思想理念层面的创新 / 170

（二）制度层面的创新 / 171

（三）科学技术层面的创新 / 174

（四）文学艺术层面的创新 / 179

（五）模式创新 / 181

第二部分　创新精神所体现的民族文化特点 / 182

一、案例导入 / 182

二、创新精神所体现的民族文化特点 / 186

（一）创新精神发源于生生不息的生命意志 / 186

（二）创新精神彰显了自强不息的进取精神 / 190

（三）创新精神负载了仁民爱物的厚德情怀 / 192

课后思考题 / 194

第八讲　自强不息、厚德载物的道德追求

第一部分　道德追求的表现层面 / 199

一、案例导入 / 199

二、道德追求的表现层面 / 202

（一）道德追求与个体成长 / 202

（二）道德追求与家庭教育 / 207

（三）道德追求与家国情怀 / 210

第二部分　道德追求的特点总结 / 215

一、案例导入 / 215

二、道德追求的特点总结 / 217

（一）道德追求源于同情心 / 218

（二）道德追求与自强不息紧密相连 / 218

（三）道德完善与为政以德一脉相承 / 222

课后思考题 / 226

第九讲　形神兼备、情景交融的美学追求

第一部分　中华美学追求的表现层面 / 231

一、案例导入 / 231

二、中华美学追求的表现层面 / 234

（一）生气灌注、气韵生动 / 234

（二）虚实相生、超越形似 / 238

（三）情景交融、意境深远 / 242

第二部分　中华美学追求的成因探寻 / 245

一、案例导入 / 245

二、中华美学追求的成因探寻 / 247

（一）中华美学追求的哲学基础是天人合一 / 247

（二）外师造化、中得心源 / 249

（三）物我同一 / 251

课后思考题 / 254

第十讲　文以载道、以文化人的教化思想

第一部分　文艺教化思想的表现层面 / 260

一、案例导入 / 260

二、文艺教化思想的表现层面 / 265

（一）诗歌艺术与教化 / 265

（二）文章艺术与教化 / 274

（三）小说艺术与教化 / 278

（四）戏曲艺术与教化 / 282

第二部分　文艺教化思想的特点提炼 / 284

一、案例导入 / 284

二、文艺教化思想的特点提炼 / 288

（一）教化文艺观具有鲜明的功利色彩 / 288

（二）教化文艺观的功利色彩与审美追求相映成趣 / 289

课后思考题 / 290

第一讲　九州共贯、多元一体的大一统思想

第一部分　大一统的表现层面

中华文明是世界古代文明中唯一没有中断、连续五千多年的文明。英国历史学家汤因比在《历史研究》中指出：在近六千年的人类历史上，出现过21个文明形态，但只有中国的文化体系长期延续发展而从未中断。中华文明没有中断，除了受惠于其独特的地理环境及在此基础上形成的经济生产方式和政治制度外，九州共贯、多元一体的大一统思想的强烈影响也是重要因素。

一、案例导入

案例：

南宋著名爱国诗人陆游在去世之前写下了《示儿诗》：

死去元知万事空，但悲不见九州同。
王师北定中原日，家祭无忘告乃翁。

清末民初著名学者、政治家梁启超在《读陆放翁集·其一》诗中写道：

诗界千年靡靡风，兵魂销尽国魂空。

集中什九从军乐，亘古男儿一放翁。

问题：

1.《示儿诗》以"万事空"起笔，诗人真的做到"万事空"了吗？

2.诗人陆游所悲为何事？"九州同"指代什么？你能介绍一下当时的历史背景吗？

3.透过《示儿诗》，你能看出诗人的最高价值是什么？其理论来源是什么？

4.这种价值观是陆游独有的还是当时文人士大夫的普遍情怀？请结合实例说明。

5.你同意梁启超"兵魂销尽国魂空"这一断语吗？请具体说明。

6.梁启超称赞陆游为"亘古男儿"，你觉得这个评价有道理吗？

案例分析：

诗人陆游临终前并没有做到"万事空"，他心中还有一份不能释怀的牵挂：这就是念兹在兹的"九州同"，就是"王师北定中原"。诗人之所以这样矛盾，是为了对比反衬国家统一大业在其心中具有无法超越的位置，具有超越世俗事务的神圣性。

诗人最牵挂的是国家统一，然而令其悲伤的是死前不能亲见九州一统。九州这里指代的是华夏中国，传说大禹治水成功后将天下分为九州，九州成为中国的代名词。靖康二年（公元1127年），金朝南下攻取北宋首都东京汴梁，掳走徽、钦二帝，导致北宋灭亡，这一历史事件被称为"靖康之变"或"靖康之耻"。除徽、钦二帝外，大量赵氏皇族、后宫妃嫔与朝臣等三千余人也被迫北上金国，东京城中公私积蓄为之一空。东京沦陷后，康王赵构后建都于临安，史称南宋。南宋统治范围缩小，只有秦岭淮河以南的江南地区，国土面积是北宋的三分之二。

透过该诗，我们能看出诗人陆游心中的最高价值是大一统的家国情怀，而不是个体的名利恩怨。这种大一统情怀来源于儒家文化的长期滋养和熏陶。梁启超诗中写陆游"集中什九从军乐",可能有夸张成分,但在现存陆游的九千多首诗中,爱国忧国的题材数量之多恐怕无人能出其右,除了《示儿诗》,类似的诗篇我们还能举出不少。当然,这种大一统价值观并不为陆游所独有,而是历朝历代受到中华传统文化滋养的文人士大夫的普遍情怀,只是在陆游的诗中这一主题表现得更为集中、情感更为炽烈。岳飞、辛弃疾、范成大、刘过、陈亮、张孝祥、文天祥、丘逢甲等人的诗词创作,无不表现了期盼"九州同"的大一统情怀。这就说明,大一统情怀作为一种文化基因,深深烙印在国人的集体无意识之中。从这个意义上说,梁启超说的"兵魂销尽国魂空"也有商榷的余地,不可尽信。

二、大一统的表现层面

(一)疆域一统

考古资料证实,黄河流域、长江流域、珠江流域、西辽河流域、北方草原文化区都是中华文明的摇篮,中华文明的发生、发展呈现多元性色彩。与此同时,中华文明的起源又表现出统一性,即以黄河中下游为核心的文明区具有相对的稳定性,对周边文明产生强大影响,周边文明呈现出向中原文明内聚的特点。在中华文明的历史长河中,统一是历史的主流,是历史发展的方向,尽管各朝代统一的程度、力度和国家治理的主体民族各有差异,但都践行中华文化,中华文化的统一性得到了典型体现。我们从下面的经典表述中就可以发现,中华民族对于国家统一有着不可撼动的执念。

《诗经·小雅·北山》:"溥天之下,莫非王土;率土之滨,莫非王臣。"[1]

这四句诗的意思是,你看那广阔的天宇之下,没有一处不是周王的封土;你看那各处封土的水边尽头,没有一人不是周王的臣仆。

---

[1] 程俊英撰:《诗经译注》,上海古籍出版社1985年版,第416页。

无独有偶,《左传·昭公七年》也有类似表述,语近意同:"天子经略,诸侯正封,古之制也。封略之内,何非君土。食土之毛,谁非君臣。"[1]周初规定,一切土地属于周王所有,周王再把土地和土地上的百姓分封给诸侯,诸侯以下再依次分封。从名义上讲,周王对所封土地有所有权,各级受封的贵族对土地只有使用权,没有所有权。同时,在周天子统治的京畿地区,实行井田制。《孟子·滕文公上》载:"方里而井,井九百亩。其中为公田。八家皆私百亩,同养公田;公事毕,然后敢治私事。"[2]可见,土地都归周天子所有,从诸侯国的国君到卿大夫士乃至庶民、奴隶,都是周天子的臣仆。从这个意义上看,周代社会的政治结构和文化心理都尊崇大一统。但是,这一时期的大一统是较为松散的、脆弱的,只能说是理论和形式上的大一统,与郡县制下强有力的一统局面不可同日而语。正因为这一时期的一统只是理论上和名分上的一统,现实情况是诸侯国独立自治、独立发展,这就为离心倾向和诸侯纷争留下了空间。秦汉王朝统一之后实行的大一统政治才逐步解决了这一问题,为之后封建王朝的长治久安奠定了基础、积累了经验。

总体而言,中国内地的地理环境相对封闭,北部是冰天雪地的西伯利亚,南部是瘴疠充塞的热带雨林,西部是人迹罕至的青藏高原和黄沙漫漫的戈壁、沙漠,东部是茫茫无际的汪洋大海。相对于亚欧大陆的其他地区来说,东亚大陆自成相对封闭的地理单元。封闭的地理状态限制了中国的对外联系,但也避免了外来势力的冲击,为文明的发展提供了天然屏障。在古代历史上,中原文明的劲敌是北方的游牧民族,而游牧民族征服了中原也会被强大的中原文明同化,这就使得中华文明十分安全,能够在历史的长河中连绵不断并不断展现一统的优势。"大一统"观念就在这一地理环境中逐渐形成并得到强化的。大一统观念为人们的疆土认同奠定了思想基础,强化了人们对国家领土完整的认知。

---

[1] 〔春秋〕左丘明著,〔晋〕杜预集解:《春秋左传集解》,上海古籍出版社1997年版,第1286—1287页。

[2] 〔战国〕孟子著,杨伯峻译注:《孟子译注》,中华书局1960年版,第119页。

与东亚大陆相比,欧洲的地理环境相对碎片化,许多国家之间被天然形成的山川河流阻隔,如公元前8世纪的古希腊,之所以出现数以千计的城邦国家,就是因为希腊半岛山脉众多,将陆地分割成许多小块区域。各区域之间的交通相对不便,容易形成相对独立的政治实体。与此同时,希腊地区海岸线漫长曲折,拥有众多优良港湾,海上贸易的发展使得一些沿海地区能够相对独立地发展经济和政治,形成独立的城邦。虽说这些国家中数雅典的文明最高、经济最强,但也没有能力吞并其他城邦,各城邦之间只能和平共存。

"大一统"观念形成后,在人们头脑中投射下的第一个印象是拥有广阔无垠的疆域和由此引发的自豪之情,对疆土的捍卫情怀成为爱国主义最直观的心理动源。"大一统"观念培养了人们的爱国情怀,激发了人们对疆土的热爱和守护之情,使得人们为了国家的利益和疆土的完整,不惜牺牲个人的财产和生命。中国历史上涌现出许多爱国志士,他们以自己的行动诠释了对国家完整性的忠诚。北宋著名的民族英雄岳飞的抗金行动以及杨家将的故事,都是维护大一统政治的生动事例。

岳飞的《满江红》就写出了期待国家一统的情怀,与陆游的诗篇相映成趣:

> 怒发冲冠,凭栏处、潇潇雨歇。抬望眼,仰天长啸,壮怀激烈。三十功名尘与土,八千里路云和月。莫等闲、白了少年头,空悲切。
>
> 靖康耻,犹未雪。臣子恨,何时灭。驾长车,踏破贺兰山缺。壮志饥餐胡虏肉,笑谈渴饮匈奴血。待从头、收拾旧山河,朝天阙。

《满江红》鲜明地表达了岳飞对故土沦丧的悲愤以及收复失地、实现国家统一的渴望,"收拾旧山河"一句是大一统思想的集中体现。在大一统观念影响下,岳飞以其坚定的信念和卓越的军事才能,积极收复失地、保家卫国,他所率领的岳家军纪律严明、作战英勇,给金兵以沉重打击,使得金兵感叹"撼山易,撼岳家军难",岳家军为维护国家统一和领土完整做出了巨大贡献。

几百年后,我国台湾诗人丘逢甲的《春愁》则写出了台湾人民对国家的归属感:

> 春愁难遣强看山,往事惊心泪欲潸。四百万人同一哭,去年今日割台湾。

这首诗深刻反映了大一统观念。丘逢甲是晚清伟大的爱国英雄、爱国诗人,他反对日本侵占我国台湾,积极组织抗日保台斗争,《春愁》诗写于1896年,即《马关条约》签订一周年之际。台湾自古以来就是中国领土不可分割的一部分,这是基于历史、文化、法律等多方面的共识。诗中"四百万人同一哭"一句,表达了台湾人民对台湾被迫割让的悲愤,体现了他们心中对中华归属感的强烈认同和渴望。

(二)政治一统

大一统的关键层面是政治一统。分封制下的大一统更多地停留在理论和名分上,郡县制下的中央集权才真正实践了大一统的精神要义。政治上的中央集权能做到从中央到地方的强势治理,保证政令畅通无阻,保证国家的有效治理而不被各种群体性势力所裹挟。古代的所谓盛世之治,一定是强有力君主摆脱各种群体性势力纠缠而强力推行儒家德政,从而做到了开明君主专制。就汉代社会而言,无论是诸侯国势力的尾大不掉还是外戚专政抑或宦官专权,都是侵蚀国家政治机体健康运转的群体性势力。如果处理不好这些问题,政治机体就很可能被这些异己势力反噬,从而将国家拖向覆亡的深渊。

《春秋公羊传·隐公元年》:"元年者何?君之始年也。春者何?岁之始也。王者孰谓?谓文王也。曷为先言王而后言正月?王正月也。何言乎王正月?大一统也。"[①]

[①] 王维堤等译注:《春秋公羊传译注》,上海古籍出版社1997年版,第1页。

这段话的大意为,"元年"说的是什么意思?说的是鲁隐公即位的头一年。"春"指的是什么?指的是一年的开始。"王"又指的是谁?是周文王。为什么先说王然后再说正月,这是因为正月是周王朝所制定的正月。为什么要强调周王朝的正月?是为了尊重周天子的一统天下。

文中的"大一统"的"大"是尊重、尊崇的意思,并非大小的大。这段话鲜明地表达了西周以来思想界尊周、尊重一统的思想。为什么形成了尊崇一统的思想呢?这里并没有交代。我们知道,"大一统"在中国承载着历史的必然要求,代表了人民的意愿,反映了百姓的心声。"大一统"不可能只是少数政治家的个人意志。如果大一统并不代表广大百姓的要求,就不可能获得他们的支持和参与,统治者的个人意志就无法实现。为什么说"大一统"代表了普通百姓的心声呢?在中国人心目中,统一等于安定、太平,统一才可能开展正常的生活;分裂则往往伴随着战争、动荡与不确定性,无论是小康还是大同的理想都无从实现,大一统的理念深深地烙印在国人心中,不是没有道理的。不言而喻,分裂的、割据的、离心倾向的政治状态容易引起纷争、引发战争,导致百姓生活无法正常进行;反过来说,天下有共主、名分已定,政治走上正轨,好于无政府状态或者群雄割据状态。

根据中国实际情况,大一统理念之所以被强化,也是中华民族治水的需要以及共同抵御北方游牧民族侵扰的需要。大禹能够成为部落首领,除了其个人的高尚品质和卓越的军事才能外,核心原因是他成功地领导了百姓治理洪水,获得了部落成员的广泛认可和高度信任。要想治水,就必须最大限度地调动全社会的人力、财力和物力,"孤立主义"、分段治理的做法是不可能成功的。此外,历代统治者高度重视水利工程,始终将其作为一项基本国策坚定推行,这是由中国古代农业社会的特点以及在此基础上国家对农业生产资源的高度汲取的特点所决定的。中国古代农业以一家一户的家庭生产为主要生产方式,但农业水利系统的开发与利用却靠强有力的政府组织人力建设、安排疏浚维修、制定用水规章,甚至调节用水纠纷。由此,各级政府在调配安排物质资源和人力资源方面的优势就凸显出来了。

抵御外侮同样如此，单靠某一个诸侯国或州郡无法与游牧民族抗衡，联合起来或者被组织起来才能产生巨大的力量。春秋时期，齐桓公以"尊王攘夷"为号召，结成民族统一战线，共同抵御了北方游牧民族的入侵。齐桓公之所以能够获得各诸侯国的支持，"尊王"即尊重大一统的政治格局，是关键原因。

治水和抵御外侮贯穿中国古代社会的始终，因此，"大一统"观念一直有其合理性和现实意义。发展到后来，"大一统"又与家国情怀、民族文化记忆、忠君伦理等结合起来，更容易打动人心、深入人心，在文人士大夫以至普通百姓心中打下深刻的烙印，积淀成为民族文化基因，这时候它所激发的力量就更为巨大。梁启超《读陆放翁集》作于戊戌变法失败后他出走日本期间，当时是积贫积弱的清朝末季，国家饱受列强凌辱，大一统政权摇摇欲坠，这首诗以陆游的"亘古男儿"形象激发国人的兵魂和国魂，用意是非常明显的。

除了儒家经典中的大量表述外，墨家学派也是主张大一统的。《墨子·尚同上》中说：

> 国君者，国之仁人也。国君发政国之百姓，言曰："闻善而不善，必以告天子。天子之所是，皆是之；天子之所非，皆非之。去若不善言，学天子之善言；去若不善行，学天子之善行。"则天下何说以乱哉？察天下之所以治者，何也？天子唯能壹同天下之义，是以天下治也。[①]

墨家的大一统理念，建立在其尚同和尚贤的主张之上，理论主张之间环环相扣。墨家的尚同，指的是言语行动一同于上，具体来说就是要统一于最高的天子。墨子认为，天下最贤能的人莫过于天子，以天子的是非为是非是实现大一统的重要途径。墨子认为，原始社会天下之乱是因为社

---

① 〔春秋〕墨子著，方勇译注：《墨子译注》，中华书局2011年版，第89页。

会处于无政府状态,"复古之民始生,未有正长之时","一人一义,十人十义,百人百义"①,每个人思想都不同,人与人不相爱,在这种情况下,就要"选天下之贤可者,立以为天子"②,从而整合各种纷杂的主张于一尊。

墨子主张的尚同,表现在思想、政治、行政等多方面。思想上,墨子强调"上之所是必皆是之,所非必皆非之"③,全部思想统一到天子身上;在政治上,墨子强调政治上的统一,"举天下之万民以法天子"④;在行政上,墨子强调政令统一,"上同而不下比"⑤,即下级与上级同心,万民与天子一意。

法家是一个代表人物众多、观点歧出的思想流派,但主张中央集权是其理论的总基调。《韩非子·扬权》说:"事在四方,要在中央。圣人执要,四方来效"⑥,由此必然推衍出大一统思想。所谓"扬权",是高扬君主之权,即"圣人执要"。法家主张依法治国,强调法律的统一性和普遍适用性,治国须以国家统一为前提,否则法律的统一性就无从谈起。后期法家主张实行郡县制,也须借助中央政府的权威和控制力。

到战国后期,统一成为时代主题。吕不韦所代表的杂家也发表了顺应时代潮流的主张。《吕氏春秋·执一》说:

> 军必有将,所以一之也;国必有君,所以一之也;天下必有天子,所以一之也;天子必执一,所以抟之也。一则治,两则乱。今御骊马者,使四人人操一策,则不可以出于门闾者,不一也。⑦

所谓"执一",就是政令出于一人,即出于最高统治者。这种思想实际

---

① 两处均见《墨子·尚同中》,第91页。
② 《墨子·尚同上》,第85页。
③ 《墨子·尚同上》,第86页。
④ 《墨子·尚同上》,第96页。
⑤ 《墨子·尚同上》,第86页。
⑥ 〔战国〕韩非著,陈奇猷校注:《韩非子集释》,上海人民出版社1974年版,第121页。
⑦ 〔战国〕吕不韦等著,陆玖译注:《吕氏春秋译注》,中华书局2011年版,第620页。

上是主张中央集权，为秦国最后统一天下营造舆论基础。作为当时最有竞争力的显学，儒家与法家都主张大一统，都提出了一系列对国君颇有吸引力、说服力的治国主张，然而法家理念指导下的政治实践却摒弃了人文价值，只有开疆拓土、富国强兵的目标，只有暴力征服的霸道，在政治实践过程中人的价值被挤压至于无形；而在儒家那里，"天下的理想包含了大一统，大一统之中有王道"①，因此能够长久。

儒家的大一统主张不是一个孤悬的概念和目标，它是儒家全方位治国主张中的有机一环，与儒家的德政理念及一系列制度、政策是相互衔接、匹配的。这就提示我们，对待任何一个主张或一项政策，要从全局的角度观照，要深入分析其在制度框架体系中的地位和所起的作用，评估其可行性；反之，孤立地看待一个事物，无法得出合理合宜的看法。大一统社会的全面实现，需要强有力的中央政府以及由其倡导形成的完善的价值体系。中国自公元前221年秦朝时起，就已经是一个统一的帝国了，可这个时期的欧洲还在被不同的城邦控制着。当欧洲建立起了称雄一时的帝国之后，如德意志帝国，它们施行的是霸权主义，并非像中国古代王朝那样建立起一套德治主义的治国策略。霸权主义利用军事行动去征服反抗势力，只能维持一时的和平，不能形成长久和平的局面。

（三）思想一统

战国秦汉时期，各种思想流派之间既相互攻讦，又相互吸收其他流派于己有利的理论成分，各流派之间呈现你中有我、我中有你的态势，这就是历史上的"百家争鸣"。秦朝的短命而亡给了儒家借机上位的机会，在儒家学者强大宣传攻势下，法家的理论缺陷暴露无遗，毫无还手之力，被迫隐退于政治舞台的幕后。然而，法家并非在历史上彻底消亡，其理论精华被儒家吸收融合，以似曾相识的面孔出现在儒家思想体系之中。儒家以积极进取的精神，兼收各家之长，抓住时机争取上位。汉武帝时期儒学

---

① 许纪霖著：《多元脉络中的"中国"》，载自《东方早报·上海书评》编辑部编：《殊方未远——古代中国的疆域、民族与认同》，中华书局2016年版，第38页。

历史上具有里程碑意义的重要人物董仲舒向汉武帝上呈《贤良三策》，系统阐述其"更化"主张，其中就包括大一统主张。相比前人，董仲舒的"大一统"主张，理论表述更加全面，思考更为周全，深获汉武帝赞许。汉武帝以国家政权的力量推动儒学的制度化，儒家从此成为中国古代王朝的意识形态。

《汉书·董仲舒传》中记录了董仲舒"贤良对策"的内容，我们这里摘引一段：

> 《春秋》大一统者，天地之常经，古今之通谊也。今师异道，人异论，百家殊方，指意不同，是以上亡以持一统；法制数变，下不知所守。臣愚以为诸不在六艺之科孔子之术者，皆绝其道，勿使并进。邪辟之说灭息，然后统纪可一而法度可明，民知所从矣。①

这就是历史上著名的"罢黜百家，独尊儒术"事件。汉武帝于元光元年（公元前134年），将不治儒家《五经》的太常博士一律罢黜而独置五经博士，为博士官置弟子五十人，根据博士弟子的儒学水平选拔其担任重要职务。独尊儒术以后，官吏主要出自儒生，儒学成为此后封建王朝的正统思想。学校教育以儒家经典为主要内容，从太学到地方官学乃至乡村里学，都致力于传播儒家学说，儒家思想在知识传承和人才培养中起到核心作用，反过来又进一步巩固了儒家在思想领域的主导地位。

思想上的大一统，能够为民众确立一套共同的价值观和道德规范。汉武帝"罢黜百家，独尊儒术"后，儒家所倡导的仁、义、礼、智、信等价值观在社会中广泛传播，成为百姓行为的准则。这种共同的价值观使人们在思想上达成共识，也就是文中所说的"法度可明，民知所从"，这就使得百姓自觉遵守国家法律和社会秩序，从而为国家的稳定统治奠定基础。

---

① 〔汉〕班固撰：《汉书》，中华书局1962年版，第2523页。

(四)民族一统

大一统还表现为民族一统,具体说就是历代王朝所追求的中华民族的多元一体传统。在费孝通先生看来,中华民族"多元一体"格局中的"多元"指的是各民族有自己的历史和文化,各成一元;"一体"指各民族因不可分割的内在联系和共同利益而形成的共同体——中华民族。[①] 在多元一体格局下,德化四夷、怀柔远人是中央王朝处理与边疆民族关系的主要原则,这源于中华文化中"观乎人文,以化成天下"的文化自觉。可以说,一部中国史,就是一部各民族交融汇聚成多元一体的中华民族的历史,是统一多民族国家文化认同的历史。对此,梁启超先生曾分析:"以二千年来历史校之,得失盖参半。常被异族蹂躏,是其失也;蹂躏我者非久便同化,是其得也。最后总决算,所得优足偿所失而有余。盖其结果常增加'中国人'之组成分子,而其所谓'天下'之内容,日益扩大也。欧洲迄今大小数十国,而我国久已成为一体,盖此之由。"他又进一步说:"所谓同化者,谓将许多异质的低度文化,醇化于一高度文化总体之中,以形成大民族意识。"[②]在他看来,中华民族多元一体传统不断增强的本质性原因,就在于中华文化的同化能力特别强大且总体水平更高。这一分析确有见地。

大一统的政治环境为民族一统提供了稳定的基础。在一个统一的国家中,不同民族共同生活在同一政治体系下,对共同体的认同感增强,历史上的很多事例生动地印证了这一点。1980年3月,在新疆阿图什市发现了大批喀喇汗朝的钱币,这批钱币约18 000枚左右,重约130千克。学者对这批钱币进行了整理研究,其中18枚背面铭文中有"苏来曼卡得尔桃花石可汗"字样(有的无"苏来曼")。据学者推测,这些钱币很可能是1032年(北宋仁宗明道元年)登上大可汗位的苏来曼·本·玉素甫时期铸造的。铭文中"桃花石"的含义,学界有多种解释。有学者提出,"桃花

[①] 费孝通主编:《中华民族多元一体格局》,中央民族大学出版社2018年版,第268页。
[②] 梁启超著:《先秦政治思想史》,商务印书馆2014年版,第6、52页。

石"即汉语"大汗"之意。新疆社会科学院田卫疆研究员认为,(桃花石)虽各有其意,但都是指中国无疑。"桃花石"这个美丽的名称,体现了西域与中原之间的密切联系。从汉代至清代中晚期,包括新疆天山南北在内的广大地区统称为西域。西域在不同历史时期曾经存在各种政权形态,无论是西域三十六国还是喀喇汗王朝、高昌回鹘王国,以及后来的察合台汗国、叶尔羌汗国,都是中国疆域内的地方政权形式。

清代乾隆时期,土尔扈特部东归更是中华民族共同体发展史上一件值得大书特书的历史事件,彰显了中华民族大一统的形成有着"以德怀远"和"化成天下"的底层逻辑和坚实支撑。土尔扈特原本是蒙古四部之一,因受准噶尔的压迫与威胁而西迁到伏尔加河下游地区定居。沙俄控制土尔扈特汗国后,干涉土尔扈特的内政,扶持了亲俄家族,甚至下令哥萨克人东迁,侵占了土尔扈特的生存空间。叶卡捷琳娜二世执政期间,土尔扈特人成为沙俄扩张侵略的征兵首选,仅在渥巴锡执政期间,土尔扈特部就被迫征战了32次,十几万人进入战场,生还者寥寥无几。沙俄还对土尔扈特进行经济压制,不仅大量增加赋税,还对他们进行人口控制。此外,土尔扈特信奉藏传佛教,沙俄强迫他们改信东正教,导致双方冲突加剧。

为摆脱沙俄压迫,土尔扈特部发动武装起义。在东归过程中,他们遭到了沙俄军队的围追堵截。在关键时刻,土尔扈特部毅然决定与沙俄军队进行战斗,同时向清朝政府求援。清政府在得知土尔扈特部东归的消息后,立即派出军队接应,并给予他们大量物资援助。土尔扈特人在历时近八个月的跋涉中,冲破了沙俄军队的围堵,战胜了严寒和瘟疫,行程近万里,以人畜减半的代价,最终完成了东归祖邦的民族大迁徙。乾隆皇帝为此写下了《土尔扈特全部归顺记》来纪念这一事件。清政府对回归的土尔扈特部采取优待上层、分置部众、因俗而治的政策,并大力提倡黄教以加强民族认同感。沙俄与清政府对于土尔扈特部的态度与治理方式,其差距不言自明。

第二部分　大一统的优越性

一、案例导入

案例：

　　战国后期,秦国雄霸一方。秦王为一统天下,发动了对六国的讨伐战争。秦王的野心激起了各诸侯国侠士的强烈不满,他们纷纷伺机刺杀秦王。赵国刺客长空、残剑和飞雪三人最为秦王忌惮。三年前,情侣刺客残剑、飞雪双双闯入秦宫,刺杀秦王,但在最后时刻残剑放弃了亲手血刃秦王的机会;残剑此举,飞雪甚为不解。秦王下令:凡能缉拿长空者,可近秦王二十步;击杀残剑、飞雪者,可近秦王十步,封官加帛。三年后,秦国(实为赵国人)侠士无名,也加入刺秦行列。他潜入秦国,花了十年的功夫,练就了一身"十步一杀"的上乘功夫。长空为能让无名接近秦王,在漏顶棋馆佯败在无名剑下。无名求助残剑、飞雪,残剑力劝无名放弃刺秦,并以"天下"二字相赠。秦王召见无名,无名讲述刺杀三剑客的经过,取得了十步于秦王的最高规格。无名抓住机会,飞身刺向秦王。但在千钧一发之际,无名最终放弃。无名以社稷苍生为由,要求秦王一统中国,结束经年战争和历史恩怨。秦王惊魂未定,无名死于秦兵箭雨之中。[①]

问题：

　　1.电影中的主人公无名为什么要刺杀秦王?
　　2.在得到刺杀机会后,他为什么又主动放弃了刺杀?
　　3.电影表现了什么主题,是个体的功业意识,是家国情怀抑或是大一统理念?

---

　　① 改编自百度百科,网址链接 https://baike.baidu.com/item/%E8%8B%B1%E9%9B%84/3827897?fr=ge_ala。

4. 你认为电影中谁是真正的英雄？

案例分析：

电影中的主人公无名之所以要刺杀秦王，是因为他看到了战乱纷争、群雄逐鹿，其中又以秦国对其他六国的侵伐最为暴烈，无名等侠士义无反顾地去刺杀秦王，就是要以一己之力杀死秦王，从而结束战争，阻止秦国给其他国家带来的覆亡之灾。从这个角度看，无名等侠士是有担当的，也是有家国情怀的，可谓国之英雄。

然而，无名在最后一刻放弃刺杀秦王，放弃了唾手可得的千古功业。为什么呢？因为他意识到，对于各国而言，秦王虽然是暴君，但只有他才有结束战争、统一中国的可能性，给百姓带来长久和平。所以，无名是从天下的视角来看待这场战争的，也就是说，只有通过统一以结束连年战乱，才能给百姓带来长期和平。如果无名把秦王杀了，无名只是赵国的英雄。即使无名刺杀了秦王，以后还会出现越来越多的秦王，天下百姓还要在战乱中流离失所。从这个意义上讲，无名选择了放弃，意味着选择了更大的格局，是舍小生取大义，就电影情节而言称无名为改写历史的英雄也不为过。与此同时，无名还成就了秦王，使秦王成为统一天下的英雄。

天下大势，分久必合。顺势者昌，逆势者亡，这是历史的必然规律，是任何个人都无法阻挡的滔滔洪流。客观地讲，当时只有秦国具备统一天下的条件，只有秦王一人可以王天下。当然，各诸侯国不可能坐以待毙，纷纷展开保家卫国的活动：通过合纵缔交以联袂抗秦，通过婚姻外交以取悦于秦，通过贿赂以讨好秦国，通过派遣间谍以疲秦耗秦等，而派刺客刺杀秦王也是诸多自保手段中的一个选项。燕国的太子丹就曾派遣荆轲去刺杀秦王，"惜哉剑术疏，奇功遂不成"，"荆轲刺秦"由此成为诸侯国卫国活动中一道悲壮的风景。由此可见，无名刺杀秦王虽然是虚构的故事，却并非没有历史依据。只不过，无名（以及残剑）对政治和历史的理解非常深刻，超越了普通人所能达到的水平。当初为刺杀秦王，无名十年练一剑，是家国情怀的驱动；而在关键时刻无名放弃了刺秦，是因为他达到了

"以天下观天下"的高度。老子在《道德经》第54章说:"故以身观身,以家观家,以乡观乡,以邦观邦,以天下观天下。"①残剑及无名在即将完成刺秦目标时,都停止了刺秦,因为他们深刻理解了"天下观",舍小我而成就了大义,也成就了自己的武侠王道。

不言而喻,国家大一统可以终止兼并征战,有益于社会稳定和经济文化的发展,在当时的历史条件下统一是大势所趋。当然,我们不是笼统地赞扬大一统,因为历史上有以德治为目标的大一统,也有以霸道威权统治的大一统,而后者(如历史上的蒙古帝国以及欧洲的罗马帝国等)都是靠威权统治的大一统,能统而不能治、能统而不能化。我们认可的大一统,是伴随了生产方式、社会结构、政治制度、观念形态进步的大一统。以中国史而论,大一统成就了汉唐的昌盛,这是毋庸讳言的史实。我们应认识到,大一统之所以成就了汉唐盛世,是因为中国人确立了以德治国、以民为本的治国理念,这是中国在数千年历史的绝大部分时间都领先西方的关键所在,是中华民族政治智慧的体现。这条根本性治国原则使得历代统一王朝在一统之后多注重民意、实行德政,不断调适政治制度和统治方式,顺应百姓的心声,使得大一统政治焕发了生机和活力。

二、大一统的优越性

从秦始皇统一六国到清王朝覆灭,中国历史始终在朝着统一的方向稳固发展,文明始终没有中断,甚至在很多时候还焕发出辉煌的色彩。这种超稳定社会的延续发展是来自各种因素、各种力量的统合,大一统政治整合了各种因素,使其特有的优越性被激发出来,这些因素的结合保证了中国古代社会稳步向前发展。如果我们不拘泥于一枝一叶而从一种宏大历史观来观照,不难发现大一统的优越性至少表现在如下这些方面:

(一)大一统政权有能力维护国家稳定

《史记·秦始皇本纪》载周青臣语曰:"以诸侯为郡县,人人自安乐,无

---

① 〔春秋〕老子著,陈鼓应注评:《老子注译及评介》,中华书局1984年版,第273页。

战争之患"①,一语道出了大一统政治在维护国家稳定方面的强大优势。

大一统政治之所以"无战争之患",就在于大一统政权具有强大的制度整合能力,中央政府能够整合全国军事实力,加强国防建设,修筑城墙、堡垒、关隘等防御设施,消除地方割据纷争,抵御外族入侵,使得国家整体保持较长时期的和平状态。中国古代的长城就是一项伟大的国防工程,有效地抵御了北方游牧民族的入侵。汉朝在汉武帝时期举全国之力发动对匈奴的三次战争,给匈奴以沉重打击。其中,漠北之战使匈奴远遁,形成"漠南无王庭"的局面,极大地削弱了匈奴的军事力量,使其无力大举南下,为汉朝边疆赢得了较长时间的相对安宁,这种强大的国防能力只有大一统政权才能做到。之后汉宣帝时呼韩邪单于归附汉朝、入朝称臣,就是汉武帝时对匈战争成果的后续体现。没有汉武帝时大举讨伐匈奴,汉朝边疆将长期处于被动防御的状态,民族融合的进程可能放缓,大一统的局面将遭到侵蚀,人民对国家的信任感将大大降低。

大一统在维护国家稳定方面的优势,还表现在对国内局面的掌控上。众所周知,汉朝建立后,基于综合考虑,采取了郡县制与分封制相结合的国家体制,但这种二元体制变相助长了诸侯国的离心倾向,为此后诸侯国此起彼伏的叛乱乃至景帝时期的"七国之乱"埋下了伏笔。实际上,汉初七十余年,汉廷不仅要应对匈奴之患,在稳定国内方面也着实付出了相当大的精力,直到汉武帝全面推进大一统政治,诸侯国的离心倾向才得以扭转,大一统政权维护国家稳定的强大力量才得以彰显。

同为四大文明古国之一的印度,其文明的衰落给后人以很多启示。古印度灭亡的原因很复杂,如种姓制度导致社会阶层固化,使得不同阶层之间缺乏凝聚力和共同的国家认同感,不利于形成统一的政治力量;如印度次大陆的地理环境复杂多样,使得不同地区之间的联系和沟通相对困难,容易导致地方割据;还有一个重要因素,既可以说是原因也可以说是结果,那就是古印度大部分时间缺乏长期稳定统一的中央政权。印度次

---

① 〔汉〕司马迁著:《史记》,中华书局1959年版,第254页。

大陆长期处于分裂状态，如十六雄国时期就有十六个较为强大的国家相互竞争，即使在看似统一的孔雀王朝、笈多王朝等时期，其统治范围也难以涵盖整个印度次大陆，且统治时间也相对较短。由于缺乏统一的中央政权，各地处于分裂和割据状态，为外族入侵提供了可乘之机。由此，印度历史上遭受了雅利安人、波斯人、希腊人、匈奴人、阿拉伯人、突厥人、蒙古人的入侵，外部势力的入侵破坏了印度原有的政治秩序，反过来又使得统一的中央政权难以建立和维持。

(二)大一统国家形成了强大的国家治理能力

大一统政权拥有高度集中的权力体系，中央政府能够对国家事务进行统一决策和管理，确保政令统一、高效决策，增进协调和配合，形成治国理政的强大合力。例如，秦朝实行郡县制，将全国划分为若干郡县，地方行政机构层级简单，政令传达迅捷高效。与此相关的是，地方官员职责明确，考课和监督制度完善，这就促使他们积极履行职责、提高行政效率。

又如，中国古代有地方官年终向朝廷述职的"上计制度"，这是中央政府全面掌握地方治理情况的一种有效形式，是大一统国家治理能力的表现。古代上计吏向中央政府汇报的内容包括辖区内的人口户口情况、土地及农业生产情况、治安及狱讼、各类模范人物的数量等；还要汇报支出方面的情况，说明地方政府的各项开支(包括官员俸禄、行政费用、公共工程建设费用、军费开支等)，要详细列出每一项支出的具体数额和用途。

在大一统政治下，在面临自然灾害或社会治安发生紧急情况时，国家能够迅速开展有效的救援和治理行动。如在发生重大灾害时，国家有实力对受灾地区减免赋税，历代政府多以受灾程度达到一定比例(如十分之四、十分之六、十分之七等)作为减免赋税的重要参考指标，比如汉代庄稼受灾达到十损其四即可免租。同时，政府还有力量为灾民提供诸如食物、衣物、住所等基本生活物资，帮助他们维持生计、渡过难关。此外，政府还提供种子、农具等农业生产资料，帮助灾民尽快恢复农业生产。

(三)大一统政治有利于实现百姓的大面积身份平等

大一统政治确切地说是郡县制，实现了世界上同时期其他国家所没有的大面积身份平等。从秦代开始,除了皇帝之外,所有人实际上都属于一个共同的平民阶层。当国家实现大面积身份平等时,民众会对国家产生更强的认同感和归属感。在面临外部挑战和困难时,这种凝聚力和向心力能够使国家更加坚强有力,团结一致地抵御各种风险和危机。

在分封制下,奴隶完全依附于奴隶主,没有人身自由和权利,他们被视为奴隶主的私产,可以被随意买卖和处置。在郡县制下,平民拥有相对人身自由。他们虽然承担一定的赋税和徭役,但他们拥有人身自主权。自由容易激发平民的生产积极性和创造力。儒家经典《大学》说:"有德此有人,有人此有土,有土此有财,有财此有用。"[①]人是创造财富的第一生产力,是社会发展的决定性因素,大面积的身份平等为生产力发展提供了生生不息的规模化人口,为物质文明的发展传承提供了不竭动力。正因为被解放了的劳动人口对于推动社会发展具有至关重要的作用,中国古代社会各历史时期,无不把提高人口数量作为检验社会治理水平的一项重要标志。

中国是最早废除"世卿世禄"制度的国家,为了维护大一统的结构,中国人发明了独特的科举制,这一制度直接启发了西方后来的文官选拔制度。与印度的种姓制度、欧洲的贵族制度、日本的武士制度相比,中国的大一统和科举制促进了人的平等,实现了社会各阶层流动。布衣平民可以凭借这一制度实现自己的理想,这样就为国家政治建构了一个上升通道,为广大百姓提供了上升空间,形成了社会身份的自由流动。这样的人才选拔制度既保证了官僚体系的活力,也提升了国家治理水平,还可以削弱世族豪强的势力,保证政权和社会秩序的平衡稳定。

(四)大一统政治有利于促进文化发展和科技进步

大一统政治有利于技术成果的推广应用。在一个统一的国家中,政府有强大的控制力和执行力,可以通过制定政策、设立机构、派遣地方官等方式,将先进的科技成果推广到全国各个地区。恩格斯在《反杜林论》

---

① 〔宋〕朱熹撰:《四书章句集注》,中华书局1983年版,第11页。

中说:"政治统治到处都是以执行某种社会职能为基础,而且政治统治只有在它执行了它的这种社会职能时才能持续下去。不管在波斯和印度兴起和衰落的专制政府有多少,它们中间每一个都十分清楚地知道自己首先是河谷灌溉的总的经营者,在那里,如果没有灌溉,农业是不可能进行的。"①恩格斯的这段话道出了强有力政府在组织和协调农业生产中的决定性作用。

汉武帝时,中央政府在全国设置四十余处铁官,垄断全国的制铁业。负责铁器的生产和管理,确保铁制农具的供应。在铁器广泛使用的大背景下,东汉初年南阳太守杜诗还发明了水排,"铸为农器,用力少,见功多,百姓便之"。②水排用湍急水流产生的动力鼓风铸铁、锻造农具,以代替此前的人排和马排,用力少而见功多,这是机械工程史上的一大创举,比欧洲要早一千多年。

据日人西嶋定生的研究,汉武帝时期国家将东越等东南地区的稻作民迁移到江淮地区,后又迁移到华北,使得南方的水稻栽培技术对华北产生了影响。③东汉时关于北方种植水稻的记载逐渐增多,张堪组织百姓开垦稻田八千余顷就是稻作技术北移的成果之一。《后汉书·张堪列传》记载了张堪主政渔阳期间开辟稻田的事迹:"乃于狐奴开稻田八千余顷,劝民耕种,以致殷富。百姓歌曰:'桑无附枝,麦穗两岐。张君为政,乐不可支。'"④张堪开垦稻田、教民种植水稻,得益于当时稻作技术的广泛传播。当然,狐奴县有丰富的水利资源,为渔阳种植水稻创造了得天独厚的条件。

牛耕技术的发明是农业发展史上一项里程碑式的进步,春秋战国时期各国逐步推广了牛耕技术,社会生产力发生了巨大飞跃。在远离中原王朝的未开化地区,农业生产方式还比较落后,地方官将中原先进的生产

---

① 〔德〕恩格斯著:《反杜林论》,引自《马克思恩格斯选集》第三卷,人民出版社 1976 年版,第 219 页。
② 〔南朝宋〕范晔撰:《后汉书·杜诗列传》,中华书局 1965 年版,第 1094 页。
③ 〔日〕西嶋定生著:《中国经济史研究》,冯佐哲等译,农业出版社 1984 年版,第 150 页。
④ 〔南朝宋〕范晔撰:《后汉书·张堪列传》,第 1100 页。

技术引进到任职地,使得该地区的生产力发生了突飞猛进的提升,也为地方官推广礼乐教化奠定了坚实的物质基础。光武帝建武初年,任延为九真太守,"九真俗以射猎为业,不知牛耕,民常告籴交阯,每致困乏。延乃令铸作田器,教之垦辟。田畴岁岁开广,百姓充给"。① 任延教会九真百姓牛耕垦田技术,粮食获得丰收,摆脱了对交阯郡的粮食依赖,这是九真历史上一件具有里程碑意义的大事。又如东汉章帝时,王景为庐江太守,庐江地区百姓不懂牛耕技术,生产效率极低,地力有余而粮食不足。王景到任后,"乃驱率吏民,修起芜废,教用犁耕,由是垦辟倍多,境内丰给。遂铭石刻誓,令民知常禁"。② 王景不仅教会了庐江百姓先进的耕作方式,还为他们制定农业生产规章,体现了强大的治理能力。

在长久的和平时期,大一统国家能够整合全国的资源,实现资源的优化配置和合理利用。统一带来的度量衡标准的统一、边界的废除以及便利的交通条件,促进了国内各地的物质财富流动和精神文化交流。通过建设大规模的基础设施,如道路、运河、水利工程等,加强了地区之间的贸易往来,推动了经济的繁荣。

课后思考题

一、简答题

1. 岳飞词《满江红》中表现"大一统"思想的句子是哪一句?

2. "四百万人同一哭,去年今日割台湾",发生于什么历史事件之后?这首诗是谁做的?

3. "亘古男儿一放翁"是谁赞美谁的?

4. 哪个历史学家指出,人类历史上出现过 21 种文明形态,是他在哪一本书中提出的?这本书的主要观点是什么?

---

① 〔南朝宋〕范晔撰:《后汉书·循吏列传》,第 2462 页。
② 〔南朝宋〕范晔撰:《后汉书·循吏列传》,第 2466 页。

5.《春秋公羊传》中"何言乎王正月？大一统也"，这里的"大"是什么意思？

6.汉代思想一统的具体主张是谁提出来的？他的具体主张是什么？

7.费孝通先生所说的中华民族"多元一体"格局，"多元"和"一体"各指什么？

8.请举出中国历史上民族一统的具体事例。

9.请举出中国历史上促进大一统的工程或建筑。

10.请举出中国历史上促进文明发展或科技进步的具体事例。

二、简要论述题

1.《诗经·小雅·北山》中有"溥天之下,莫非王土;率土之滨,莫非王臣"等诗句,这几句诗表现了大一统思想。请问这一时期的大一统和秦汉以后的大一统有什么不同？

2.请结合实际情况,说明中国古代产生大一统的原因。

3.墨家的大一统思想具体表现是什么？如何保证"尚同"的君主(天子)是贤德之人？

4.法家的大一统实践与儒家的大一统实践有何本质区别？

5.大一统包括哪些层面？

6.大一统有哪些优势？

7.中国历史上,无论哪个民族入主中原,都以中华文化的正统自居,造成这种历史现象的深层原因是什么？

三、案例分析题

案例一

电影《勇敢的心》描述了13世纪末和14世纪初苏格兰独立战争中苏格兰民族英雄威廉·华莱士领导人民反抗英格兰国王爱德华一世的故事。电影描绘了战争的残酷和暴力,表现了苏格兰人反抗英国统治的精神。

从公元843年苏格兰确立君主制以来,形成了属于自己的独特文化和政治特征。直到13世纪末,南部更强大的邻居英格兰开始对苏格兰的和平产生了重大威胁。1296年,爱德华以苏格兰国王约翰·巴利奥尔没有向他称臣为由入侵苏格兰,强大的英格兰军队迅速占领了整个苏格兰,巴利奥尔被迫退位,国家陷入动荡状态。苏格兰战败后,爱德华一世迅速建立起一套直接统治苏格兰的体系,并且任命大量的英格兰官员来管理这个国家。不过这些官员根本就没有把苏格兰当作英格兰一部分的想法。在他们的眼里,苏格兰依旧是蛮夷,所以对苏格兰人民进行了残酷的压迫,逼得苏格兰人民起义不断。

为巩固在苏格兰的统治,英王爱德华一世颁布法令,允许英国贵族在苏格兰享有结婚少女的初夜权,目的是让英格兰贵族效忠皇室。年轻的华莱士学成回到故乡,向美丽的少女梅伦求婚,愿意做一个安分守己的人,然而梅伦却被英军无理抢去,惨遭杀害。华莱士终于爆发了,揭竿而起,杀死英兵宣布起义。华莱士的反叛是短暂的,1305年他遭英国人逮捕并处决,他死后成为苏格兰反抗外族侵略的象征,他的精神激励了未来几代苏格兰爱国者。[1]

问题：

电影《勇敢的心》表现了英格兰在苏格兰的统治状况,也表现了苏格兰人民追求民族独立的抗争精神,这部电影可以带给人们很多思考。请你从国家治理和民族融合的角度谈谈你的理解。

案例二

2023年6月11日早晨,英国BBC电视台面对英国民众公布了一则"大新闻":苏格兰政府将再次举行独立公投,以决定他们是否还要留在英联邦的政治体系内。作为一个"联合王国",英国国内几乎每隔一段时间就会出现要求独立的声音,而在所有要求独立的地区政客和团体成员中,

---

[1] 改编自百度百科,网址链接 https://baike.baidu.com/item/%E5%8B%87%E6%95%A2%E7%9A%84%E5%BF%83/26310?fr=ge_ala。

苏格兰的政客恰恰又是声音最大、影响力最广的一群人,因为在历史上苏格兰和英国政府之间的矛盾并没有得到根本解决。

如果你走在英国的街头向一个人询问他的国籍,大概率他不会告诉你他是一个英国人,而是会告诉你,他来自英格兰或威尔士。英国的国名全称是"大不列颠及北爱尔兰联合王国",也就是说英国是由几个小国家共同组成的一个联合王国。虽然他们对外以英国人的身份示人,但各地区的老百姓对内并不认同彼此。在各个"内部国家"当中,对英国政府意见最大的就属苏格兰了。苏格兰和英格兰在文化、法律和政治制度方面都有着深远的差异,导致两地之间产生了许多分歧。虽然苏格兰和英格兰自14世纪以来就联合了,但直到1707年才彻底合并为大不列颠王国,构建了今天的英国。然而,这种合并并没有消除两地之间的文化鸿沟和政治纷争。在历史上的许多时刻,苏格兰人都表现出不与英格兰人妥协的态度,有剪不断理还乱的恩怨情仇。综观其决心,会发现苏格兰人颇有种"誓死不做英国人"的执拗,这到底是为什么呢?

联合王国由四大部分组成:英格兰是根正苗红的发源地,威尔士曾是英格兰的属国,爱尔兰为英格兰的殖民地,苏格兰一开始是英格兰的邻国,本是平等的存在。在英语之外,苏格兰还有自己的官方语言盖尔语,甚至苏格兰的银行发行货币也永不印英女王的头像,法律、教育等多个方面也都自成一体。除了历史和文化因素外,英国内部的经济差异也是导致分裂意愿的重要原因。从经济角度来看,英国的贫富差距在不同地区是十分明显的。伦敦一直是英国经济的中心,苏格兰作为人口相对较少的地区,发展相对滞后。苏格兰民众认为,如果实现独立,他们能够更好地掌握自己的经济命运并获得更多发展机会。苏格兰的独立梦想在近年来再次升温,主要是因为"脱欧"公投所带来的挑战。在2016年的"脱欧"公投中,62%的苏格兰选民支持留在欧盟,这与英国整体的脱欧结果相悖。对于任何一个国家而言,提高人民的生活水准,保障国内各个族群之间公平合理的政治权益都是非常重要的话题。也许,苏格兰人追求的并不是所谓的独立与分家,他们所争取的不过是作为一个现代国家公民应该享有的自由与权利。当无法满足自己的正当需求时,抗争也就成了唯一的选择。①

问题:

1. 苏格兰人闹独立的原因有哪些?
2. 英国政府应如何克服或扭转国内出现的离心倾向?
3. 中国政治传统下的国家观念与英国的传统国家观念有何不同?
4. 中国的大一统政治实践能够给英国提供什么经验和智慧?

---

① 糖葫芦著:《苏格兰天天闹独立,英国内部为什么老想着分裂自己?》,引自腾讯新闻"趣史微视频"2023年7月15日文,有改动。

第二讲　一体同构、兴亡有责的家国情怀

在中国文化传统中,"家"占有极为关键的位置。梁漱溟先生在《中国文化要义》一书中称,与西方以个人为本位的理念相反,中国是以伦理为本位的社会,故特别倚重家庭生活。如果说西方的个人是大写的,家庭(家族)在中国则是被大书特书的。① "家",首先唤起的是人们对亲人的关爱、对家庭的责任,这种情感是具体而温暖的,将这种情感延伸到更广阔的社会和国家层面,由"亲亲"而"仁民",很自然会延展到天下苍生,递进为"家国情怀"。同理,人们对家的热爱和责任感,很容易转化为对国的忠诚和奉献。当"家"与"国"联系在一起时,个体的归属感得到了进一步的强化。不言而喻,国家作为一个更大的集体,为个体提供了更广阔的发展空间和更强大的保护力量。

第一部分　家国情怀的演变历程

一、案例导入

案例:

电影《长津湖》以抗美援朝战争的长津湖战役为背景,讲述的是在极

---

① 参见梁漱溟著:《中国文化要义》,上海人民出版社2018年版。

寒严酷环境下,中国人民志愿军东线作战部队凭着钢铁般意志和英勇无畏的战斗精神,扭转战场态势,为长津湖战役胜利作出了重要贡献。在零下三十多摄氏度的极端天气中,很多战士以端着枪的姿势被冻成了冰雕。他们视死如归,毫不退缩。

影片中的宏大叙事是可歌可泣的,而一些容易被忽略的细节描写则交代了意志、精神底层的强大驱动力,因而影片又以一种更为细微的方式反映出历史真实,这是我们在欣赏影片时不应忽视的。可以说,宏大叙事与细节描写相辅相成、交相辉映,共同演绎了可歌可泣的家国情怀。由吴京饰演的伍千里回家乡看望家人时,我们发现伍千里的父母其实是常年住在船上的,他们在岸上并没有家园和田产,伍千里直言他家"世世代代漂在水上"。其实,他们就是中国历史上的"蛋民"。不仅仅是伍千里一家,我们看夜晚水面上的点点渔火,那是一个个聚落,聚落中的人都住在船上。这个细节虽然只在开头和结尾展示给我们看,但也正是这么一个容易忽略的细节蕴含着深层次的历史逻辑。

影片中有伍千里回答爸爸的一段话,对我们理解志愿军战士的战斗豪情至关重要:"我听下河滩的陈跛子说,政府给咱分了两亩三分地?四七年,我们打蒙阴,我在那儿看见一房子,硬山搁顶,两进院,那檐子底下,能住五窝燕子。咱家世世代代,在这水上漂着,等把那房子盖起来,看这十里八乡咋看咱家?(说完数钱,给母亲)妈,这是我津贴,咱明年二月二开工,立冬就能完活。等我再回来,给老三好好说个媳妇。"影片还有一个细节,中国人民志愿军第九兵团司令员宋时轮在解答战士们的疑问时说,"共产党、毛主席给咱们分了土地,现在有人要抢回去,这个不能答应。"①

问题:

1. 伍家的生活状况如何?伍千里的期望是什么?

2. 影片中有一个镜头:伍千里探亲时被要求紧急归队,归队时他站在船头、身处青山绿水之中,呈现一片安静祥和的气氛,导演通过这样一个

---

① 以百度百科内容为基础,有改写。

镜头想表达什么？

3.影片中的家国情怀是怎么表现的？

附：《中国人民志愿军战歌》歌词：

雄赳赳 气昂昂

跨过鸭绿江

保和平 卫祖国 就是保家乡

中国好儿女 齐心团结紧

抗美援朝 打败美帝（国）野心狼

案例分析：

伍千里的父母住在船上，伍千里直言他家"世世代代飘在水上"，他们是中国历史上的"疍民"。在历史上的很长一段时间里，他们受到陆居族群的排斥与歧视，甚至没有户籍，没有田地，以水为生。岸上的居民规定疍民不准上岸居住，不准读书识字，不准与岸上人家通婚，科举的名册中也从来没有疍民的名字。疍家人由于没有田地，以水为生，形成了一些有别于陆上社会的习俗，造就了疍家人在族群内部相互通婚的传统。伍千里说，政府给他们家分了两亩三分地，使他们获得了赖以生存的生产资料——土地，从而结束了世代在水上漂泊的命运，享有了基本的平等权利。这就通过伍家一家的变化具体而微地反映了底层百姓命运的变化。1950年6月28日，中央人民政府通过了《中华人民共和国土地改革法（草案）》，规定废除地主阶级封建剥削的土地所有制，实行农民的土地所有制，以解放农村生产力，发展农业生产，为新中国工业化开辟道路。土地改革真正实现了中国农民数千年来得到土地的奋斗目标，使农民真正从经济上翻身做了主人，从而最深入、最广泛地调动了农民群众的建设积极性，使农业生产力获得了极大的解放。

新政府代表了最广泛的人民群众的利益，真正实现了个体利益与国家利益的一体相关，所以在危机来临之际，国家才能调动和激发广大百姓保家卫国的热情，同仇敌忾，舍生忘死。在三年抗美援朝战争期间，全国掀起了四次参军高潮,先后有 2 000 万群众报名参军,其中有 240 万人加入中国人民志愿军队伍。那么中国政府是如何做到让 2 000 万群众报名参军的呢?原因就在于共产党的土地政策,使广大农民焕发了主人翁责任感,个人利益与国家利益被打通了。志愿军战歌歌词"保和平卫祖国,就是保家乡",唱出了广大子弟兵的心声,表现了全国人民的家国情怀。对于最普通的工人农民而言,抗美援朝保卫新中国的战斗就是保卫"耕者有其田"的胜利果实和保卫幸福生活的战争。《吕氏春秋·谕大篇》讲:"小之定也必恃大,大之安也必恃小"①,正确地认识到了小与大、家与国之间不可分割的血肉联系。这一认识是很有启示意义的。

二、家国情怀的演变历程

追本溯源,我们不难发现,中华文化在几千年的传承和发展历程中形成了浓厚的家国同构传统,长期延续积淀下来,塑造了中华民族稳固的心理结构。

(一)家国情怀起源于氏族—部落—部族国家的发展历程

为什么中国人习惯说"家国情怀",而不是说"国家情怀"?

家国情怀的叫法体现了中国传统文化的特色。现代意义上的国家是指拥有共同的语言、文化、种族、领土、政府或者历史的社会群体,是欧洲 15 世纪以后民族意识觉醒后的产物。中国人产生现代意义上的国家意识,是在鸦片战争后饱受西方列强欺凌从而被激发出来的一种自我认知。在此之前,中国人的家国情怀确切地说是王朝意识,说得再宏观一点,是天下意识。如果不做严格区分,我们将这种王朝意识称为家国意识或家国情怀,也是大体不错的。

"一玉口中国,一瓦顶成家,都说国很大,其实一个家。一心装满国,一手撑起家。家是最小国,国是千万家。"成龙、刘媛媛演唱的歌曲《国家》,唱出了人们的深层次心理,道尽了家与国的一体关联。我们希冀国

---

① 〔战国〕吕不韦等著,陆玖译注:《吕氏春秋译注》,中华书局 2011 年版,第 404 页。

泰民安,祈求天下太平,就是正确认识到了家与国或曰局部与整体息息相关、休戚与共的命运关联。"家"的甲骨文字形,就像是一头猪居于屋舍之中,上半部分是象征着房屋,下半部分则是畜养的猪,家就是这样一个稳定、温馨的居所;"国"字,始见于西周金文,左边是一个小方框,象征着土地,右边是戈,意味着士兵执戈以护卫这片土地,后来到了小篆时期,在表示国土的"口"外边又加了一个大方框,表示国界、疆域,仍表达以戈卫国的意思。对于古人而言,国是需要用生命守护的那片土地,而家是构成国的基本结构单位。许倬云先生在一次视频访谈节目中说:"我一直主张,人应体会到人跟人是群体,中国人的教育就是教育人在群体里面做个体,个体有责任带好群体,个体有责任维持自己的尊严,但是也要维持自己和群体的关系。"①依据这种文化传统,中国人必然能够处理好个体与家庭、家庭与国家的关系。

中国商周时代形成了稳固的氏族血缘宗法制度。与古希腊、古罗马同时期的社会结构不同,中国古代保存甚至强化了血缘关系的纽带,重视集体协作的力量,通过发展小农经济走上文明社会的发展道路。与此同时,"家国同构"观念也逐渐深入人心。梁启超先生曾说:"凡国家皆起源于氏族,此在各国皆然。而我国古代,于氏族方面之组织尤极完密,且能活用其精神,故家与国之联络关系甚圆滑,形成一种伦理的政治。"②父系氏族的首领即男性家长,首先要具备优良的品德和才能,成为氏族内部的典范,在本家族、本部落及部族中得到认可、赢得地位和权威后,才有资格进一步联络和统一其他氏族、部落、部族,逐步拓展邦国的疆域以一统天下。如《尚书·虞夏书·尧典》所说:"克明俊德,以亲九族。九族既睦,平章百姓。百姓昭明,协和万邦。"③这种由个体而家庭、再由家庭而国家乃至天下的发展历程,既造成人们对家庭、家族、宗族及其人伦关系的高度重视,也促使人们形成了爱家、爱乡、爱国等情感交织的民族心理,从源头

---

① 许倬云访谈"中国人从来不是一盘散沙",引自视频号"许倬云说历史"。
② 梁启超著:《先秦政治思想史》,商务印书馆2014年版,第46页。
③ 李民、王健撰:《尚书译注》,上海古籍出版社2004年版,第1页。

上为中国社会发展植入了伦理与政治交叉重叠的紧密关系。①

（二）家国情怀与儒家士大夫的倡导和践行密不可分

家国同构、家国一体是儒家文化生存和生长的社会土壤，从儒家文化中自然可以引申出家国情怀。《左传·昭公四年》载，郑子产作丘赋，引发国人不满，子宽将情况告知子产。子产回答说："何害？苟利社稷，死生以之。且吾闻为善者不改其度，故能有济也。民不可逞，度不可改。"②社稷是古代帝王、诸侯所祭的土神和谷神，代指国家，这里的社稷指的是郑国的国家政权。子产的意思是，只要对国家有利，个人的生死都可以置之度外。子产不是庶民，他是郑穆公之孙、公子发之子，公元前554年为卿，是分封制下家族利益的代表者。他维护郑国的利益，实际上也就捍卫了卿大夫所代表的家族利益。

《大学》："古之欲明明德于天下者，先治其国；欲治其国者，先齐其家；欲齐其家者，先修其身。"③

这是为人们所熟知的大学八条目中的后半段，是从大到小逆推的，我们转换成从小到大的顺序就是修身——齐家——治国——平天下。在这四条目中，家与国是贯穿的、相通的，并且各环节是不能逾越的。《大学》中的另一段话则谈及国君之家的榜样示范意义，强调了"家齐而后国治"的道理，具体表述为："一家仁，一国兴仁；一家让，一国兴让；一人贪戾，一国作乱。其机如此。此谓一言偾事，一人定国。"④《孟子·离娄上》篇中也有关于家与国关系的思考，具体为："天下之本在国，国之本在家，家之本在身"⑤，与《大学》中的表述毫无二致。《吕氏春秋·执一》中阐述治国的道理，提出："身为而家为，家为而国为，国为而天下为。故曰以身为家，

---

① 此处参考了钱念孙《家国情怀溯源》一文，载于《光明日报》2019年10月07日07版。
② 〔春秋〕左丘明撰，〔晋〕杜预集解：《春秋左传集解》，第1248页。
③ 〔宋〕朱熹撰：《四书章句集注》，第3页。
④ 〔宋〕朱熹撰：《四书章句集注》，第9页。
⑤ 〔战国〕孟子著，杨伯峻译注：《孟子译注》，第167页。

以家为国,以国为天下。此四者,异位同本。"①所谓"异位同本",是指身、家、国、天下,这四者位阶不同,但结构相同,用以治理的办法是相通的,治家与治国之间并没有隔阂,可以引申、迁移。《吕氏春秋》中对治家治国的理解,吸收了儒家政治文化的精华,代表了中国传统文化的普遍性思路。

《大学》与《孟子》的观点代表了先秦时期儒家对于家国关系的思考成果,经过儒家的历代传承,特别是经由国家力量的推动,家国情怀深入人心,积淀为国民的集体无意识。不过,家国情怀的内涵发生了本质性变化,"家"由分封制下卿大夫贵族之家演变为郡县制下编户齐民之家,"国"也由分封制下的诸侯国转变为大一统的中央集权国家。这样,怀有家国情怀的主体就由少数贵族扩展为全国百姓。家国情怀下移,使得中华传统文化获得了更坚实的底层力量的支撑。

家国同构的文化魅力,在于将家庭(家族)的命运与国家的命运联系起来,也即是从更广大、更高远的角度来审视家庭的命运,使得家庭(家族)的存在有了坚实的后盾;同时,又是从更细微、更朴实的视角来观照国家的存在,使得国家的发展建立在无数家庭的托举之上。曾在《岳阳楼记》中抒发"先天下之忧而忧,后天下之乐而乐"情怀的文学家范仲淹,还是一位将齐家与治国完美集于一身的政治家,他以责任担当将家、国贯穿起来。在治国方面,范仲淹无论是在朝主政还是出师戍边,均系众望于一身。宋夏战争爆发后,他任陕西经略安抚招讨副使,采取"屯田久守"的方针,巩固西北边防,对宋夏议和起到促进作用;他领导的庆历革新运动,开北宋改革风气之先,成为王安石"熙宁变法"的先声。在齐家方面,范仲淹也有重大建树,他建立了中国历史上第一个非宗教性的民间慈善组织,是家族慈善的起点,具有现代信托制度的雏形。北宋皇祐元年(1049年),范仲淹和胞兄范仲温在祖籍苏州用俸禄购买了 1 000 亩田地作为范氏家族的义田,另置一处义宅供贫困族人居住,由此创建了族人互保互助的新型组织——义庄。义宅内设有义学,供族内子弟读书学习。范仲淹

---

① 〔战国〕吕不韦等著,陆玖译注:《吕氏春秋译注》,第 621 页。

通过义庄给族人发放福利待遇,具体包括口粮、衣料、婚姻费、丧葬费、科举费,还包括借住义庄房屋、借贷等事项。依据这些措施,范氏义庄为族人提供了基本生活保障,使范氏族人不再为基本生存发愁。范氏义庄以慈善为目的,建立在独立财产基础上,以财产运作来支持慈善,具有相当的独立性。范氏义庄有八九百年的漫长历史,在中国历史上是独一无二的。其他宗族也纷纷效仿,设立义庄。义庄的形式一直持续到民国,民国时期仍有民谣传唱:"子孙贵盛,家门之幸。当思范公,顾恤同宗。"饮水思源,范仲淹齐家的业绩永载史册。

许倬云先生曾说:"我们往回追溯:中国文化的根源是什么?我个人认为是'相关性':人与人相关,人生的境界与所有的德行、善行相关,个人与邻里、宗族、社区、国家相关,由此构成大大小小不同的圈子……中国传统文化中,人与人、人与天地、人与社会,都是重重叠叠、层层相扣的一张大网。"[1]因为个人前途与国家命运之间形成了同频共振,国人主动融家庭情感与爱国情感为一体,于是有了曹植《白马篇》中的"捐躯赴国难,视死忽如归",有了戴叔伦《塞上曲》中的"愿得此生长报国,何须生入玉门关",有了范仲淹《岳阳楼记》中的"先天下之忧而忧,后天下之乐而乐",有了陆游《病起书怀》中的"位卑未敢忘忧国,事定犹须待阖棺",有了岳母刺字"精忠报国",有了杨家将一门忠烈。

(三)家国情怀在民族危急时容易被激发

中国人的家国情怀往往淬炼于民族的磨难挫折中。考察历史不难发现,越是国家遭遇危机、到了生死存亡的关头,中国人的家国情怀就越发高涨,从而掀起救亡图存的高潮。两宋之交、清朝鸦片战争之后、抗日战争时期,都是家国情怀空前高涨的时期。中华民族一次次渡过民族危机、浴火重生,关键原因在于家国情怀激发了国人的凝聚力和抗争精神。

中国近代史上伟大的民族英雄林则徐,在国家和民族利益遭受侵犯之际,富有远见地认识到鸦片的危害,在道光帝的支持下挺身而出,领导

---

[1] 许倬云著:《天下格局:文明转换关口的世界》,岳麓书社2024年版,第216—217页。

了禁烟运动。作为一位出色的政治家和近代禁烟运动的主要领导者,他的一生充满了传奇色彩。林则徐的伟大不仅在于他的奉献和担当,更在于他的远见和胸怀。在与英国人打交道的过程中,他萌生了"师夷长技以制夷"的想法,倡导学习西方先进科技和文化,提出制炮造船的意见;他亲自主持并组织翻译班子,组织并编译《四洲志》等书籍,把外国人讲述中国的言论翻译成《华事夷言》,作为当时中国官吏的"参考消息";委托魏源编写《海国图志》,对晚清的洋务运动乃至日本的明治维新都具有启发作用。为了解外国的军事,林则徐还找人迅速编译了《国际法》,这在中国国际法学史上是一个划时代的事件,标志着中国近代国际法学史的开端。

在妥协派势力的诬陷和打击下,林则徐被革职查办,还数次被贬官,甚至被发配到条件极其恶劣的新疆伊犁。清道光二十一年(1841年)7月14日林则徐在西安与妻子离别时,写下《赴戍登程口占示家人》二首。其中"苟利国家生死以,岂因祸福避趋之"两句,被一代又一代国人引用,因为这两句诗传达出了诗人对国家命运最深挚的关切,具有强烈的情感震撼力,能够引起国人的共鸣。

林则徐在新疆期间,以发配之身仍不忘国事,他带病研讨新疆史地,讲求防边强边之策,自请捐资认修阿齐乌苏荒地龙口水渠工程,还倡导兴修水利,在伊犁开辟荒地五十七万八千余亩,推广坎儿井和纺车,被新疆人民誉为"林公井"和"林公车"。在林则徐身上,家国情怀得到了生动的呈现。

20世纪30年代,日本侵略者发动全面侵华战争,这对中华儿女的家国情怀又是一次严峻考验。在中华民族生死存亡的紧要关头,中华民族的凝聚力和中华儿女同仇敌忾、共赴国难的热情又一次被激发起来。一个典型事例是,民营企业民生公司只用了40天,冒着战火,将包括"永久黄"(永利化学工业公司、久大精盐公司、黄海化学工业研究社3家民族企业的统称)在内的中国军工业、轻重工业的最后命脉从"长江的咽喉"宜昌抢运到大后方四川,在不可能中创造了可能,为日后文化、科研、工业等各方面的复兴保存了珍贵的火种。抗日战争爆发后,卢作孚被国民政府任命为军事委员会水陆运输管理委员会主任,坐镇武汉、宜昌等地,具体指挥运输业务。1938年秋武汉失守,大量后撤重庆的人员和迁川工厂物资近10万吨,不断遭到日机轰炸。民生公司集中全部船只和大部分业务人员,采取分段运输办法,不顾日机狂轰滥炸昼夜兼程抢运,历经四十余天奋战,终于在宜昌失陷前将全部人员和物资抢运到了四川。第二次世界大战时的1940年5月,英国曾在9天时间里,动员所有水上运输工具,冒着德军的狂轰滥炸,将33万多名英法士兵从法国敦刻尔克港口小城撤回英国,由此为日后反攻保存了基本的军事力量,史称"敦刻尔克大撤退"。整个抗战期间,民生公司共抢运各类人员150余万人,物资100万余吨,遭日机炸毁船只16艘,牺牲职工100余人。这次抢运行动瞩目中外,被誉为中国的敦刻尔克大撤退。

两次大撤退都堪称改写历史的壮举,只不过敦刻尔克大撤退属于国家行为,而川江抢运却是以一家民营公司之力独自承担。作为民生事业的掌舵人和大撤退的实际指挥者,卢作孚的家国情怀、责任担当、办事能力都令国人动容。

第二部分 家国情怀的表现形式

国家是什么?从广义的角度讲,国家是指拥有共同的语言、文化、种族、领土、政府或者历史的社会群体。国家是可触摸、可感知的,它不是一个抽象的名词。我们说一个人爱国或者有家国情怀,不能停留在口头的宣讲,他应该遵循知行合一的原则,将家国情怀落实到具体的行动和事务中去。具体的行动或事务,可以表现为对国土的守护,也可以表现为对国家和民族尊严的捍卫,还可以是对民族文化的坚守和传承,一言以蔽之,应该是助力国家的生存和发展,对民族的未来有正向影响的行为。

历史学家许倬云先生旅居美国五十余年,他亲身经历过抗战,曾接受"十三邀"栏目组的视频访谈。当主持人许知远问他:"您九十三岁了,最重要的遗憾是什么?"许先生动容地说:"但悲不见九州同啊!别人可以不悲九州同,我是抗战那边长大的人,中国两个字刻在我心里的。七八百万的兵员在阵地上死掉,三四千万的人被杀、被轰炸,不能忘,忘不掉!"许先生所说的"不能忘,忘不掉",其实就是浓得化不开的家国情怀。战国时期蔺相如冲冠一怒而完璧归赵;汉代苏武牧羊十九载而不失汉节;抗战期间,中国军队以极大的牺牲将中华民族从生死关头拉了回来;西南联大师生结茅立舍、弦歌不辍,在苦难与辉煌中写下教育传奇;新中国成立后,两弹一星元勋攻坚克难、舍己为国,创造了人间奇迹。林林总总,都是家国情怀的具体表现,虽然具体表现形式不同,但对国家感情的真挚与炽烈的程度都令人动容。

一、案例导入

案例:

朱先生的县志编纂工程已经接近尾期,经费的拮据使他一筹莫展,那位支持他做这件事的有识之士早已离开滋水,继任的几茬子县长都不再对县志发生兴趣,为讨要经费跑得朱先生头皮发麻,竟然忍不住撂出一句粗话:"办正经事要俩钱比毯上割筋还难!"引发他的那一班舞文弄墨的先生们一片欢呼,说是能惹得朱先生发火骂人的县长,肯定是中国最伟大的县长。朱先生继续执笔批阅修改业已编成的部分书稿。孝文走进屋来,神色庄重地叫了声:"姑父。"把一张讣告呈到面前。朱先生接住一看,脸色骤然变得苍白如纸,两眼迷茫地瞅住孝文,又颓然低垂下去。这是鹿兆海在中条山阵亡的讣告。讣告是由兆海所在的十七师师部发出的,吊唁公祭和殓葬仪式将在白鹿原举行,死者临终时唯一一条遗愿就是要躺在家乡的土地上。白孝文告诉姑父,十七师派员来县上联系,军队和县府联合主持召开公祭大会。白孝文说:"姑父,十七师师长捎话来,专意提出要你到场,还要你说几句话。"朱先生问:"兆海的灵柩啥时间运回原上?"白孝文说:"明天,先由全县各界吊唁三天,最后召开公祭大会,之后安葬。"朱先生说:"我明天一早就上原迎灵车,我为兆海守灵。"白孝文提醒说:"姑父,兆海是晚辈……"朱先生说:"民族英魂是不论辈分的……兆海呀……"朱先生双手掩脸哭出声来……

……

朱先生在书院门口看见了一身戎装的鹿兆海。鹿兆海举手敬礼,脚下的马靴碰得嘎咔一声响。朱先生点点头礼让兆海到屋里坐。走进书房,鹿兆海神情激动地说:"先生,我想请你给我写一张字儿——"朱先生轻淡地问:"你大老远儿从城里开上汽车来,就为要一张字儿?"鹿兆海诚挚地说:"是的,是专意儿来的。"朱先生调侃地笑笑:"你不觉得划不着吗?为我的那俩烂字值得吗?"鹿兆海并不觉察朱先生的情绪,还以为是先生素常的伟大谦虚,于是倍加真诚地说:"我马上要出潼关打日本去了,临走只想得到先生一幅墨宝。"朱先生"噢"了一声扬起头来,急不可待地问:"你们开到啥地方去?"鹿兆海说:"中条山。"

朱先生从椅子上站起来,满脸满眼都袒露出自责的赧颜:"兆海,请宽容我的过失。我以为你们在城里闲得无事把玩字画。"鹿兆海连忙站起扶朱先生坐下:"我怎么敢怪先生呢!我们师长听说我要来寻先生,再三叮嘱我,请先生给他也写一幅。他说他要挂到军帐里头……"朱先生的脸颊抽搐着,连连"哦哦哦"地感叹着,如此受宠若惊的现象在他身上还未发生过。朱先生近来常常为自己变化无常的情绪事后懊悔,然而现在又进入一种无法抑制的激昂状态中,似乎从脚心不断激起一股强大的血流和火流,通过膝盖穿过丹田冲击五脏六腑再冲上头顶,双臂也给热烘烘的血流和火流冲撞得颤抖起来,双手颤巍巍地抓住兆海的双肩:"中条山,那可是潼关的最后一道门扇了!"鹿兆海也激昂起来:"要是守不住中条山,让日本兵进入潼关践踏关中,我就不回来见先生,也无颜见关中父老。"

朱先生滴水入砚亲自研墨,鹿兆海要替朱先生研墨遭到他无声而又坚决的拒绝。朱先生控制不住手劲,把渐渐变浓的墨汁研碾出砚台。朱先生亲自裁纸,裁纸刀在手中啪啪颤着,从笔架上提起毛笔在砚台里蘸墨,手腕和毛笔依然颤抖不止。朱先生挽起右臂的袖子,一直捋到肘弯以上,把赤裸的下臂塞进桌下的水桶,久久地浸泡着,冰凉的井中水起到了镇静作用，他用布巾擦擦小臂，旋即提笔，果然不再颤抖，一气连笔写下七个遒劲飞扬的草体大字：

砥柱人间是此峰

……

这是白鹿原绝无仅有的一次隆重的葬礼。整个葬礼仪程由一个称作"鹿兆海治丧委员会"的权威机构主持，十七师茹师长为主任委员，滋水县党支部书记岳维山和侯县长为副主任委员，社会、军队各界代表和绅士贤达共有二十一人列为委员，名儒朱先生和白鹿村白嘉轩以及田福贤都被郑重地列入。所有具体的事务，诸如打墓箍墓、搭棚借桌椅板凳、淘粮食磨面垒灶等项杂事，都由白鹿家族的人承担，白鹿轩在祠堂里接待了十七师和县府派来安置这场葬礼的官员，表现出来少见的宽厚和随和，对他们提出的新式葬礼的各项议程全部接受，只是稍微申述了一点："你们按你们的新规矩做，族里人嘛，还按族里的规矩行事。"他转过身就指使陪坐在一边的孝武去敲锣，又对官员们说："下来的事你们就放心。"

咣—咣—咣—咣，宏大的锣声在村里刚刚响起，接着就有族人走进祠堂大门，紧接着便见男人们成溜结串拥进院子；锣声还在村子最深的南巷嗡嗡回响，族人几乎无一空缺齐集于祠堂里头了，显然大家都已风闻发生了什么事情，以及知道了它的不同寻常的意义。白嘉轩拄着拐杖，从祠堂大殿里走出来站在台阶上，双手把拐杖撑到前头，佝偻着的腰颤抖一下，扬起头来说："咱们族里一个娃娃死了！"聚集在祠堂庭院里的老少族人一片沉默。白嘉轩扬起的脖颈上那颗硕大的喉疙瘩滞涩地滑动了一下，肿胀的下眼泡上滚下一串热泪。眼泪从这样的老脸上滚落下来，使在场的族人简直不忍一睹，沉默的庭院里响起一片呜咽。白嘉轩的喉咙有点哽咽："兆海是子霖的娃娃，也是咱全族全村的娃娃。大家务必给娃娃把后事……办好……"有人迫不及待地催促："你说咋办？快安顿人办吧！"白嘉轩提出两条动议："用祠堂攒存的官款，给兆海挂一杆白绸蟒纸，一杆黑绸蟒纸；用祠堂官地攒下的官粮招待各方宾客，减除子霖的支应和负担。"族人一嗡声通过了。谁都能想到两条动议的含义，尤其是后一条，鹿子霖家里除了一个长工刘谋儿再没人咧呀!老族长白嘉轩这两条动议情深义朗深得众望。白嘉轩接着具体分工,他一口气点出十三个族人的名字:"你们十三个人打墓箍墓,一半人先打土墓,另一半人到窑场拉砖。拉多少砖把数儿记清就行了。墓道打成,砖也拉了来,你们再合手把墓箍起来。"白嘉轩又点出十一个人去搭灵棚:"灵棚咋个搭法?你们按队伍上和县府官员说的法子弄。顶迟赶明儿个早饭时搭好,灵车晌午就回原上。"白嘉轩又一一点名分派了垒灶台淘麦子磨面的人,连挂蟒纸的木杆栽在何地由谁来栽也指定了。族人无不惊诧,近几年族里的大小事体都由孝武出头安顿,老族长很少露面了,今日亲自出头安排,竟然一丝不乱井井有条,而且能记得全族成年男人的官名,心底清亮得很着哩!白嘉轩最后转过脸,对侍立在旁边的儿子说:"孝武,你把各个场合的事都精心办好。"①

问题:

1. 在小说选段中,主要发生了哪些事件?
2. 在小说选段中出现了哪些重要人物?他们分别有怎样的表现?
3. 在小说选段中,家国情怀有怎样的表现?

案例分析:

在小说选段中,先后发生了鹿兆海上中条山战场前去拜访朱先生、朱先生为鹿兆海题字并勉励其杀敌立功、鹿兆海牺牲后白鹿原父老乡亲为其举行丧事等事件。选段中出现的重要人物有鹿兆海、朱先生、白嘉轩等。

这段小说中家国情怀的内容主要体现在鹿兆海身上。鹿兆海参加了国民党军队,当他所在的十七师开赴中条山抗击日军时,作为一名军人,他要上战场上奋勇杀敌、保家卫国。鹿兆海在辞别朱先生时曾慷慨说道:"要是守不住中条山,让日本兵进入潼关践踏关中,我就不回来见先生,也

---

① 陈忠实著:《白鹿原》,作家出版社2017年版,第465—470页。

无颜见关中父老。"中条山战役打得惨烈，但鹿兆海和他的战友坚守阵地，以实际行动为白鹿原的百姓带来了安宁，这种坚定的信念令人钦佩。正因如此，鹿兆海的牺牲给白鹿原上的父老乡亲造成了巨大的心灵震撼。对于鹿兆海的死，朱先生悲痛不已，他毅然决定要亲自为鹿兆海守灵。朱先生认为，民族英魂不论辈分，鹿兆海为民族大义献身，值得所有人敬仰。朱先生在公祭仪式上慷慨陈词，痛斥日本侵略者的暴行，并且还当场表示要弃笔从戎，为国捐躯。白鹿原上的老族长白嘉轩也以实际行动表现出了对英雄的敬重。在筹备丧礼时，他用族里攒下的官银为其办理丧事，挂一杆白绸蟒纸、一杆黑绸蟒纸，还用官粮招待宾客，免除鹿子霖的负担，种种做法都体现出白嘉轩把鹿兆海的身后事当作全族的事情来对待，展现出了他对白鹿原族人的强烈责任感。

　　小说《白鹿原》因其特定的主题和时代背景，家国情怀在书中表现得非常充分、全面，表现为对儒家文化的坚守、对土地的挚爱、对民族文化的传承等。这部小说内容博大精深，气势波澜壮阔，是中国乡村百年史诗式的作品，深入阅读会得到很多启示。下面从对土地的守护、捍卫国家形象和民族尊严、传承民族文化等角度探讨家国情怀在中华传统文化中的具体表现。

二、家国情怀的表现形式

（一）家国情怀表现为对土地的守护

　　对于一个国家和民族而言，土地承载着人民的生活和希望，是国家稳定和繁荣的基础，是民族生存与发展的依托，其重要性不言而喻。自古以来，中国人养成了对土地的深厚感情，成语安土重迁、造福乡里、故土难离、叶落归根等都表达了对土地的深深依恋之情。

　　土地首先表现为个体生命成长的物理空间，一旦遭受侵犯人们必将挺身而出、誓死捍卫，这是生活在这片土地上人民的必然反应。根据莫言小说《红高粱》改编的电影《红高粱》，以抗战时期的山东高密为背景，讲述了男女主人公余占鳌和九儿冲破封建传统束缚，历经曲折后一起经营一家高粱酒坊,但是在日军侵略战争中九儿和酒坊伙计因参与抵抗运动而被日军虐杀的故事。影片中,日本鬼子到了青沙口,烧杀抢掠,无恶不作。九儿搬出被日本鬼子杀害的罗汉大叔当年酿的十八里红给伙计们喝,大家斗志昂扬地去打鬼子。当九儿挑着饭菜去犒劳乡亲们时,却被鬼子军车上的机枪扫射而死。愤怒的余占鳌和大伙抱着火罐、土雷冲向日本军车。尘埃过后,余占鳌拉着儿子的手,挣扎着来到九儿的尸体旁。九儿的儿子放声唱起了童谣:"娘,上西南,宽宽的大路,长长的宝船。"张艺谋执导的这部影片,以红色为主调,象征着高粱的繁茂和酒的浓烈,象征了九儿的生命活力和她对生活的热情,也象征了乡民们为保卫土地流洒的鲜血。鲜血染红了土地,也染红了天空。

  土地对于人民,不仅仅是物质的承载,更是情感的寄托。人们在家乡的土地上成长、生活,与土地建立了深厚的情感联系。家乡的山水、田野、村庄和物产风俗等都成为人们心中永恒的牵挂,这份牵挂在特定时刻会转化为对土地的守护之情。现代诗人艾青的诗歌《我爱这土地》,唱出了对土地刻骨铭心、至死不渝的深情,在日本侵略者的铁蹄猖狂地践踏中国大地之际引起了人民巨大的共鸣。

我爱这土地

假如我是一只鸟,
我也应该用嘶哑的喉咙歌唱:
这被暴风雨所打击着的土地,
这永远汹涌着我们的悲愤的河流,
这无止息地吹刮着的激怒的风,
和那来自林间的无比温柔的黎明……
——然后我死了,
连羽毛也腐烂在土地里面。
为什么我的眼里常含泪水?
因为我对这土地爱得深沉……

土地是国家主权的重要组成部分,一个国家的领土完整是国家主权的核心体现。对于每一个公民来说,守护国家的土地,就是履行自己的爱国义务,维护国家的主权和尊严。影片《无问西东》中的沈光耀,是西南联大的大学生,出身豪门,前途无限光明。当战争的号角吹响时,他毅然决然地投笔从戎,成为一名空军飞行员,为了保卫国土最终慷慨赴难。沈光耀的原型沈崇诲也出身名门,自幼接受了全方位的优质教育。他崇拜岳飞、文天祥、史可法等英雄人物,十八岁时考入清华大学土木工程系。"九一八"事变后,沈崇诲报名参加中央航校。淞沪会战打响后,沈崇诲奉命前往轰炸日军第三舰队。在一次战斗中,沈崇诲驾驶的轰炸机在距离日本舰队不远处,机器发生故障,他选择了继续投弹轰炸,最终以身殉国,年仅二十六岁。沈崇诲用生命践行了那句刻在中央航校的誓言:"我们的身体、飞机和炸弹,当与敌人、兵舰、阵地同归于尽。"在沈崇诲之后,中央航校至少有242名飞行员殉国。他们大多出身名门,但国难当头,他们不做富二代,而是选择成为一名战士,他们的平均年龄也不过二十出头。

(二)家国情怀表现为捍卫国家形象和民族尊严

国家是由无数家庭组成的共同体,民族是在历史、文化、语言等方面具有共同特征的人群集合。当我们对家庭怀有深厚的感情时,这种情感很自然地会延伸到国家和民族,捍卫国家形象和民族尊严就如同捍卫自己家庭的声誉一样,是一种本能的情感驱动。每个民族都有自己独特的文化传统、价值观和风俗习惯,这些文化元素不仅是我们身份认同的重要标志,也是我们民族自豪感的来源。当我们对国家怀有感恩之情时,自然会产生捍卫国家形象和民族尊严的家国情怀。

1."匈奴未灭,无以家为"

霍去病是西汉时期的抗匈名将,是光耀千古的民族英雄。霍去病少年成名,英勇善战,他前后六次出击匈奴,与卫青等人合作,在抗击匈奴的战争中屡立战功,解除了匈奴对汉王朝的威胁。在取得辉煌战功后,汉武帝为了表彰他,要给他建造豪华的府邸,霍去病却断然拒绝,说出了"匈奴未灭,无以家为也"①。这句掷地有声的豪言壮语。这句话之所以千百年来传诵不衰,就在于霍去病将国家安危置于个人的安逸和享受之上,展现出了非凡的勇气和担当,表现出了强烈的爱国情怀和以国家利益为重的高尚品质。霍去病这种精神激励着后世无数仁人志士为了国家形象和民族尊严挺身而出、不惧牺牲。汉武帝元狩六年(公元前117年),霍去病病逝,年仅二十四岁。

2. 不失汉节的张骞和苏武

汉武帝于建元三年(公元前138年)招募使者出使,以联合大月氏共击匈奴。张骞应募任使者,于长安出发,中途被匈奴俘获,居留十年,后伺机逃脱。又西行至大宛,经康居,抵达大月氏,再至大夏,停留了一年多才返回。在归途中,张骞又为匈奴所得,被拘留一年多。元朔三年(公元前126),张骞趁匈奴内乱逃回汉朝,向汉武帝详细报告了西域情况。张骞在青史上留下盛名不仅是因为其开辟丝绸之路的"凿空"之功,还在于他出使西域十余载,历尽千辛万苦,彰显了汉代官员的民族气节,为中华民族坚贞刚毅品格的塑造做出了巨大贡献,这一点是应该大力弘扬的。

与张骞的情况相近,苏武也是中国历史上对民族品格的塑造做出了巨大贡献的民族英雄。"苏武牧羊"的故事千古传扬、耳熟能详,说明了他在历史上的影响力。汉武帝天汉元年(公元前100年),苏武奉命以中郎将身份持节出使匈奴,被匈奴扣留。匈奴多次威胁利诱,欲使其投降;后将他迁到北海(今贝加尔湖)牧羊,扬言要公羊生子方可释放其回国。苏武历尽艰辛,留居匈奴十九载持节不屈。

《史记·大宛列传》载:"(匈奴)留骞十余岁,与妻,有子,然持汉节不失。"②《汉书·苏武传》亦载:"武既至海上,廪食不至,掘野鼠去草实而食之。杖汉节牧羊,卧起操持,节旄尽落。"③不难看出,张骞与苏武对待汉节的态度如出一辙。可见在他们心目中,汉节具有不可替代的重要地位。

---

① 〔汉〕司马迁撰:《史记·卫将军骠骑列传》,第2939页。
② 〔汉〕司马迁撰:《史记·大宛列传》,第3157页。
③ 〔汉〕班固撰:《汉书·苏建传附苏武传》,第2463页。

在中国古代,"节"是君主授予使臣的信物,用以证明使臣的身份;使臣所持的"节"不仅是身份的象征,也是权力的象征,持节使臣在外交、军事或其他重要事务中代表皇帝行使权力,可以随机行事。除了以上两项实用功能外,"节"还进一步抽象为国家、民族的象征。张骞在出使西域以及返回汉朝的过程中,两度被匈奴扣留,尽管面临困境,但他始终保持对汉朝的忠诚,持节不失。苏武在出使匈奴期间,面对困难和诱惑,矢志不渝、忠于汉朝,持节牧羊十九年,最终返回长安。这两位民族英雄在任何情况下都不失汉节,捍卫了民族尊严,对后世具有极大的激励意义。

(三)家国情怀表现为传承民族文化

文化是一个国家和民族的灵魂与根基,受家国情怀的熏陶,中国古代的士大夫以及现代的知识分子对民族文化怀有深厚的感情和强烈的责任感,在民族文化面临危机时奋不顾身地守护和弘扬它。

抗日战争时期,梁思成和林徽因夫妇不顾艰难险阻,致力于保护中国的古建筑,守护了中华民族的历史文化遗产。1937年7月7日,卢沟桥事变爆发。同一天,林徽因、梁思成在五台山发现了唐代佛光寺大殿,这一发现震惊了世界,因为它推翻了日本学者此前关于中国已经没有唐代木构建筑的断言,证明了唐代建筑在中国依然存在并且保存得相当完好。五台山外烽火连天,等林徽因从报纸上看到战乱的消息,已经过去了一周。等林徽因和梁思成从欣喜中清醒,此时他们面临的是铁路尽断。林徽因和梁思成本可以选择出国避难,可他们体内流淌着的中华民族的血液,让他们义无反顾地选择留在国内。为了不做卖国贼,梁思成夫妇匆匆处置研究资料,草草收拾行装,带着年幼的儿女和年迈的母亲,仓皇上路,亡命西南。他们从北平转道天津再到长沙,把中国所有的铁路都走了一段……从天津到长沙总共上下舟车十六次,进出旅店十二次……这不是诗意的观光,而是战火中的辗转,不仅劳顿艰辛,而且随时可能死亡。他们忍受了各种危险,拖着严重伤病之躯,终于在1938年1月抵达大后方昆明。他们守护了民族文化,也守住了中国知识分子的尊严:柔弱中尽显刚强,困厄中不失风骨!

在中国教育史上曾经有一所特殊的大学,它只存在八年时间,在最艰难的条件下弦歌不辍,为国家培养了不计其数的人才,这所大学就是国立西南联合大学,简称西南联大。

1937年全面抗战爆发后,为保存中华民族教育与文化命脉,原设于平津的北京大学、清华大学和南开大学被迫南迁湖南长沙,组成国立长沙临时大学;后又西迁,于次年4月抵达昆明,更名为国立西南联合大学。西南联大选址确定后,著名建筑学家梁思成与林徽因受邀营建校舍,在物资、财力极度匮乏的艰苦年代,校舍设计方案一改再改,最后直接从楼房改成了铁皮茅草屋。每到下雨天,雨声震耳欲聋,无法进行正常授课。经济金融学教授陈岱孙先生遇到这种情况,只好在黑板上写下了"静坐听雨"四个大字。西南联大的学生们也将这种尴尬的情况戏谑为"风声雨声读书声,声声入耳"。

西南联大师生面对的艰苦条件,远超今天所有人的想象。然而,就是在这种极端困难的情况下,他们并没有放弃希望,忍饥挨饿做学术,冒着飞机轰炸和枪林弹雨的危险搞研究,为民族富强而努力奋斗。西南联大先后有8 000多人就读,毕业约4 000人,从这里先后走出了杨振宁、李政道2位诺贝尔奖获得者,8位"两弹一星"元勋,172位院士,9位党和国家领导人以及大批蜚声中外的杰出人才,在苦难与辉煌中谱写了教育传奇。此外,西南联大前后有1 100多名爱国学子舍身报国、投笔从戎,应征入伍奔赴抗日前线。西南联大成立于如火如荼的抗战紧要关头,从其诞生之日起就与国家和民族的命运紧密相连。其校训"刚毅坚卓"四字,寄希望于全校师生,要顺应国家和全民族抗战的需要,和四万万同胞一起,坚定果决地站在国家民族的立场,以坚贞坚韧的家国之心,传承民族文化、树人于天地之间。西南联大师生以实际行动践行了"在明明德,在亲民,在止于至善"的"大学"之道。

课后思考题

一、简答题

1. 电影《长津湖》表现家国情怀的细节描写有哪些？
2. 《左传·昭公四年》中子产说："苟利社稷，死生以之"，请问"社稷"指的是什么？
3. 《大学》的三纲领、八条目具体指什么？
4. 请举出林则徐家国情怀的任一事例。
5. 汉语中表现土地文化的成语有哪些？
6. 艾青《我爱这土地》的创作背景是什么？表现了什么感情？
7. "匈奴未灭，无以家为"出自谁之口？表现了什么思想内涵？
8. 张骞的历史贡献是什么？为什么苏武在历史上有巨大文化影响力？
9. 被誉为中国的"敦刻尔克大撤退"具体指的是什么？

二、简要论述题

1. 《中国人民志愿军战歌》中唱道："保和平卫祖国，就是保家乡"，请问是什么将"保和平卫祖国"和"保家乡"连接起来的？
2. 《尚书·虞夏书·尧典》中有"克明俊德，以亲九族。九族既睦，平章百姓。百姓昭明，协和万邦"的表述，为什么说这几句话表现了家国同构的特点？
3. 你如何理解《大学》中"一家仁，一国兴仁；一家让，一国兴让；一人贪戾，一国作乱"这句话的意思？
4. 《吕氏春秋·执一》中提出："身为而家为，家为而国为，国为而天下为。故曰以身为家，以家为国，以国为天下。此四者，异位同本。"请问，"异位同本"指的是什么？这一特点对中国文化有什么影响？
5. 为什么说齐家与治国在范仲淹身上得到了完美体现？

6. 家国情怀表现为哪些方面?

7. 请具体分析小说《白鹿原》中家国情怀的表现形式。

8. 电影《红高粱》中的家国情怀是如何表现的?

9. 西南联大师生的家国情怀是如何体现的?

10. 为什么在中国文化传统中,人们习惯上说"家国情怀"而不是"国家情怀"?这一叫法蕴含了什么中国文化特色?

第三讲　民为邦本、为政以德的德治思想

德治思想将人置于核心地位，充分肯定人的价值和尊严。这种对人的尊重体现在治理理念中，就是要求统治者以仁爱之心对待百姓和下属，关心他们的疾苦，满足他们的基本需求；德治思想还注重培养人的道德自觉，通过教育和感化的方式，激发人们内心的善良本性，引导人们追求高尚的道德境界。德治与法治并不矛盾，法治是底线思维，是低标准要求，德治是追求更高水平的治理，其本质是将人提升到新的高度，最终目标是化成天下、协和万邦。

第一部分　德治特点概括

一、案例导入

案例：

刘备在历史上被描述为一个仁义之君，他的仁德表现在多个方面。比如，刘备在治理新野期间，务在安民、重视民心，使得政治一新，新野百姓盛赞其仁德。在携民渡江事件中，刘备选择带领民众共同撤退，尽管这极大影响了大部队的行军速度，但他赢得了民心。刘备对待徐庶，尽管有万分不舍，但还是尊重徐庶的母子之情，忍痛放行，显示出其博大的胸怀。

陶谦三让徐州,刘备虽然最终接受了徐州的治权,但其初衷是保护徐州民众而非个人利益,类似的事例还有很多,无不彰显了刘备以民为本的德政理念。

《三国演义》第四十一回"刘玄德携民渡江,赵子龙单骑救主",通过诸多细节和场面描写,展示了刘备的仁爱形象,从而强化了其儒家仁君的品格。现截取其中片段,供读后讨论:

> (曹操)催动三军,漫山塞野,尽至新野下寨。传令军士一面搜山,一面填塞白河。令大军分作八路,一齐去取樊城。刘晔曰:"丞相初至襄阳,必须先买民心。今刘备尽迁新野百姓入樊城,若我兵径进,二县为齑粉矣;不如先使人招降刘备。备即不降,亦可见我爱民之心;若其来降,则荆州之地,可不战而定也。"操从其言,便问:"谁可为使?"刘晔曰:"徐庶与刘备至厚,今现在军中,何不命他一往?"操曰:"他去恐不复来。"晔曰:"他若不来,贻笑于人矣。丞相勿疑。"操乃召徐庶至,谓曰:"我本欲踏平樊城,奈怜众百姓之命。公可往说刘备:如肯来降,免罪赐爵;若更执迷,军民共戮,玉石俱焚。吾知公忠义,故特使公往。愿勿相负。"徐庶受命而行。至樊城,玄德、孔明接见,共诉旧日之情。庶曰:"曹操使庶来招降使君,乃假买民心也。今彼分兵八路,填白河而进。樊城恐不可守,宜速作行计。"玄德欲留徐庶。庶谢曰:"某若不还,恐惹人笑。今老母已丧,抱恨终天。身虽在彼,誓不为设一谋,公有卧龙辅佐,何愁大业不成。庶请辞。"玄德不敢强留。
>
> 徐庶辞回,见了曹操,言玄德并无降意。操大怒,即日进兵。玄德问计于孔明。孔明曰:"可速弃樊城,取襄阳暂歇。"玄德曰:"奈百姓相随许久,安忍弃之?"孔明曰:"可令人遍告百姓:有愿随者同去,不愿者留下。"先使云长往江岸整顿船只,令孙乾、简雍在城中声扬曰:"今曹兵将至,孤城不可久守,

百姓愿随者,便同过江。"两县之民,齐声大呼曰:"我等虽死,亦愿随使君!"即日号泣而行。扶老携幼,将男带女,滚滚渡河,两岸哭声不绝。玄德于船上望见,大恸曰:"为吾一人而使百姓遭此大难,吾何生哉!"欲投江而死,左右急救止。闻者莫不痛哭。船到南岸,回顾百姓,有未渡者,望南而哭。玄德急令云长催船渡之,方才上马。

行至襄阳东门,只见城上遍插旌旗,壕边密布鹿角,玄德勒马大叫曰:"刘琮贤侄,吾但欲救百姓,并无他念。可快开门。"刘琮闻玄德至,惧而不出。蔡瑁、张允径来敌楼上,叱军士乱箭射下。城外百姓,皆望敌楼而哭。城中忽有一将,引数百人径上城楼,大喝:"蔡瑁、张允卖国之贼!刘使君乃仁德之人,今为救民而来投,何得相拒!"众视其人,身长八尺,面如重枣;乃义阳人也,姓魏,名延,字文长。当下魏延抡刀砍死守门将士,开了城门,放下吊桥,大叫:"刘皇叔快领兵入城,共杀卖国之贼!"张飞便跃马欲入,玄德急止之曰:"休惊百姓!"魏延只管招呼玄德军马入城。只见城内一将飞马引军而出,大喝:"魏延无名小卒,安敢造乱!认得我大将文聘么!"魏延大怒,挺枪跃马,便来交战。两下军兵在城边混杀,喊声大震。玄德曰:"本欲保民,反害民也!吾不愿入襄阳!"孔明曰:"江陵乃荆州要地,不如先取江陵为家。"玄德曰:"正合吾心。"于是引着百姓,尽离襄阳大路,望江陵而走。襄阳城中百姓,多有乘乱逃出城来,跟玄德而去……①

问题:

1. 在《三国演义》中,刘备兵败新野后,为何要带着行动缓慢的老百姓逃跑?

2. 这一回故事中,有哪些细节和场面表现了刘备的仁德爱民?

---

① 〔明〕罗贯中著:《三国演义》,人民文学出版社1953年版,第339—341页。

3. 刘备爱民如子的文化基础是什么？
4. 为什么刘备身边有那么多人才追随？

案例分析：

《三国演义》中，刘备的理想被描述为"上报国家，下安黎庶"，他一生颠沛流离、屡遭挫折，但始终铭记"得人心者得天下"，重视以宽厚仁德待人是其人格本色。《三国演义》这一回故事中多处描写了刘备的仁德爱民之举。徐庶劝降不成，曹操进兵攻城，孔明建议刘备弃樊城、取襄阳暂歇，刘备这时首先想到的是跟随他的百姓，说道："奈百姓相随许久，安忍弃之？"孔明建议其遍告百姓"愿随者同去"，两县之民齐声大呼曰："我等虽死，亦愿随使君！"从这一细节和场面描写可以看出，百姓愿意以生命相托付，表现了对刘备的爱戴。刘备投靠刘琮，刘琮惧而不出，蔡瑁、张允乱箭射下，城中魏延大喝："蔡瑁、张允卖国之贼！刘使君乃仁德之人，今为救民而来投，何得相拒！"这就从"他者"之口，道出了社会上对刘备的普遍评价，说明刘备的仁德形象已经深入人心。还有一个场面描写也颇能说明问题，刘备入城不顺，转而奔向江陵，这时"襄阳城中百姓，多有乘乱逃出城来，跟玄德而去"。这足以说明刘备在百姓心目中的地位。

刘备的仁爱使他充满了人格魅力，处处推己及人，对结拜兄弟及贤才的宽厚体恤是其仁爱之举的重要表现。他对待结义兄弟关羽、张飞情同手足，体现了道义担当；对赵云充分信任，惺惺相惜，在流传赵云已投奔他人时，仍丝毫不动摇其信任；对待徐庶、诸葛亮等贤才则出以至诚，"三顾茅庐"请诸葛，来来回回无半点怨言，最终诸葛亮为蜀汉复兴起到了决定性作用。

与此同时，《三国演义》还通过对比描写展示了刘备、曹操的德行高下。刘备的爱民之举是发自肺腑，体现在处处为百姓着想；相比之下，曹操本质上并无仁爱之心，其行动和语言无不暴露其视百姓为草芥的冷酷心理。他起先"传令军士一面搜山，一面填塞白河"，实际上是要用水攻的办法，将樊城军民一网打尽。曹操起初只想攻城，在刘晔劝告之下才答应派徐庶劝降以收买民心,并且徐庶临行前,曹操对其交底,刘备若不投降,"军民共戮,玉石俱焚",满腔杀气让人不寒而栗,其真实心理也就昭然若揭了。

在《三国演义》中,如果说曹操是以一代枭雄著称,在其身上正邪并存,刘备则完全以宽厚仁义传世,其身上的人格魅力主要来源于儒家文化的涵养和陶冶,主要体现在他的仁义思想和以人为本的领导风格上。推而广之,从领导学的角度看,我们看明清小说《三国演义》《水浒传》《西游记》中的领导者刘备、宋江和唐僧皆为弱主形象,不以武功见长,唐僧甚至手无缚鸡之力,他们的领导力和格局却都毋庸置疑,他们身上表现出了坚定的目标和人格魅力,这些素质是带领队伍走向成功不可或缺的品质。

二、德治特点概括

德治是中国古代的一种治国理论,强调通过道德人格来治理国家和社会,旨在通过道德的力量来维持社会的稳定和秩序,这就与主张以法律法规和强力手腕治国理政的威权式治理形成鲜明对比。对德治的理解,至少可以从这样三个方面加以考虑:

第一个方面是统治者首先要成为有德之人,作为道德典范,才有资格去治理百姓;

第二个方面是统治者要以道德的手段治理国家,也就是为政以德;

第三个方面的内涵是德政治理的目标是要使百姓成为有德之人,成为儒雅的君子,从而能够与治理者同频共振。

综合以上三个方面,我们可以概括德治的如下特点:德治的理论内核是儒家的仁爱观念,以民本思想为理论根基,以性善学说作为为人处世的心理基础,注重以道德和情感感化他人,注重以榜样示范影响他人,注重儒学教育和经典传承。此外,不仅化育百姓,还德化四夷,从而化成天下。

(一)德治理念下的国家治理——以民为本

德治的"德"首先体现为统治者和百姓之间的一种价值关系,也就是说统治者要对百姓有恩德、有好处,才能获得百姓的拥护和爱戴,政治治理才能顺利进行,这就要求统治者保护百姓的利益,注重保障百姓的生活条件,听从百姓的心声,形成民本精神和以民为本的治理理念。我们从春秋时期宋景公和西汉时期汉成帝二人对待"荧惑守心"天象的不同态度,就能看出统治者"德"与"不德"的天壤之别。

案例:

司马迁在《史记·宋微子世家》中记载了关于宋景公的这样一个故事:

> 三十七年,楚惠王灭陈。荧惑守心。心,宋之分野也。景公忧之。司星子韦曰:"可移于相。"景公曰:"相,吾之股肱。"曰:"可移于民。"景公曰:"君者待民。"曰:"可移于岁。"景公曰:"岁饥民困,吾谁为君!"子韦曰:"天高听卑。君有君人之言三,荧惑宜有动。"于是候之,果徙三度。[①]

无独有偶,班固在《汉书·翟方进传》记载了"荧惑守心"天象后汉成帝的处置方法:

> (翟方进)为相九岁,绥和二年春荧惑守心……
>
> 方进忧之,不知所出。会郎贲丽善为星,言大臣宜当之。上乃召见方进。还归,未及引决,上遂赐册曰:"皇帝问丞相:君有孔子之虑,孟贲之勇,朕嘉与君同心一意,庶几有成。惟君登位,于今十年,灾害并臻,民被饥饿,加以疾疫溺死,关门牡开,失国守备,盗贼党辈。吏民残贼,殴杀良民,断狱岁岁多前。上书言事,交错道路,怀奸朋党,相为隐蔽,皆亡忠虑,群下凶凶,更相嫉妒,其咎安在?观君之治,无欲辅朕富民便安元元之念。间者郡国谷虽颇熟,百姓不足者尚众,前去城郭,

---

① 〔汉〕司马迁撰:《史记》,第1631页。

未能尽还,夙夜未尝忘焉。朕惟往时之用,与今一也,百僚用度各有数。君不量多少,一听群下言,用度不足,奏请一切增赋,税城郭堧及园田,过更,算马牛羊,增益盐铁,变更无常。朕既不明,随奏许可。后议者以为不便,制诏下君,君云卖酒醪,后请止,未尽月,复奏议令卖酒醪。朕诚怪君,何持容容之计,无忠固意,将何以辅朕帅道群下?而欲久蒙显尊之位,岂不难哉!传曰:'高而不危,所以长守贵也。'欲退君位,尚未忍。君其孰念详计,塞绝奸原,忧国如家,务便百姓以辅朕。朕既已改,君其自思,强食慎职。使尚书令赐君上尊酒十石,养牛一,君审处焉。"

方进即日自杀。上秘之,遣九卿册赠以丞相高陵侯印绶,赐乘舆秘器,少府供张,柱槛皆衣素。天子亲临吊者数至,礼赐异于它相故事。谥曰恭侯。长子宣嗣。[1]

问题:

1. 为什么宋景公不愿意移祸于相、移祸于民、移祸于岁?

2.《史记》这段记载表现了宋景公什么样的政治理念?

3. 汉成帝在荧惑守心发生后是如何处置的?汉成帝的做法与宋景公有什么本质差异?

案例分析:

"荧惑"指火星,由于火星荧荧似火,行踪捉摸不定,我国古代称它为"荧惑"。"荧惑守心"指的是荧惑在心宿发生运行方向的改变,其运行方向或由顺行转为逆行,或由顺行转为逆行,且停留在心宿一段时间的现象。"荧惑守心"是中国古代星占学上最凶的天象,是帝王驾崩的恶兆。当荧惑守心天象出现时,宋景公连续三次拒绝移祸于他人他事,使司星官子韦大受感动,认为"天高听卑。君有君人之言三,荧惑宜有动",而子韦

---

[1] 〔汉〕班固撰:《汉书》,第3421—3424页。

的预言好像确实应验了,这当然是巧合所致,以当时人的认知水平,必然将两者关联起来而大书特书,这是可以理解的。宋景公之所以不愿意移祸于相、移祸于民、移祸于岁,是因为其治国理念受民本思想影响,深深懂得"民惟邦本,本固邦宁"的道理。与宋景公"爱人以德"相反,汉成帝在出现荧惑守心现象时,竟然嫁祸于当朝宰相,这是因为他对自己昏庸荒淫的生活实在是心虚,于是接受了大臣贲丽的建议,将丞相翟方进作为替罪羊。荧惑守心天象过后,宋国并没有出现预言中的国难和凶灾,本该遭受惩罚的宋景公安然无恙。此后,宋景公又继续执政了二十七年,一共执政六十四年,这在中国历史上几乎是绝无仅有的;相反,汉成帝在翟方进自杀后不久就暴病而亡,年仅四十岁。由此可见,荧惑守心与帝王驾崩并无实质关联,倒是君主的昏庸无德是加速政权覆亡的导火索。

下面具体探讨儒家经典作品中关于德治的重要论述:

"民惟邦本,本固邦宁。"

《尚书·虞夏书·五子之歌》中提出"皇祖有训:民可近,不可下。民惟邦本,本固邦宁。"[①]夏朝大禹之孙太康沉湎于声色酒食,不修政事,长期田猎不归,国内矛盾日趋尖锐,外部四夷背叛。东夷族有穷氏首领后羿,借太康外出狩猎数月不归之时,乘机夺取了政权,太康的五个弟弟被赶到洛河边,追述大禹的告诫而作《五子之歌》,以为警示。"民惟邦本"后被写作"民为邦本",意思是说百姓是国家的根基,统治者与被统治者是相互依存的关系,只有正确处理民众、君主之间的关系,政权才能稳固安宁。

"天视自我民视,天听自我民听。百姓有过,在予一人。"[②]

语出《尚书·周书·泰誓中》,是周武王会盟诸侯伐纣时的誓词。这几句话的意思是,天意是民意的体现,顺从了民意也就是顺应了天意。这

---

① 李民、王健撰:《尚书译注》,第93页。
② 李民、王健撰:《尚书译注》,第199页。

句话表达了对君主为民父母、敢于担责的要求。宋景公不愿意移祸于相、移祸于民、移祸于岁,实际上就是要独立承担一切祸事,体现了"百姓有过,在予一人"的担当精神。

《孟子·尽心下》:"民为贵,社稷次之,君为轻。"①

这句话是孟子提出的政治思想,后被简化为"民贵君轻",是儒家民本思想的最集中体现,无论在当时还是在后世,都堪称石破天惊之语。这几句话是从天下国家的立场和利益视角来看百姓和君主的关系。在孟子看来,民是基础,是根本,民比君更加重要。"民贵君轻"是孟子仁政学说的核心,具有民本主义色彩,对后世的思想家有极大的影响。春秋战国时期,不仅儒家,包括道家、墨家的著作中,都不同程度地蕴含着"民为邦本"的思想。但相比较而言,儒家的民本思想最为强烈、最为系统。

在古代民本思想的表述中,舟与水的比喻颇为形象地传达了君主与百姓的关系,对后世影响极大。《荀子·王制》引用古语说:"庶人安政,然后君子安位。传曰:'君者,舟也;庶人者,水也;水则载舟,水则覆舟。'"②这似乎是舟水之喻的最早版本。唐人吴兢编著的《贞观政要·政体》载魏征语曰:"臣又闻古语云:'君,舟也;人,水也。水能载舟,亦能覆舟。'"③舟水之喻被反复提及,说明其中所蕴含的治国理政的智慧深刻影响了历代政治家,沉淀为中华民族的宝贵精神财富。从国家统治的民本精神可以过渡为团队管理的人本精神。无论古今中外,无论是国家还是公司或是任何一个团队,都必须坚持以人为本、关心人、爱护人。如果背离了这一原则,这个集体不会是一个和谐的有机体,终将走向分裂。

(二)德治的心理学基础是人性善

德治的心理学基础是相信人性善,或者更确切地说是相信人的本性是向善的。从统治者一方来说,可以理解为统治者可以形成美好的人性,

---

① 〔战国〕孟子著,杨伯峻译注:《孟子译注》,第328页。
② 〔战国〕荀子著,张觉译注:《荀子译注》,上海古籍出版社1995年版,第148页。
③ 〔唐〕吴兢编撰:《贞观政要》,中华书局2009年版,第22页。

有能力实行德治;从被统治一方而言,则相信百姓是能够被教化的,百姓的道德有提升的潜力和可能。梁启超曾说:"社会由人类同情心所结合,而同情心以各人本身最近之环圈为出发点,顺等差以渐推及远。故欲建设伦理的政治,以各人分内的互让及协作,使同情心于可能的范围内尽量发展,求相对的自由与相对的平等之实现及调和。"①反之,如果认为人性是恶的,那就会偏重以法律和规则制裁,强调使用外部强力以强制百姓遵守社会秩序。总之,德治和法治是截然相反的两种取向。

《诗经·大雅·烝民》:"天生烝民,有物有则。民之秉彝,好是懿德。"②

《烝民》为周宣王时代重臣尹吉甫所作,周宣王派仲山甫去齐地筑城,尹吉甫临行时作诗赠之。这四句话的意思是,上天生养了周民,并为他们制定了万物法则。百姓遵守常道,皆因喜欢美好的品德。前人多认为这是古代最早的"性善论"表述。

从统治者一方来说,德政发源于人皆有不忍人之心。这种不忍人之心即同情心,可以扩充为善政。《孟子·公孙丑上》描写了不忍人之心的发生机制,描述了从不忍人之心扩展为德政的过程,又从不忍人之心推广到对百姓实行道德教化:

> 人皆有不忍人之心。先王有不忍人之心,斯有不忍人之政矣。以不忍人之心,行不忍人之政,治天下可运之掌上。所以谓人皆有不忍人之心者,今人乍见孺子将入于井,皆有怵惕恻隐之心——非所以内交于孺子之父母也,非所以要誉于乡党朋友也,非恶其声而然也。由是观之,无恻隐之心,非人也;无羞恶之心,非人也;无辞让之心,非人也;无是非之心,非人也。恻隐之心,仁之端也;羞恶之心,义之端也;辞让之心,礼

---

① 梁启超著:《先秦政治思想史》,第78页。
② 程俊英撰:《诗经译注》,第591—592页。

之端也;是非之心,智之端也。人之有是四端也,犹其有四体也。有是四端而自谓不能者,自贼者也;谓其君不能者,贼其君者也。凡有四端于我者,知皆扩而充之矣,若火之始然,泉之始达。苟能充之,足以保四海;苟不充之,不足以事父母。①

诸葛亮"七擒孟获"就是利用人性善的理论实行道德感化的一个典型事例。三国故事中,诸葛亮对孟获七擒七纵,通过教育和感化来达到政治目的,具体实践了德治理念,使夷人心悦诚服。这种做法看似效率低下、费时费力,效果却远比军事平叛好得多。历史上中原王朝实行道德感化的实例层出不穷。德化夷狄之所以获得成功,正是顺应了人性相通、人性向善的基本心理学原则。如梁启超所说:"儒家利用人类同情心之最低限度为人人所同有者而灌植之扩充之,使达于最高限度,以完成其所理想之'仁的社会'。"②当然,仅用感化的办法有时也达不到政治目的,需要以军事力量和经济基础为后盾并辅之以其他方面的善政。

明代大儒王阳明被认为是历史上儒家士人内圣外王的杰出典范。他之所以成功平定了广西叛乱,便是综合运用军事策略、政治手段和教育感化的结果。首先,他分析叛乱的原因,认为地方官吏的苛政是导致叛乱的主要原因,因此提出"罢兵行抚"的策略,经向朝廷请示,确立了以文德感化为主、兵戎杀伐为辅的方针。其次,他通过沟通和教育来解决问题,在广西梧州开府讲学,劝人为善去恶。这一策略成功地瓦解了卢苏、王受起义,避免百姓遭受战乱之苦。再次,王阳明的策略还包括使用心理战术和优待俘虏以瓦解敌人的抵抗。比如他写了一份《告谕浰头巢贼》,用老百姓的语言劝降,感化了许多匪寇。此外,他还通过优待俘虏和提供优厚的待遇来软化敌人的抵抗意志。

(三)德治注重道德典范的示范性

德治首先表现为有德者之治,治理者应该为被治理者树立良好的行

---

① 〔战国〕孟子著,杨伯峻译注:《孟子译注》,第79—80页。
② 梁启超著:《先秦政治思想史》,第101页。

为标杆,首先应该具有人格魅力。这种思考路径与法治原则下的"一断于法"即以法律规则为标杆大相径庭。中国文化典籍中有很多这方面的论述,下面列举其中的重要表述:

《论语·为政》:"为政以德,譬如北辰,居其所而众星共之。"①

这句话告诉我们,统治者实行德政,自身有道德魅力,就会像天上的北极星一样,虽安居不动、默默无言,众星却都围绕其运转而不失其序。引申到现实生活中来,统治者的道德示范将产生不言而教、不怒自威的影响力。

道德示范包括两个层面:一个层面是在上位者自身的德行示范,是对包括皇帝(皇后)、朝廷公卿百官以及一切在上位者的要求。"政者,正也。子帅以正,孰敢不正?"②"其身正,不令而行;其身不正,虽令不从。"③这些语句言简意赅,充分揭示了儒家对政治的根本理解,就是要求在上位者以身作则,为天下百姓做出良好的示范。如梁启超所说:"要而论之,儒家之言政治,其唯一目的与唯一手段,不外将国民人格提高。以目的言,则政治即道德,道德即政治。以手段言,则政治即教育,教育即政治。道德之归宿,在以同情心组成社会,教育之次第,则就各人同情心之最切近最易发动者而浚起之。"④在中国文化语境中,皇帝是国家的政治领袖,也是百姓的精神领袖。儒家从一开始就有这样的信念,那就是政治权力应该交给圣贤,让德性来指导和驾驭权力。《尚书·周书·泰誓上》中讲"天佑下民,作之君,作之师"⑤,明确指出了最高统治者国君同时身兼民众师长的职责。国君教化作用的实施主要是通过榜样示范的方式体现的。国君被视为万民景仰的道德表率,要正己齐家、整饬宫廷、塑造京师风气,进而引导地方的风气。关键一点是,国君的道德并非天生的,他也要接受来自他

---

① 〔清〕刘宝楠撰:《论语正义》,中华书局1990年版,第37页。
② 《论语·颜渊》,引自〔清〕刘宝楠撰:《论语正义》,第505页。
③ 《论语·子路》,引自〔清〕刘宝楠撰:《论语正义》,第527页。
④ 梁启超著:《先秦政治思想史》,第100—101页。
⑤ 李民、王建撰:《尚书译注》,第195页。

人的教化,在其成为国君之前,太子太傅、太子少傅以及某一经的经师(侍讲)对其人格塑造及经学修养负有直接责任。准此以降,诸侯王也要接受傅、相、中尉等人的专门教化。

各层级的礼乐仪式也具有垂范引领的意义,也是一种榜样示范。由国君主持的籍田礼、君后主持的亲蚕礼,代表全国百姓向上天祈求风调雨顺,也清楚地界定了男耕女织的职责区分。国君在辟雍举办的大射礼或养老礼,在开放的空间内通过礼乐仪式展演尚贤、敬齿之义,并将这种理念层层传导、向下贯注到普通百姓生活中去。地方官也通过一系列礼仪形式将国家意志推广到民间,如在春耕时节举行的班春仪式,目的是劝勉农桑,督促、监察治下各县的农耕情况。地方官还在各地官学举办飨射之礼,以塑造尊老、敬长、尚贤的社会风气。西汉时期,乡饮酒礼并未在社会上广泛施行,只是个别地方官躬行其礼,带有试验先行的特点。东汉建立以后,从上到下都极为重视文化建设,各种礼乐活动纷纷展开。与皇帝在辟雍举行的大射、养老礼相对应,郡县也推动乡饮酒礼,将"尚贤尊长"的精神贯注到民间。乡饮酒礼直到清朝末年仍在举行,持续两千余年而长盛不衰,说明其在社会生活中具有强劲的生命力。

道德示范的另一个层面是地方官在民间树立间接榜样,为广大百姓提供精神和行为的指引,这是地方教化治理中常用的手段。具体表现为朝廷和地方政府在重要时节对三老、孝悌、力田、贞妇、顺孙各类模范人物一道表彰,并给予优厚的物质赏赐。朝廷树立的各类榜样中,孝悌人物所占比重最大,反映出古代社会以孝治天下的时代特色。

(四)德治注重道德教化

中华文化具有悠久的连续性和高度的包容性,刚健厚重、生生不息,在数千年的传承发展中不断发展壮大,成为世界上重要的文化类型。中华文化不仅培育了中国人重德守礼、友善平和的民族性格,还以其优雅成熟的礼乐文明不断吸引周边民族融入中华大家庭中。中华文化在塑造国民品格、招徕远人过程中的一个重要经验就是"德化",以仁德教化百姓,以人文化成天下。

梁启超先生曾说:"儒家深信非有健全之人民,则不能有健全之政治。故其言政治也,唯务养成多数人之政治道德、政治能力及政治习惯,谓此为其政治目的也可,谓此为其政治手段也亦可。"①这就道出了儒家注重道德教化的深层原因。在中国古代,教化活动不是少数人的专利,上自君主下到普通百姓,每个人在其一生中都承担过教化者的角色,且随着身份地位的提升,其教化的范围、对象也随之而扩大,这就表现出了教化实施者的全方位特点。教化活动还表现在社会生活的方方面面,从思想家的理论表述、文学艺术中的形象呈现到国家的制度设计等各个方面,无不可以看出教化的影响,从而表现出全方位教化的特点。自汉代以后的历朝历代,政治乃至社会生活都有教化活动的积极参与,上到皇帝诏书、国家政令、公卿大臣的奏议,下至地方官的政令条教、三老孝悌力田等乡间领袖的舆论引导、隐者处士的日常示范,无不以"正己化人"的目标自命。可以说,国家、社会生活中的方方面面,具体如皇帝的行为规范、后宫女性的整饬约束、各级政府的劝勉耕蚕、百姓的婚丧嫁娶甚至朝廷处理同少数民族政权的关系等,无不打上了强烈的道德教化印记。

家庭是社会最基本的结构单位,在教化政治背景下,"化一家"就成为迈向社会教化的重要基石。"化一家"最普遍的情况是父母教化子女,也不乏兄长教化诸弟、妻子教化丈夫甚至儿媳化导恶姑等情况。以汉代为例,大量的贤媛、列女在受到儒家文化教化之后,以自身的影响力对家人实施道德人格感化。为人所熟知的"乐羊子妻"故事,就是妻子化导丈夫的典型事例,这样的事例在汉代史乘中不胜枚举。

自汉代之后,"教化政治"的理念深入人心、深植中华大地,影响中华文化两千多年。其间虽经历了无数的王朝更迭、治乱兴衰,但"教化政治"始终被各朝各代的君主所坚持,实现了对一代代中国人的精神塑造。

《论语·为政》说:"道之以政,齐之以刑,民免而无耻;道之以德,齐之以礼,有耻且格。"②这就是说,以刑罚压制人,只会造成人的内心恐惧,

---

① 梁启超著:《先秦政治思想史》,第97页。
② 〔清〕刘宝楠撰:《论语正义》,第41页。

并不会真正形成羞耻之心；只有以道德礼义教化人才能塑造人的羞恶之心，从而在民众的内心深处建成道德的"拱心石"。德治主要是利用道德的柔性和弹性机制对社会主体进行相应调控，这种规范和引导是因地制宜、因人而异的，而且道德调控方式更富有人情味，过程更人性化。

　　但是，这并不意味着国家治理只依靠德治就够了，而无需借助于法律和规则。《孟子·离娄上》对德治与法治的关系有辩证的表述，令人深思。他说："徒善不足以为政，徒法不能以自行。"①我们在阐发德治的好处时，不要忘了孟子的告诫。孟子强调了国家治理过程中将道德和法律相结合的必要性，仅靠道德不足以治理国家，仅靠法律条文也将行之不远。主张德治并不是抛弃法治，这里的关键是德治优先，把德治放在更为优先的地位来考虑问题，而不是摒弃法律。实际上，法律在任何社会都是不能完全抛弃的，只不过治理主体应尽可能以柔性的方式化解危机、处理难题，不要动辄大动干戈，不要以惩戒、杀伐为乐。汉武帝时董仲舒在元光元年举贤良对策中，也将德教与刑罚关系的思考作为一项重要内容，不过董仲舒是借阴阳来说刑德，天人感应的特色殊为明显。他具体说道："天道之大者在阴阳。阳为德，阴为刑；刑主杀而德主生。是故阳常居大夏，而以生育养长为事；阴常居大冬，而积于空虚不用之处。以此见天之任德不任刑也。"又说："王者承天意以从事，故任德教而不任刑。刑者不可任以治世，犹阴之不可任以成岁也。"②董仲舒认为德教与刑罚可以统一于国家治理中，国家治理之用德教与刑罚犹天之有阴阳，既然阴阳于天均不可或缺，德教与刑罚也就缺一不可了。但大自然中晴天多、阴天少，因此应德主刑辅。董仲舒的这一说法对后代影响非常深远。应特别注意的一点是，德治强调道德高于法律，道德统摄法律，但在实践中应避免蜕变为"人治"，伸缩性、弹性过大而背离了普遍性和公正性原则，这是中国古代政治时常遇到的一大难题。

---

① 〔战国〕孟子著，杨伯峻译注：《孟子译注》，第162页。
② 两处均引自〔汉〕班固撰：《汉书》，第2502页。

第二部分 德治的具体内容分析

一、案例导入

案例：

钟离意字子阿，会稽山阴人也。少为郡督邮……建武十四年，会稽大疫，死者万数，意独身自隐亲，经给医药，所部多蒙全济。

举孝廉，再迁，辟大司徒侯霸府。诏部送徒诣河内，时冬寒，徒病不能行。路过弘农，意辄移属县使作徒衣，县不得已与之，而上书言状，意亦具以闻。光武得奏，以视霸，曰"君所使掾何乃仁于用心？诚良吏也！"意遂于道解徒桎梏，恣所欲过，与克期俱至，无或违者。还，以病免。

后除瑕丘令。吏有檀建者，盗窃县内，意屏人问状，建叩头服罪，不忍加刑，遣令长休。建父闻之，为建设酒，谓曰："吾闻无道之君以刃残人，有道之君以义行诛。子罪，命也。"遂令建进药而死。二十五年，迁堂邑令。县人防广为父报仇，系狱，其母病死，广哭泣不食。意怜伤之，乃听广归家，使得殡敛。丞掾皆争，意曰"罪自我归，义不累下。"遂遣之。广敛母讫，果还入狱。意密以状闻，广竟得以减死论。[①]

问题：

1. 这段史料中记载了钟离意哪几件德政？
2. 钟离意的德政表现了德治的哪些特点？

案例分析：

《后汉书·钟离意传》记载了钟离意的四件德政。第一件是在发生疾疫时向病者施药，救活了很多百姓，这属于荒政救助方面的；第二件事是

---

① 〔南朝宋〕范晔撰：《后汉书》，第1406—1407页。

申请为囚徒做寒衣,并将囚徒的枷锁去掉,任其自由行走,表现出了官员的仁爱精神;第三件是对犯有盗窃罪的属吏檀建"不忍加刑,遣令长休",这属于道德感化或情感感化的惩罚方式;最后一件是将杀人犯防广释放回家为母丧葬,事后又申请为其减刑,这体现了轻刑缓刑的原则。

这些德政表现了地方官的责任担当,反映了受儒家文化熏陶的地方官的人道情怀,其出发点是孟子所说的"不忍人之心"。德治注重道德感化,重视孝道及为父母报仇等行为,具有"原心论罪""春秋断狱"的特点。此外,我们还可以从德治的另外一面即被治理者的表现来考察:钟离意将囚徒枷锁去掉,任其自由行走,结果"克期俱至,无或违者";钟离意不治檀建之罪,只是令其长休,但檀父令其子喝药了断(这种方式是不应该被鼓励的,檀建盗窃罪不至死);钟离意将杀人犯防广释放回家,防广事毕归狱,种种行为都说明实行德政要有广泛的社会基础,即百姓受到过一定儒家教育,这样才能出现令人满意的结果。

二、德治的具体内容分析

上面我们以东汉初年地方官吏钟离意的事迹为例,列举了其德治的鲜活内容。实际上,德治的内容是非常丰富的,德治的实施主体也是有很多层次的。下面我们从更为宏观的视角全面归纳、概括德治的内容。

(一)安民富民

《论语·子路》中有如下一段内容,表现了孔子对于国家治理路径的思考:

> 子适卫,冉有仆。子曰:"庶矣哉!"冉有曰:"既庶矣,又何加焉?"曰:"富之。"曰:"既富矣,又何加焉?"曰:"教之。"[1]

儒家对于国家治理的认识,遵循安民——富民——教民的顺序进行,后被概括为"先富后教"。先富后教体现了儒家对于经济活动与文化教育

---

[1] 〔清〕刘宝楠撰:《论语正义》,第528页。

先后关系的思考。依照这一观念,治理国家应当先积累一定的物质基础,令人民生活有所保障,然后实行道德教化。当然,先富后教并不是说要等到物质方面达到相当富裕之后再进行精神方面的引导,而是说教化需要以一定的物质条件作为基础。

国家统治的绩效合法性,不是建立在空洞的说教和口头承诺之上,而是体现在百姓生活的各个环节。正如赵鼎新先生所概括的:"各朝皇帝需要履行的职责有一定的差异,但总体而言,一位好的皇帝应该按照儒家的道德标准来约束自己的行为,治国安邦、抵御外敌、关注民生,例如治理洪水、发展灌溉、修筑道路、赈济灾民。古代中国政府所承担的民生职责是大多数其他古代社会所不具备的。"[1]当然,皇帝无法亲力亲为去完成这些民生承诺,他是通过选定的优秀代理人分赴四方,去完成"为民父母"之责的。地方官所从事的工作,分解了国家绩效合法性这一重大工程。

东汉时期五原太守崔寔教民纺织的事例独具特色。《后汉书》载:"五原土宜麻枲,而俗不知织绩,民冬月无衣,积细草而卧其中,见吏则衣草而出。寔至官,斥卖储峙,为作纺绩、织纴、练缊之具以教之,民得以免寒苦。"[2]五原地区土质适宜种植麻枲,百姓却不懂纺织技术,冬月里见官吏衣草而出,这一方面说明了该地区社会发展水平较低,另一方面也是历任太守为政失职的表现。百姓衣不蔽体,基本的生存和尊严都无法保证,历任地方官难道视而不见?太守崔寔变卖家资,教民纺绩之术,使百姓得以摆脱寒苦,实在是功莫大焉。再如,桂阳地区百姓不懂得种桑养蚕,百姓皆赤脚出行,"十二月盛寒时并多剖裂血出,燃火燎之,春温或脓溃"。光武帝建武年间,桂阳太守茨充"教人种桑蚕,人得其利,至今江南颇知桑蚕织屦,皆充之化也"。[3] 这段文字中的"化",主要指的是生活习俗方面的改变,还没有上升到精神层面,但生活方式的提升也不可小觑,因为只有

---

[1] 赵鼎新著:《"天命观"及政绩合法性在古代和当代中国的体现》,《经济社会体制比较》2012年第1期,第119页。
[2] 〔南朝宋〕范晔撰:《后汉书·崔骃列传附崔寔传》,第1730页。
[3] 两处均出自〔汉〕刘珍撰,吴树平校注:《东观汉记校注》,中华书局2008年版,第799页。

当百姓生活得到保障,才会产生精神尊严方面的需求,这时候地方官开展学校教育、进行礼乐教化,就水到渠成了。

汉代地方官在安民基础上实行的诸多养民、富民举措,都是围绕鼓励农业生产、提高农业生产效率、解决现实生活困难而进行的。不难想象,百姓接受了牛耕技术、种桑养蚕技术,也就自然接受了这些技术所承载的男耕女织的农业生产方式和生活方式;百姓破除了淫祀观念、破除了巫鬼的控制,也就意味着他们逐渐获得了对自身理性力量的确证,而不是将年成好坏和自身命运寄托在对形形色色的自然神的祭拜上。可以说,伴随着生产方式的转变和对自然世界认识的变化,人们的精神世界已然提升到一个新的层面,从蒙昧、蛮荒的生产生活方式迈进到一种相对文明的、有尊严的生活方式,这本身就是"化"的过程,教化在这一过程中已悄然发生。

(二)轻徭薄赋

"轻徭薄赋"语出《汉书·昭帝纪》的"赞",原文为:"(孝昭)承孝武奢侈余敝师旅之后,海内虚耗,户口减半,(霍)光知时务之要,轻徭薄赋,与民休息。"① 由此可见,轻徭薄赋是统治者减轻百姓负担、缓解社会矛盾的一种基本方式,属于民本政治的范畴。

历代君主大多受过民本精神的教育,但君主本人对民本政治的理解和实践则不可一概而论。那些历史上与民争利、昏庸贪婪的君主不在我们的讨论之列,即便是有为、有德之君,他们在减轻租赋、让利于民方面的具体做法也差异较大,有的是减免田租,有的是减免口赋钱,有的是免除徭役。让利于民的形式与力度,取决于彼时的国力与皇帝本人的思想境界。减免租赋、让利于民表现了古代朝廷重农、劝农的诚意,在一定程度上减轻了百姓负担,有利于休养生息、发展农业生产,从而将民本思想落到实处。

以汉代为例,汉高祖建立政权以后实行休养生息政策,田租方面规定

---

① 〔汉〕班固撰:《汉书·昭帝纪》,第233页。

十五税一,后续皇帝根据国家财政状况随时对租赋进行调整,总的倾向是向着减免租赋、让利于民的方向发展。文帝在这方面的政策力度最大,似乎整个汉代无有出其右者,史家从这个角度称其"专务以德化民,是以海内殷富,兴于礼义"①,并非无据。具体来看,文帝二年(公元前 178 年)九月《劝农诏》决定"赐天下民今年田租之半"②,租率从十五税一减至三十税一。文帝十二年(公元前 168 年)三月《劝农诏》也提出"赐农民今年租税之半"③,即实行三十税一。文帝十三年(公元前 167 年)六月《劝农诏》甚至决定"除田之租税。"④至于所除田之租税是除当年的租税还是除此后若干年的租税,学界有不同的意见,并未形成定论。文帝之后,景帝即位后的元年(公元前 157 年)五月也出台了"令田半租"⑤的政策,也就是三十税一。

汉代其他皇帝为了减轻百姓压力,围绕劝农也出台了很多优惠性政策,如昭帝元平元年(公元前 74 年)二月的《减口赋钱诏》,针对"日者省用,罢不急官,减外繇,耕桑者益众,而百姓未能家给"的情况,决定"减口赋钱"。⑥东汉光武帝在平定内乱、国库稍有储积之后,随即发布惠民诏书,在建武六年(公元 30 年)十二月的《田租三十税一诏》中决定,"其令郡国收见田租三十税一,如旧制"。⑦章帝元和二年(公元 85 年)春正月诏书,针对有孕妇的家庭,"赐胎养谷人三斛,复其夫,勿算一岁,著以为令"。⑧不仅免除丈夫的徭役及一年算赋,还优待孕妇,为其提供安养环境,这是政府鼓励生育的体现,人性化的政策背后透露出国家的政策导向。章帝元和元年(公元 84 年)二月的《给流民公田诏》针对流民出台了一系列安置政策:"其令郡国募人无田欲徙它界就肥饶者,恣听之。到在

---

① 〔汉〕班固撰:《汉书·文帝纪》,第 135 页。
② 〔汉〕班固撰:《汉书·文帝纪》,第 118 页。
③ 〔汉〕班固撰:《汉书·文帝纪》,第 124 页。
④ 〔汉〕班固撰:《汉书·文帝纪》,第 125 页。
⑤ 〔汉〕班固撰:《汉书·景帝纪》,第 140 页。
⑥ 〔汉〕班固撰:《汉书·昭帝纪》,第 232 页。
⑦ 〔南朝宋〕范晔撰:《后汉书·光武纪》,第 50 页。
⑧ 〔南朝宋〕范晔撰:《后汉书·章帝纪》,第 148 页。

所，赐给公田，为雇耕佣，赁种饷，贳与田器"，并特别给予"勿收租五岁，除算三年"的优待。① 免收五年田租和三年算赋，对于流民生产自救、重建家园意义重大。

再如，唐代前期在轻徭薄赋方面也出台了一系列规定。首先是实行均田制，以满足农民的基本生存需求。其次是实行租庸调制，每丁每年向国家交纳粟二石，称做租；交纳绢二丈、绵三两或布二丈五尺、麻三斤，称做调；规定男丁每年服劳役二十天，称做庸。若加役十五天，免其调；加役三十天，则租、调全免。若出现水旱等严重自然灾害，灾情超过四成，免除田租；超过六成，免除租、调；超过七成，则租、庸、调全部免除。租庸调制的实行对于恢复和发展农业生产、保证国家赋税收入起到了重要作用，也使户口逐年递增、社会繁荣，表明这一制度是符合当时社会政治经济发展要求的。

（三）荒政救助

荒政是古代政府应对灾荒而采取的救灾政策，直接与百姓生活休戚相关的灾害包括地震、旱灾、水灾、蝗灾、瘟疫等。灾年容易造成社会动荡，执政者对于灾害后的处置绝不能掉以轻心，因而很早就发展出荒政救助制度。西周时期荒政已初具雏形，《周礼·地官·大司徒》规定，"以荒政十有二聚万民"。"荒政十二"包括散利（官府借给百姓种子和粮食）、薄征（减少征税，以减轻灾民负担）、缓刑（放宽刑罚）、驰力（放宽力役）、舍禁（取消关市山泽禁令）、去几（免除关市征税）、眚礼（减省吉礼之数）、杀哀（减少丧葬礼数以节省费用）、蕃乐（收藏乐器，停止演奏）、多昏（鼓励婚嫁）、索鬼（祈祷降福）、除盗贼（抓捕盗贼）。② 荒政表现出政府的责任担当，考验国家治理能力，更进一步地反映了民本精神和德政高度。

灾异发生之后国家做了什么？这是考验政府绩效合法性的重要时刻。以汉代为例，朝廷在水旱、地震、蝗灾、疾疫等发生之后，几乎每次都

---

① 两处引文均出自〔南朝宋〕范晔撰：《后汉书·章帝纪》，第145页。
② 以上均出自杨天宇撰：《周礼译注》，上海古籍出版社2004年版，第153页。

遣使巡行、发布诏书,采取多种措施对百姓进行抚慰,具体包括物资救助、减免租赋、埋葬死者。与此同时,废除苛政、选拔贤才、观览风俗等活动也同步施行。这些做法表现了汉朝政府强大的灾后处置能力,也彰显了教化政治的人道精神。下面举例加以说明:

哀帝绥和二年(公元前7年)秋的《遣使循行水灾诏》,颁行于河南、颍川水灾"流杀人民,坏败庐舍"之后,哀帝派遣使循行,实行荒政救助,具体内容包括"赐死者棺钱,人三千。其令水所伤县邑及他郡国灾害什四以上,民赀不满十万,皆无出今年租赋"。[①] 东汉和帝永元四年(公元92年)十二月的《旱蝗除田租诏》规定:"今年郡国秋稼为旱蝗所伤,其什四以上勿收田租、刍稿;有不满者,以实除之。"[②]

古代中国以小农经济为主的生产方式,决定了财富积累是一个艰辛而漫长的过程,也造就了中华文化中提倡节俭、戒骄戒奢的品格。当遭遇各种灾异、百姓遭难时,皇帝诏书中以身则、提倡节俭的内容就显得格外突出了。如元帝初元五年(公元前44年)四月发布了《因灾异改行新政诏》,当时的背景是"关东连遭灾害,饥寒疾疫",元帝"令大官毋日杀,所具各减半。乘舆秣马,无乏正事而已。罢角抵、上林宫馆希御幸者、齐三服官、北假田官、盐铁官、常平仓"。[③] 明帝永平三年(公元60年)夏的《报钟离意止作北宫诏》,针对尚书仆射钟离意《谏起北宫疏》而发,诏书不仅命令停止营造北宫,而且"敕大匠止作诸宫,减省不急,庶消灾谴"。[④]

以上诏书,从君主减省自身用度做起,继之罢除了很多不紧要的职官,进而要求公卿列侯、亲属近臣乃至京城之人为天下四方做出表率,这在无形中就体现了人我一体、推己及人的教化路径。上层统治者若生活奢靡、享受过制会对社会风气造成不良导向,因此君主往往借助诏书自勉,告诫统治者上层各自省改,并要求监察官员进行纠察。诏书要求统治

---

① 两处引文均出自〔汉〕班固撰:《汉书·哀帝纪》,第337页。
② 〔南朝宋〕范晔撰:《后汉书·和帝纪》,第174页。
③ 两处引文均出自〔汉〕班固撰:《汉书·元帝纪》,第285页。
④ 〔南朝宋〕范晔撰:《后汉书·钟离意列传》,第1408页。

者上层从自身日常用度及享乐事项上着眼,力求减省。当然,诏书的价值主要是在精神层面,其意义在于倡导俭德,向全国百姓昭示君民一体、福祸共担,这就有利于形成精神激励,从而赢得民心。

(四)轻刑缓刑

在治国理政的实践中,统治者深切地认识到,"至治之本,道化在前,刑罚在后"①。汉代统治者希望建立一个以教化为本的国家治理模式,这一治理模式不仅表现为教化在前、刑罚在后,还体现在即便是施行刑罚,也蕴含了人性化的或曰仁爱的考量。从西汉初年开始以至东汉中期,除诽谤妖言令、除肉刑、减笞、定棰、减省律令、岁上系囚、禁杀奴婢、禁酷刑、冬至后不报囚等一系列人性化政策的渐次出台都是汉代德治的渐进成果。与教化者自我刻责和礼义感化相应的,是不任(或轻用)刑罚。具体说就是汉代地方官在处理违纪、违法案件时,尽量避免使用刑罚,往往使用私责、罢遣、遣令长休或施用轻刑等柔性手段,而不将当事人的错误或罪行暴露在大庭广众之下,而是为其保留基本的尊严。这种处置方式对人的心灵触动极大,其效果已经不是感动和说服所能概括得了。这方面的事例很多,这里列举两例加以说明。如章帝建初年间,秦彭任山阳太守,"以礼训人,不任刑罚……吏有过咎,罢遣而已,不加耻辱。百姓怀爱,莫有欺犯"。②再如和帝时巨鹿太守魏霸,"以简朴宽恕为政。掾史有过,霸先诲其失,不改者乃罢之。吏或相毁诉,霸辄称它吏之长,终不及人短,言者怀惭,潜讼遂息"。③秦彭和魏霸的做法生动地体现了不任(或轻用)刑罚的德治精神。

儒家向往雍雍穆穆的和谐社会,主张以礼义原则解决现实纷争,以达到息讼乃至无讼的状态,因此,争讼是儒家极力反对的行为。孔子说:"听

---

① 〔南朝宋〕范晔撰:《后汉书·孝殇帝纪》,第197页。
② 〔南朝宋〕范晔撰:《后汉书·循吏列传》,第2467页。
③ 〔南朝宋〕范晔撰:《后汉书·魏霸列传》,第886页。

讼,吾犹人也。必也使无讼乎!"①董仲舒也把"天下常亡一人之狱"②作为大化之后的理想境界。这种传统影响中国两千多年,形成了强大的文化惯性。费孝通先生对这种观念的力量有深刻的体会,他在《乡土中国》一书中对此描述道:"一个负责地方秩序的父母官,维持礼治秩序的理想手段是教化,而不是折狱。"③正是秉持着这一理念,儒家循吏都把移风易俗、实现息讼乃至无讼作为治理目标。我们可以说,汉代法治建设的历程,是儒家人道精神对法律不断渗透和不断滋养的过程,最终以一件件德政的形式落实为国家的具体政策。

  刑罚属于刚性治理,教化属于柔性治理,两者似乎处于矛盾的两端,但儒家循吏在两者中间找到了结合点,那就是在刑罚中体现出儒家教化的精神。教化的着眼点是转化人,而不是为了惩罚人。如梁启超所说:"(儒家心目中的)刑罚以助成伦理的义务之实践为目的,其动机在教化,此实法律观念之一大进步也。"④在现实生活中,一个人要是犯了罪,法律制裁是不可缺位的。对于触犯法律的罪犯,依照成文法典法规进行惩罚是最简单的处理方式。但是,若能在惩罚罪犯和教化世人两者之间寻求某种平衡,这才是更优的解决方案。特别是,有一些犯罪其行为是情有可宥的,其罪行并非十恶不赦,当时汉代循吏的惩处方式就颇显变通的智慧和人性的光辉。在儒家看来,"道德之恶"缘诸本心的自我放佚而为外物所牵引,"道德之恶"的存在并不足以否定本心之善,因为即使人陷溺于恶,其本心仍保有超脱于此恶的力量。儒家并不否定自然之性的存在,但同时肯定本心具有超脱于自然本能(耳目之官)之制约而自我实现的力量,这种力量是道德实践的最后依据。汉代很多地方官实行礼乐教化,以感化的方法召回罪犯的道德本心,正是对于人性中的本心之善抱有期待:有人虽一时放佚,但其本心中仍保有超脱于此恶的力量。

---

① 《论语·颜渊》,引自〔清〕刘宝楠撰:《论语正义》,第503页。
② 〔汉〕班固撰:《汉书·董仲舒传》,第2515页。
③ 费孝通著:《乡土中国》,群言出版社2016年版,第61页。
④ 梁启超著:《先秦政治思想史》,第61—62页。

(五)道德教化与移风易俗

前文曾经分析过,德治还包括一项重要内容,那就是各级统治者要培养百姓心中的道德感,提升其精神境界,使百姓成为道德君子。这是一个推己及人的道德教化过程。《礼记·学记》中说:"君子如欲化民成俗,其必由学乎!"①《孟子·尽心上》说:"善政不如善教之得民也。善政,民畏之;善教,民爱之。善政得民财,善教得民心。"②在儒家看来,要实现得民心、化民俗的长远目标,最有效的途径是兴办教育,教育对人的精神塑造效果最稳定、最持久。

汉景帝末期的蜀郡太守文翁,是实行道德教化和移风易俗较典型的官员。《汉书》载:"(文翁)仁爱好教化。见蜀地辟陋有蛮夷风,文翁欲诱进之。"③"诱进"一词用得非常准确,说明了文翁意识到改变一个地区的落后风气绝非一朝一夕之功,而是一项长期的事业,需要付出足够的耐心化导百姓。"诱进"就是采取引导、诱导的渐进改造方式,一如孔子"导之以德"的"导",而不是采取武力强制的方式使其改变蛮夷之风。文翁的具体措施可概括为两个方面:一是兴办地方官学以培养人才,二是选拔郡县小吏到京城太学受学。文翁利用普通百姓趋利求利的心理和敬畏官员的传统,给予学官弟子各种经济、政治上的优待,利用各种机会向世人展示读书向学的荣耀,吸引蜀地青年向学读经,以不同方式实现了移风易俗。

地方官兴学教民,往往是本人执经自讲,其身份可谓亦官亦师。汉代儒家循吏亦官亦师,其对儒学的热情乃是出于一种生命志趣,而不可仅仅视其为入仕的敲门砖,其身份已超越了地方官,而是学者、官员完美地融合在同一个人身上。太守作为二千石国家官员,县令作为六百石以上的国家命官,在百姓眼里代表着国家形象,其言行举止具有强大的导向意义和示范性质,因此,地方官的热心向学、执经自讲对各地社会风气的引领作用不可小觑。

---

① 〔汉〕戴圣撰,杨天宇译注:《礼记译注》,上海古籍出版社1997年版,第613页。
② 〔战国〕孟子著,杨伯峻译注:《孟子译注》,第306页。
③ 〔汉〕班固撰:《汉书·循吏传》,第3625页。

各级官吏之所以汲汲于兴学劝学、培养人才,缘于他们对于"事功"的认识视角大大扩展了。在儒家循吏看来,"安民""养民"固然是地方官的职责所系,而"教民"才是更高的功业追求,更接近化成天下的政治理想。正因如此,儒家循吏并不满足于安民、养民,而是在实现了安民、养民的基础上,更多地致力于教民活动。

当然,伴随着生产方式转变和认识水平提升所发生的移风易俗,与地方官自觉采取的诸多有意识的教化手段(如兴办学校普及儒家经典、展示各种礼乐仪式、奖励民间各种道德榜样)都是不可或缺的,是不能互相代替的。在儒家看来,要实现得民心、化民俗的长远目标,最有效的途径是兴办学校,因为教育对人的精神塑造效果最稳定、最持久。

(六)王者无外与德化边疆

基于"化成天下"的总体理念,汉代中央朝廷在处理同周边民族关系时,总的基调是以德感化。"德化四夷"的主张是董仲舒提出来的,但代表了一大批汉代思想家的想法,可以视为对汉初以来思想家主张的提炼。这里"德"的含义较为宽泛,凡是与战争手段相对立的和平手段都可归入德的范畴,由此衍生出和亲、互市、接受质子、赐官赐号、物质赏赐等诸多柔性手段,武力征伐手段虽未被放弃,但总体而言不占上风,一向受到儒家士人的压制。

一个国家在政治、文化上的影响力是建立在经济实力之上的,王朝自身的安定富庶是最好的国家名片,是国际影响力的重要基石。只有国家富盛,在与各国交往中才更有话语权、主动权,也才能维护公平与正义。《汉书·西域传》说:"遭值文、景玄默,养民五世,天下殷富,财力有余,士马强盛。故能睹犀布、玳瑁则建珠崖七郡,感枸酱、竹杖则开牂柯、越巂,闻天马、蒲陶则通大宛、安息。自是之后,明珠、文甲、通犀、翠羽之珍盈于后宫,蒲梢、龙文、鱼目、汗血之马充于黄门,巨象、狮子、猛犬、大雀之群食于外囿。殊方异物,四面而至。"①不难想象,各国政权只有觉得有利可

---

① 〔汉〕班固撰:《汉书·西域传》,第3928页。

图,才愿意派出使者和商团来上国朝贡,以获得超额的物质回报。

从这个角度看,"人文化成"从物质方面的"同化"入手,效果更坚实。因为对于多数人而言,首先易为更高程度的物质文明所吸引,随之而来的才是对这种高层次物质文明背后的精神文化发生兴趣,甚至产生探索的愿望。和亲成就的大小也取决于汉朝国力的强弱。《汉书·西域传》对于乌孙上层人物心态的对比描写,颇能印证这一点:张骞出使乌孙见到其国王昆莫,邀其共破匈奴,并建议和亲以强化关系。"乌孙远汉,未知其大小,又近匈奴,服属日久,其大臣皆不欲徙。"但是,在乌孙遣使报谢汉廷之后,情况发生了根本性变化,"其使见汉人众富厚,归其国,其国后乃益重汉"。[①] 由当初的不愿联合抗击匈奴到后来的"重汉",态度可谓大相径庭,汉帝国的"人众富厚"是造成这种转变的关键性因素。正是在这个意义上,有学者提出,武帝时细君、解忧、冯嫽嫁给乌孙,元帝时昭君嫁给匈奴,恰恰都在汉朝国力鼎盛之时。解忧、昭君之所以能取得较大成就,虽然不应该低估她们的才能,但是如果没有汉朝的武力作后盾,恐怕也要和其他和亲者一样湮没无闻。这一认识较为深刻,抓住了问题的本质。

课后思考题

一、简答题

1. 你能说出汉语中与"德"相关的词语吗?这些词语分别表达什么意思?
2. 三国故事中,刘备"以德服人"有哪些具体事例?
3. 三国故事中,曹操、董卓作为无德的统治者被塑造成刘备的对立面,你能说出他们一些无德的事例吗?
4. 《尚书》中的"民惟邦本,本固邦宁"反映了什么文化理念?
5. 《尚书》中的"天视自我民视,天听自我民听。百姓有过,在予一人"

---

① 两处引文均出自〔汉〕班固撰:《汉书·西域传》,第3902页。

是什么意思？反映了什么文化理念？

6. 孟子在《公孙丑上》中以什么事例来说明人天然具有同情心的？"同情心"在孟子笔下被称为什么？

7. 德治的心理学基础是什么？

8. 中国古代国君为天下百姓做出垂范的礼仪有哪些？

9. "子不学，断机杼"故事表现了教育的哪一方面原则？

10. 你能从乐羊子妻故事中领悟到什么文化启示？

11. 古代荒政救助主要包括哪些内容？

二、简要论述题

1. 德治可以从治理者、治理手段、治理目标三个层面来认识，中国传统德治思想在以上三个层面表现出什么特点？请展开论述。

2. 《三国演义》《水浒传》《西游记》中的领导者刘备、宋江和唐僧皆为弱主形象，但他们的领导力和格局都不容置疑。你能结合作品实例对他们的"德治"进行概括、分析吗？

3. 宋景公和汉成帝对待"荧惑守心"天象的态度有何区别？不同的处置方式反映了二人的治国理念有何差别？

4. 孟子"民为贵，社稷次之，君为轻"的论断是从什么视角出发的？这一观点有何可贵之处？

5. 孟子的"四端"指的是什么？分别对应儒家伦理道德的哪一方面？

6. 在中国历史上，有三国时期诸葛亮"七擒孟获"的故事，也有明代大儒王阳明平定广西叛乱的成功事例，你能从心理学的角度对这两个成功的事例做出分析吗？

7. 《论语·为政》讲："为政以德，譬如北辰，居其所而众星共之"，这表现出了德治理念哪一方面的特点？古代典籍中类似的表述还有什么？

8. 《尚书》说"天佑下民，作之君，作之师"，表现了中国政治文化的什么特点？

9. 中国古代国家治理中的"榜样示范"有哪些不同的表现层面？

10. 德治注重道德教化,在社会生活中包括很多层面,你能对此做出具体分析说明吗?

11.《论语·为政》说:"道之以政,齐之以刑,民免而无耻;道之以德,齐之以礼,有耻且格。"请对这句话做出解释,并指出孔子对政刑、德礼两种不同的治理方式持什么态度?

12. 儒家德治包括哪些具体内容?

13. 为什么说地方官在落后地区推广先进的农业生产技术和男耕女织的生活方式也是一种教化?

14. 孔子说:"听讼,吾犹人也。必也使无讼乎!"孔子的无讼理念对于中国古代政治有什么影响?

15.《孟子·尽心上》说:"善政不如善教之得民也。善政,民畏之;善教,民爱之。善政得民财,善教得民心。"对于孟子这段表述你是否同意?请作出说明。

三、案例分析题

案例一

孝文皇帝即位二十三年,宫室苑囿车骑服御无所增益。有不便,辄弛以利民。尝欲作露台,召匠计之,直百金。上曰:"百金,中人十家之产也。吾奉先帝宫室,常恐羞之,何以台为!"身衣弋绨,所幸慎夫人衣不曳地,帷帐无文绣,以示敦朴,为天下先。治霸陵,皆瓦器,不得以金银铜锡为饰,因其山,不起坟。南越尉佗自立为帝,召贵佗兄弟,以德怀之,佗遂称臣。与匈奴结和亲,后而背约入盗,令边备守,不发兵深入,恐烦百姓。吴王诈病不朝,赐以几杖。群臣袁盎等谏说虽切,常假借纳用焉。张武等受赂金钱,觉,更加赏赐,以愧其心。专务以德化民,是以海内殷富,兴于礼义,断狱数百,几致刑措。呜呼,仁哉![①]

---

① 〔汉〕班固撰《汉书·文帝纪》,第134—135页。

问题：

1. 汉文帝的"以德化民"表现在哪些方面？
2. 汉文帝对待边疆民族事务采取了什么措施？
3. 汉文帝的德政治理取得了哪些效果？

案例二

(贞观四年)是岁，断死刑二十九人，几致刑措。东至于海，南至于岭，皆外户不闭，行旅不赍粮焉……(六年)十二月辛未，亲录囚徒，归死罪者二百九十人于家，令明年秋末就刑。其后应期毕至，诏悉原之。①

问题：

1. 唐太宗贞观年间的社会秩序怎么样？
2. 试分析唐太宗释放死囚回家的心理。
3. 唐太宗释囚事件表现了传统文化中的哪一特点？

---

① 〔后晋〕刘昫等撰《旧唐书·太宗本纪》，中华书局1975年版，第41、42页。

第四讲　安民富民、惠民利民的民生思想

安民富民、惠民利民的民生思想，强调政府政策的制定和实施应以满足民众的实际需求为出发点，包括在经济、社会、文化等各个方面为民众提供实惠和便利。在古代，一些明智的统治者会顾及百姓的生存状况，让民众安心从事生产，以提高生活水平。安民是富民的前提，只有社会稳定，民众才能安心从事生产经营活动，实现财富的积累。

第一部分　古代民生思想的主要表现

一、案例导入

案例：

在校园内的南墙根下，已经按班级排起了十几路纵队。各班的值日生正在忙碌地给众人分饭菜。每个人的饭菜都是昨天登记好并付了饭票的，因此程序并不复杂，现在值日生只是按饭表付给每人预订的一份。菜分甲、乙、丙三等。甲菜以土豆、白菜、粉条为主，里面有些叫人嘴馋的大肉片，每份三毛钱；乙菜其他内容和甲菜一样，只是没有肉，每份一毛五分钱；丙菜可就差远了，清水煮白萝卜——似乎只是为了掩饰这过分的清淡，才在里面象征性地漂了几点辣子油花。不过，这菜价钱倒也便宜，每

份五分钱。

各班的甲菜只是在小脸盆里盛一点,看来吃得起肉菜的学生没有几个。丙菜也用小脸盆盛一点,说明吃这种下等伙食的人也没有多少。只有乙菜各班都用烧瓷大脚盆盛着,海海漫漫的,显然大部分人都吃这种既不奢侈也不寒酸的菜。主食也分三等:白面馍,玉米面馍,高粱面馍;白、黄、黑,颜色就表明了一种差别;学生们戏称欧洲、亚洲、非洲。

……

他径直向饭场走过来了。现在可以断定,他就是来拿这几个黑面馍的。跛女子在他未到馍筐之前,就早已经迫不及待地端着自己的饭碗一瘸一跛地离开了。他独个儿来到馍筐前,先怔了一下,然后便弯腰拾了两个高粱面馍。筐里还剩两个,不知他为什么没有拿。他直起身子来,眼睛不由地朝三只空荡荡的菜盆里瞥了一眼。他瞧见乙菜盆的底子上还有一点残汤剩水。房上的檐水滴嗒下来,盆底上的菜汤四处飞溅。他扭头瞧了瞧:雨雪迷蒙的大院坝里空无一人。他很快蹲下来,慌得如同偷窃一般,用勺子把盆底上混合着雨水的剩菜汤往自己的碗里舀。铁勺刮盆底的嘶啦声像炸弹的爆炸声一样令人惊心。血涌上了他黄瘦的脸。一滴很大的檐水落在盆底,溅了他一脸菜汤。他闭住眼,紧接着,就见两颗泪珠慢慢地从脸颊上滑落了下来——唉,我们姑且就认为这是他眼中溅进了辣子汤吧!他站起来,用手抹了一把脸,端着半碗剩菜汤,来到西南拐角处的开水房前,在水房后墙上伸出来的管子上给菜汤里挽了一些开水,然后把高粱面馍掰碎泡进去,就蹲在房檐下狼吞虎咽地吃起来。①

问题:

1. 各班的甲菜只是在小脸盆里盛一点,这种情况说明了什么?
2. 孙少平的经济状况怎么样?通过哪些细节描写可以看出来?
3. 你能通过吃午饭的细节描写揣摩到孙少平的内心世界吗?
4. 你能从《平凡的世界》这部小说中得到关于民生问题的什么启示?

---

① 路遥著:《平凡的世界》,人民文学出版社 2004 年版,第 4、6 页。

案例分析：

路遥的《平凡的世界》开篇于 1975 年一个雨雪交加的中午，描述了县高中学生的午饭情况。小说对午饭种类进行了细致的描写：菜分三等——甲菜有肉有菜，三毛钱；乙菜只有菜，一毛五分；丙菜五分钱，清水煮白萝卜。相应的主食也分三等：白面馒头、玉米面馒头和高粱面馒头，颜色分别是白、黄、黑，被学生们戏称为欧洲、亚洲、非洲。"戏称"真切地表现出了极度贫困时代，高中生中的绝大多数人只能吃玉米馒头和高粱米馒头，其实叫窝头更合适。这大概是 20 世纪 70 年代中后期中国广大农民代表性的日常伙食。在《平凡的世界》中，各班的甲菜是用小脸盆盛的，说明吃得起肉菜的学生并不多，表明在当时社会环境下物资和生活条件的极度匮乏。这一描述不仅展现了作者对当时社会状况的深刻洞察，也通过细节描绘增强了故事的真实感和代入感。吃午餐时的孙少平，内心是极度自卑的，书中写他"慌得如同偷窃一般"，"铁勺刮盆底的嘶啦声像炸弹的爆炸声一样令人惊心。血涌上了他黄瘦的脸"，这些细节描写说明他的心里正在发生激烈的斗争。"爆炸声"表现了他的羞耻感，声音并不一定真的很大，在他看来声音却震天动地。小说对于这次午餐的描写带有普遍的时代性，并非出于夸张或故意丑化。

70 年代后期，笔者已是记事的孩童，印象中每天的主食基本是玉米饼子和高粱米饭。清晰记得一个场景，邻居一大家子七八口人，主食是一大盆掺了白菜叶子的玉米糊糊，每人一大碗，呼呼地抢着吃，这是童年时代的深刻记忆。笔者也记得，小时候的冬日傍晚，妈妈会给我和弟弟专做小灶，小灶是什么？猪油、酱油拌大米饭，这是那个时代孩子们所能想到的上佳美食。

与此同时，一股穷则思变的力量也在中华大地上酝酿、壮大。"1976 年全民所有制单位职工的年平均工资是 605 元……人们已经有了从令人窒息与茫然的氛围挣脱出来的苗头。1976 年安徽凤阳小岗村出现了私分自留地事件……对一些消费品所表达的羡慕和深刻记忆流露出社会对物质的渴望已经开始，凤凰牌、永久牌自行车，海鸥牌照相机，蝴蝶牌缝纫机和海鸥牌、上海牌手表尽管在1976年对大多数家庭还是奢侈品,但它们很快就会进入'三大件'的选择行列,成为城市生活的一部分。1976年底的上海大街上,出现了第一家自动售货商店和第一家电视机商店,一年后北京排队最长的地方是理发店。"①改革开放春潮涌动,巨大的力量如百川汇聚,奔流到海不复回。

孙少安是《平凡的世界》作品中的一个具有代表性的灵魂人物,他从六岁开始干农活,十三岁辍学帮助父亲支撑家庭。但他不屈服于命运的安排,十八岁时凭借精明强悍和不怕吃苦的精神被推选为生产队长。即使面朝黄土背朝天,他依然勤劳善良,追求上进;即使生活再难,他没有向生活妥协。责任制实行后,他号召分组种田,并在村里盖起了烧砖窑。在面临破产倒闭的困境下,他依然自强不息,跌倒了站起来重新创业,最终获得成功。孙少安的身上汇集了农民、生产队长、儿子、丈夫、父亲、大哥等多重角色,在他身上体现了自强不息、忍辱负重和责任担当的精神,从他身上我们能或多或少找到自己的影子。

如果说孙少安是改变命运、改变乡村贫困面貌的奋斗者,那么孙少平则是掌握了初步的现代知识、渴望融入城市的出走者。他背负着沉重的家庭负担来到当地县城念高中,极度贫苦的家境和寒酸破旧的衣着使他在同学面前充满了自卑,但在"初恋"失败后逐渐走向成熟,先是在初中班教书,后来到黄原县城揽工,又独自来到异地煤矿当矿工,和田晓霞的关系进一步发展,最后凭自己努力成为矿工组长。他拒绝了留在县城的机会,毅然回到了矿区,完成了平凡而伟大的蜕变……

小说启示人们,民生是时代最大的问题,温饱是平凡世界的渴求。生存和发展是孙少安、孙少平兄弟乃至无数中华儿女历经无数痛苦和磨难而奋斗不息的强大动力。虽然经历了无数严峻考验,《平凡的世界》仍饱含着伟大的家国情怀和对生活深沉的爱。

自有人类以来,民生问题就成为摆在人类面前的一道永恒难题,也是

---

① 朱文轶著:《"文革"结束时刻:中国在接近谷底时获得重生》,《三联生活周刊》2006年10月26日文。

对执政者能力的考验，如果不能满足这项基本需求，则政权存在的合理性也就不复存在。

二、古代民生思想的主要表现

一个政权是否具有存在合法性，最重要的是看其政绩合法性，也就是看其在养民保民方面的具体表现。所谓为政以德，民生占了其中绝大部分比重。儒家哲学中深厚的民本情怀，为历代统治者提供了关于养民保民的大量经典文献。轴心期经典文献所表现出的高度政治智慧，中国古人在民生方面所形成的养民保民思想、重农贵粟思想、均田仓储思想，在今天仍然具有积极的启示意义。

（一）养民保民思想

传统文化中关于养民保民的经典表述特别丰富，这与华夏先民很早就孕育出了高度成熟发达的政治文明有关。养民保民与富民基本理念相通，但严格说来又有区别。养民保民强调的是民生底线，富民则更强调生活质量的提升。当然，在古代小农经济生产方式下，普遍意义上的养民保民更为现实、更为迫切。我们下面列举分析一些经典表述：

《尚书·周书·洪范》："八政：一曰食，二曰货，三曰祀，四曰司空，五曰司徒，六曰司寇，七曰宾，八曰师。"[①]

《尚书·洪范》中的"八政"列举了古代国家治理的八个重要方面，包括农业生产、商品流通、宗教祭祀、居民管理、社会教化、刑狱管理、礼仪外交和军队国防各个方面。其中，"食"为"八政"之首，强调了农业生产和粮食安全在国家治理中的关键地位，也强调了民生事务的优先位置。古代中国社会以农业为主要产业，民生问题关乎国家安全和社会稳定，因此被视为治国安邦的头等大事。"货"指财政与贸易，是满足人民基本生活需求的另一重要方面。事关食与货的制度、政策共同构成了古代中国国家

---

① 李民、王健撰：《尚书译注》，第220页。

治理的基本框架,昭示了古代国家治理的深沉智慧。

《尚书·虞夏书·大禹谟》:"德惟善政,政在养民。水、火、金、木、土、谷惟修;正德、利用、厚生惟和。"①

考察统治者的德行,一个重要指标看其是否有好的决策,好的政治决策首先在于养育民众的水平。"水、火、金、木、土、谷惟修",就是要求统治者对生存资源进行正确管理和利用,也就是通过对五行(自然元素)的合理调控和谷物的精心耕作,实现社会和谐与繁荣。"正德"指的是端正自身德行,强调个人修身和以德治国;"利用"指的是合理利用自然资源,以促进社会发展;"厚生"强调发展经济和社会福利,提高人民的生活水平;"惟和"则是通过上述措施实现社会的和谐与稳定。这段话不仅提出善政的核心在于养民,还具体提出实现养民的途径,即合理利用自然资源,造福人民生活。

《管子·牧民》:"仓廪实则知礼节,衣食足则知荣辱。"②

管子这段话时常被人提起,用于说明物质基础与人民精神面貌的关系。但这句话有个重点,即把重心放在物质财富积累上,精神文明的提升则似乎是水到渠成、不言自明的。这里用了一个"则",语意是相当清晰、明快的。这句话揭示了一个基本社会规律,即只有在满足了基本生活需求后,人们才会有更高的精神追求,如追求礼仪、崇尚荣誉和避免耻辱。这句话对于统治者是一个告诫,首先要重视民生问题。解决了民生问题,精神文明的提升和社会风气的改善则是顺理成章的。

《礼记·礼运》:"老有所终,壮有所用,幼有所长,矜寡孤独废疾者皆有所养;男有分,女有归。"③

---

① 李民、王健撰:《尚书译注》,第26页。
② 〔春秋〕管子著,黎翔凤校注:《管子校注》,中华书局2004年版,第2页。
③ 〔汉〕戴圣编撰,杨天宇译注:《礼记译注》,第362页。

这段话体现了儒家对理想社会的追求,即"大同社会"的图景。在大同社会中,民生问题成为关注的焦点并得到解决。值得注意的是,这里不是泛泛地谈民生,而是特别提出了尊重和保护弱势群体的理念,这里的弱势群体包括鳏寡孤独和各类残障人士,政府要确保他们得到应有的照顾和供养,为他们提供基本的生存保障和生活支持,这就彰显了儒家思想中的人文关怀和社会责任感。

《孟子·梁惠王上》:"保民而王,莫之能御也。"①

"保民而王"是孟子政治思想中的一个重要命题。孟子提出,如果君主能够使百姓安居乐业,那么他统一天下是没有什么人可以阻挡的。这是孟子仁政理想对于国家治理的一种理想化状态的描述,强调君主应以民为本、施行仁政,实现国家繁荣安定、百姓安居乐业。这里的"保民",并不是现代汉语字面上的保护、保卫人民安全的意思,它所传达出来的仍然是对民生的重视。本篇下文中孟子对"保民而王"有明确阐述,具体说就是:"是故明君制民之产,必使仰足以事父母,俯足以畜妻子,乐岁终身饱,凶年免于死亡;然后驱而之善,故民之从之也轻。"②将前后文联系起来观照,我们能够清晰地看到孟子仁政思想的重点是保障民生。

《荀子·富国》:"轻田野之税,平关市之征,省商贾之数,罕兴力役,无夺农时,如是,则国富矣。夫是之谓以政裕民。"③

这段话表达了荀子对民生问题的见解,其落脚点可以概括为"以政裕民",也就意味着通过实施有效的治理使人民富裕。如何做到"裕民"呢?荀子提出了具体措施:减轻农民赋税,合理征收商业税收,减少商人数量,避免过度占用民力。这些措施可以有效促进人民富裕和国家财富的积累。荀子的思考非常全面系统且观点之间互有关联,比如"轻田野之税"

---

① 〔战国〕孟子著,杨伯峻译注:《孟子译注》,第 14 页。
② 〔战国〕孟子著,杨伯峻译注:《孟子译注》,第 17 页。
③ 〔战国〕荀子著,张觉译注:《荀子译注》,第 184 页。

指的是减轻农民负担,"平关市之征"则照顾到了商人的利益,但商人的利益与农民的利益是息息相关的,为商人减负最终也是为农民减负。再如对农业的重视,不仅表现在"轻田野之税",还表现在"罕兴力役,无夺农时"。可以说,其惠民、利民措施是综合的、系统的,若真能将这些理念落实,裕民也就容易落实了。荀子的裕民思想具有非常重要的现实意义,为历朝历代的统治者制定经济政策提供了重要的理论依据。

《潜夫论·爱日》:"圣人深知,力者乃民之本也,而国之基,故务省役而为民爱日。"①

东汉时期的思想家王符提出了爱日论,告诫统治者要珍惜民力,珍惜劳动人民的时间。他认为,人民是国家的根本和根基,劳动是民众生存的基础,因此劳动力是立国的根基。王符这一主张的本质是爱惜民力,体现了对劳动价值的认可和对民众生活的关注。

统治者爱惜民力,不仅迎合了广大百姓的切身利益,最终也符合国家利益。由经济生产方式特点所形成的重视民力与爱惜民时传统,梁启超亦有阐发:"我国文化发生于大平原,而生计托命于农业。无论在部落时代封建时代,各国皆以地广人稀为病,竞思徕他国之民以自实……政治所以常顾虑人民利益,盖由于此。"②王毓泉曾经分析过:"作为汉代封建国家经济基础的七项征敛中,以人身为本的征敛比以土地为本的征敛重,而且重得多……换句话说,汉代封建政权所赖以维持其统治的物质基础(土地和人户),人户具有更大的重要性。"③蒙文通先生经过测算得出的数据更能说明这一问题。他提出,按照人口计征的力役之征重于按照田亩计算的米粟之征,是 2 600 和 700 之比。④ 在这个意义上,统治者"省役而为民爱日",使百姓有从容的时间从事农业生产、提高粮食产量,本质上是让

---

① 〔汉〕王符著,〔清〕汪继培笺:《潜夫论校正》,中华书局 1985 年版,第 213 页。
② 梁启超著:《先秦政治思想史》,第 54—55 页。
③ 王毓泉著:《莱芜集》,中华书局 1983 年版,第 44 页。
④ 蒙文通著:《中国历代农产量的扩大和赋役制度及学术思想的演变》,载《四川大学学报》1957 年第 2 期。

利于民,因而是德政的体现。

案例:

不违农时,谷不可胜食也;数罟不入洿池,鱼鳖不可胜食也;斧斤以时入山林,材木不可胜用也。谷与鱼鳖不可胜食,材木不可胜用,是使民养生丧死无憾也。养生丧死无憾,王道之始也。

五亩之宅,树之以桑,五十者可以衣帛矣。鸡豚狗彘之畜,无失其时,七十者可以食肉矣。百亩之田,勿夺其时,数口之家可以无饥矣。谨庠序之教,申之以孝悌之义,颁白者不负戴于道路矣。七十者衣帛食肉,黎民不饥不寒,然而不王者,未之有也。①

问题:

1. 孟子对于资源可持续利用提出了什么具体主张?
2. 孟子对民生问题的关注,呈现出什么特点?

案例分析:

这段资料传达出来的民生思想是非常丰富的。通过描述如何合理利用五亩之宅、百亩之田,孟子提出了一系列关于民生的具体设想,包括耕种田地、饲养家畜、种植桑树等以改善家庭经济状况、提高生活质量。孟子对于民生问题的设想至少表现出如下特点:

第一,农业生产应满足百姓基本的日常生活需求,是为了"使民养生丧死无憾",表现出人们对朴素的小康社会生活的展望。

第二,统治者安排农业生产要爱惜民力,如谷物种收、家畜蓄养的"不违农时""无失其时""勿夺其时"。

第三,孟子提出了资源可持续利用的原则,"数罟不入洿池""斧斤以时入山林",即鱼鳖和材木取用也要符合自然规律,不能破坏生态环境,这是天人合一思想的一个重要表现。

---

① 〔战国〕孟子著,杨伯峻译注:《孟子译注》,第5页。

第四,孟子对民生问题的关注体现了先富后教的治理路径,即在发展生产的基础上开展学校教育,即"谨庠序之教"以宣传儒家的孝悌之道。

第五,这段资料还表现了孟子的尊老敬老思想,无论是发展农桑还是进行家庭蓄养乃至实施庠序之教,他首先想到的是老年群体,"五十者衣帛""七十者食肉""颁白者不负戴于道路",对老年人的利益倾斜与小农经济的社会环境是相适应的。

这段资料还体现了孟子的井田制思想。井田制出现于商朝,西周时期已经发展成熟,但春秋时期由于铁器的出现和牛耕的普及等因素,生产力水平提高,井田制逐渐瓦解。井田制八家一井,形制如同九宫格,共有田九百亩。每户授田百亩,此为私田;此外还要耕种十亩公田,用于上缴租赋;另外再分配宅田五亩(其中一半在城邑,一半在田野)。文中的"五亩之宅"和"百亩之田"的描述正好印证了井田制的具体规定。孟子视井田制为他心目中土地分配的合理方式,其仁政图景的描述就是基于井田制的展开。不难发现,孟子视井田制为人的发展的前提条件,梁启超深刻地认识到了这一点:"政治目的,在提高国民人格,此儒家之最上信条也。孟子却看定人格之提高,不能离却物质的条件,最少亦要人人对于一身及家族之生活得确实保障,然后有道德可言。当时唯一之生产机关,自然是土地。孟子于是提出其生平最得意之土地公有的主张,即井田制度。"[1]

(二)**重农贵粟思想**

在中国文化语境下,统治者养民保民必须以重农贵粟为基础,因为没有其他产业可以支撑如此数量庞大人口的需求。如果统治者养民保民的职能实现不利,不仅统治的根基不复存在,中华文明也不可能历经数千年的发展而长盛不衰。统治者的重农贵粟思想对于华夏人口繁衍、对于中华文化传承乃至对大一统政治的维系,都是功莫大焉。重农贵粟表现在思想家的理论表述和国家的制度设计之中。这方面的经典文献很多,这里只选取较有代表性的表述举例加以说明。

---

[1] 梁启超著:《先秦政治思想史》,第108—109页。

《荀子·富国》:"故田野县鄙者,财之本也;垣窌仓廪者,财之末也。百姓时和,事业得叙者,货之源也;等赋府库者,货之流也。故明主必谨养其和,节其流,开其源,而时斟酌焉,潢然使天下必有余,而上不忧不足。"①

《荀子·富国》中的这段话表达了荀子的民生观,提出了"开源节流"的观点。具体来说,源指的是土地和农业,流指的是货物和财富的流通。开源是要重视农业的基础性地位,这是货财的源泉;节流指的是节制财富和货物的使用,这样财富才能源源不断,富足有余。通过本和末的比喻不难看出,在农业生产和商业流通之间,荀子更看重农业生产,但他并不轻视商品流通的功能,只不过两者之间农业处于根本地位。与重视农业生产相关联,荀子对国君提出了"百姓时和,事业得叙"的要求,就是要为农业生产创造条件,使得百姓按时劳作,保证生产井然有序。这与孟子的"不违农时"以及王符的"务省役而为民爱日"等主张都是一脉贯通的。

《商君书·农战》:"国之所以兴者,农战也。""国待农战而安,主待农战而尊。""圣人知治国之要,故令民归心于农。归心于农,则民朴而可正也,纷纷则易使也,信可以守战也。"②

战国时期秦国法家人物商鞅也提出了重视农业生产的主张。与其他思想家不同的是,他的重农主张是与重视军功联系在一起的,因此其主张可以用"农战"一词概括。当然,商鞅的着眼点并不是爱民利民,而是富国强国,百姓只不过是为国君种地和打仗的工具而已,其人格和意愿是不必考虑的。诚然,论功行赏可以在短期内激发百姓耕战的积极性,但把人当成工具的治理方式注定是不会长久的。

晁错《论贵粟疏》:"方今之务,莫若使民务农而已矣。欲民务农,在于

---

① 〔战国〕荀子著,张觉译注:《荀子译注》,第203页。
② 三处引文分别出自〔战国〕商鞅著,蒋礼鸿注:《商君书锥指》,中华书局1986年版,第20页、22页、24页。

贵粟；贵粟之道，在于使民以粟为赏罚。"①

《论贵粟疏》中，晁错详细阐述了农业对于国家的重要性。他认为农业是民生之本，是国家财富的来源。晁错还提出了一系列措施以鼓励农民从事农业生产，如提高粮食价格、实行粮食贸易管制、减轻农业税负、对产粮多者免除徭役等。晁错还提出了"以粟为赏罚"即"入粟拜爵"的建议。这些措施旨在增加国家的粮食储备，以应对可能的自然灾害和粮食短缺问题，提高农民的生活水平，防止动乱。

重农贵粟思想还表现在皇帝诏书中。皇帝诏书是国家重要的政策文件，代表了当时的政策基调。西汉文景之治的开创者汉文帝高度重视农业在国家治理中的优先地位，多次发布诏书下令敦促地方官重农。如文帝二年（公元前178年）的诏书强调："农，天下之大本也，民所恃以生也，而民或不务本而事末，故生不遂。朕忧其然，故今兹亲率群臣农以劝之。其赐天下民今年田租之半。"②这道诏书首先提出了"农为天下本"的观点，其次表示要率领群臣举行籍田仪式为百姓做出表率，进而提出为农民减轻田租，即由汉初的十五税一降至三十税一。减租政策体现了文帝对农业的重视，反映了他希望通过减租以鼓励农民从事农业生产的积极性，有利于重农思想的落地。在文帝的推动和影响下，汉代很多君主在位时发布劝农诏书，积极推动农业生产。如景帝后元三年（公元前141年）劝农诏书说："农，天下之本也。黄金珠玉，饥不可食，寒不可衣，以为币用，不识其终始。"③元帝建昭五年（公元前34年）诏书中提出："方春农桑兴，百姓勠力自尽之时也，故是月劳农劝民，无使后时。"④章帝建初元年（公元76年）诏书中提出："方春东作，宜及时务。二千石勉劝农桑，弘致劳来。群公庶尹，各推精诚，专急人事。罪非殊死，须立秋案验。"⑤仔细分

---

① 〔汉〕班固撰：《汉书·食货志》，第1133页。
② 〔汉〕班固撰：《汉书·文帝纪》，第118页。
③ 〔汉〕班固撰：《汉书·景帝纪》，第152页。
④ 〔汉〕班固撰：《汉书·元帝纪》，第296页。
⑤ 〔南朝宋〕范晔撰：《后汉书·章帝纪》，第132页。

析不难看出,由于不同历史时期政治理念的细微差异,以上几位皇帝的劝农诏书都映射了特定时代的不同主题:景帝诏书针对当时奢侈享乐之风抬头的倾向,提出了重粮食而轻珠玉的观点,意图引导人们形成正确的价值观;元帝诏书强调官员要"劳农劝民,无使后时";章帝的诏书不仅敦促地方官劝勉农桑,还提出了"罪非殊死,须立秋案验"的原则,受到了当时"顺时气"思想的影响,具有鲜明的时代特征。

历代帝王的重农思想还体现为由天子亲自参加的籍田礼。籍田礼是古代由天子实行的国家典礼,在春耕之前天子率诸侯亲自耕田,旨在祈求丰收,表达对农业生产的重视。籍田礼的意义在于通过天子的亲耕来显示对农业的重视,并以此祭神,祈求国家财用不乏。文帝首开汉代籍田亲耕的先河,并在二年正月、二年九月、十三年二月多次颁布诏书,躬行籍田之礼,从此帝后亲耕、亲桑的制度礼仪被固定下来,成为常规性活动。文帝首开籍田、亲自耕种,为天下做出示范,是教化百姓归田重农的重要步骤。这种礼仪示范,正是出于以榜样示范化导天下的考虑。在其之后,景帝、武帝、昭帝、明帝、章帝、顺帝、献帝等都有亲耕籍田的记录。此后,历朝历代的皇帝也几乎无不躬行籍田礼,今天北京的著名建筑先农坛就是明清皇帝躬行籍田礼的地方。

康熙皇帝统治后期上演了"九子夺嫡"大戏,雍亲王最终成功上位,成为后来的雍正帝,据说其令人精心绘制的《耕织图》成为其夺嫡成功一大助力。康熙末年,诸皇子夺储之争愈演愈烈,雍正跟康熙外出巡察的机会比较多,对康熙帝的喜好比较了解。康熙一生重视农耕,雍亲王便投父皇所好,以自己和自己媳妇们为原型,特命宫廷画师精心绘制了《耕织图》进献给康熙帝。这套画册一共有46幅,耕种水稻的为23幅,养蚕织造的有23幅。在这套由46张画作组成的《耕织图》里,雍亲王亲自充当"模特",让画师将自己画成辛苦劳作的农夫,出现在每一张画里,其妻、子即福晋、世子等也纷纷参与耕织。不仅如此,雍亲王还亲笔题写了46首五言律诗,并钤上"雍亲王宝""破尘居士"二印。《雍正耕织图》通过一幅幅生产劳动的画面,反映了当时耕织生产的全部过程和农业科学技术的运用,使康熙帝龙颜大悦。

通过对案例发生的背景进行分析可知,中国是农业国家,孕育了长达数千年的农耕文明。建立清朝的满族人虽然崛起于关外的白山黑水之间,属于游牧民族,但入主中原后接受了儒家文化,深受农耕文明的影响,采取了重农国策。在近三百年的统治时间里,农业一直处于重要地位。

康熙皇帝本人非常重视农业,其在位期间将农业视为头等大事,通过多种方式推动农业发展,提高粮食产量。他本人还通过试验,培育出了优质水稻品种——御稻米,在全国进行了推广。雍亲王命人绘制《耕织图》,不排除讨好、取巧的成分,但雍正在上位之后仍然表现出了对农业的重视,是有史可循的。据史料记载,雍正帝在位十三年里,十二次到北京先农坛行籍田礼,拉犁耕地,表现出了重视农业、重视民生和以民为本的精神。影响所及,清朝的历代皇帝都很重视农业生产,每年农历仲春亥日皇帝都要亲率文武百官到先农坛祭祀先农神、亲自耕种。

(三)均田与仓储思想

中国古代以农业立国,农业人口占全国人口的绝大多数。士农工商的四民社会结构和耕读传家的人生理想,客观上反映出农业在国家中的核心地位及以农业生产为中心的制度安排。小自耕农对平均地权的渴望与地主豪强聚敛土地的本能之间构成了一种深刻的社会冲突。通过归纳历代农民起义的口号,我们不难看出底层百姓的呼声:唐末黄巢起义的口号是"天补均平",北宋王小波、李顺起义的口号是"吾疾贫富不均,今为汝等均之",南宋钟相、杨么起义口号是"等贵贱,均贫富",明末李自成起义口号是"均田免粮,跟我闯王不纳粮",清朝太平天国起义口号是"有田同耕,有饭同食,有钱同使,无处不均匀,无人不饱暖"。由此可见,底层百姓求生存的力量足以汇聚成推倒失去了绩效合法性的国家政权。国家要想长治久安,就不能不正视民生的基本需求。正是在这个意义上,梁启超曾说:"汉唐以降之实际的政治,其为人所称道者,又大抵皆含有社会政策之精神,而常以裁抑豪强兼并为职志者也。故全国人在比较的平等组织及条件之下以遂其生计之发展,世界古今诸国中,盖罕能与我并者。此虽半由环境所构成,抑亦学说之入人深也。"①

在推翻旧王朝、建立新王朝之际,新政府借助暴力的余威,有能力大规模或在一定程度上推广均田,以保障小自耕农利益,激发社会活力。从北魏到唐朝前期实行的均田制是一种以国家强制力量向百姓授田的方式,其背后体现了国家对百姓民生的考量和制度安排。均田制的具体做法是将无主土地授给无地之人耕作,土地为国有,但在耕作一定年限后可以归耕者所有。田分露田、麻田、桑田、宅田四种,露田、麻田不许买卖,桑田和宅田则可以传给后人。均田制有利于无主荒田的开垦,还有助于贫民摆脱豪强大族的控制、转变为国家编户,使政府控制的自耕农人数大大增多,保证了赋役来源。对于均田制,钱穆先生曾评价道:"此制用意并不在求田亩之绝对均给,只求富者稍有一限度,贫者亦有一最低之水准。"②钱穆对均田制之"均"的理解是非常透辟的。可是,唐中叶安史之乱后,朝廷失去了对土地的控制权,豪强贵族地主凭借权势大肆兼并土地,财税掌握在藩镇割据政权手中,均田制遭到破坏。

在保障民生问题上,中国古代王朝还形成了深刻的仓储思想。仓储思想表现了古代政治家深谋远虑的政治智慧和居安思危的忧患意识,对仓储思想的落实则折射了古代国家治理的能力。

《管子·牧民》:"凡有地牧民者,务在四时,守在仓廪。国多财则远者来,地辟举则民留处。"③

对于这段话的含义,一般认为它强调了农业生产和财富积累对于国家治理和人民生活的重要性。不过,从粮食储备的角度来观照,同样有启示意义。"守在仓廪",指的是要重视粮食储备,确保国家的粮食安全。"守"是管理、掌管的意思,也就是说把粮仓管理好是极其重要的。"国多财则远者来",紧承上句而来,是说具有充足的粮食和财富储备,远方之人

---

① 梁启超著:《先秦政治思想史》,第9页。
② 钱穆著:《国史大纲》,第335页。
③ 〔春秋〕管子著,黎翔凤校注:《管子校注》,第2页。

会自动归附。从古至今,粮食生产都是国家的头等大事,粮仓是国家的重要物资保障,粮食储备与国家政治息息相关。在储粮备荒、以丰补歉的思想影响下,古代的仓储制度应运而生。

《礼记·王制》:"国无九年之蓄曰'不足',无六年之畜曰'急';无三年之蓄,曰'非其国'也。三年耕,必有一年之食;九年耕,必有三年之食。以三十年之通,虽有凶旱水溢,民无菜色。"①

这段话是说,国家若没有九年的粮食储备,那就可以看作不足;若没有六年的粮食储备,那就危急了;若没有三年的粮食储备,国家就不像个国家了。连续耕种三年,就能确保积蓄一年的粮食;连续耕种九年,就能确保积蓄三年的食用。倘若坚持三十年一以贯之,即使遭遇了凶旱荒年和水涝灾害,百姓也不致挨饿。

"三年耕,必有一年之食"的原则,强调了粮食储备对于国家的重要性,被视为财政管理的基本原则。这就意味着每年获得的粮食不仅要足够维持当年的消费,还应有一定结余,在连续三年的耕作后就能储存足够一年食用的粮食。这种"耕三余一"的储粮备荒思想,客观地反映了当时的生产力水平,也反映了古人应对粮食安全问题的智慧,对中国社会影响深远。粮食安全实际上是一个动态安全,并非需要无限制地储备粮食,只要国家的粮食储备和生产能力维持在一定水平上,就能保证国家安全。这一原则也是一种财政管理策略,即"量入为出,多有结余",通过合理的财政规划,确保国家在经济上有所准备,就可避免因粮食短缺而引发社会经济危机。

贾谊《论积贮疏》:"夫积贮者,天下之大命也。苟粟多而财有余,何为而不成?以攻则取,以守则固,以战则胜。怀敌附远,何招而不至!"②

这段话展示了贾谊的治国理念,强调积蓄和储备在国家治理中的重

---

① 〔汉〕戴圣撰,杨天宇译注:《礼记译注》,第206页。
② 〔汉〕班固撰:《汉书·食货志》,第1130页。

要意义,提出积贮是国家的根基和命脉。贾谊认为,如果国家有充足的粮食和财物储备,那么无论是进攻还是防守,都将无往而不利。国家富强、储备丰富,也容易怀敌附远,可以达到不战而屈人之兵的战略效果。这些论述与管子的思想是前后相承的。

近年来中国主要粮食储备已超过全球库存量的50%,成为世界第一储粮大国。重视粮食储备是中国的历史传统。从考古发掘可知,在河北武安磁山文化遗址(距今8000多年),考古学家挖出了189个"粮仓",能储存粟米五万千克,在当时的生产条件下如此储粮规模令人惊叹。河南裴李岗遗址考古发掘也出土了储存粮食的窖穴,浙江河姆渡遗址发现了"杆栏式"粮仓和碳化的谷物,此外陕西半坡遗址也发现有储存粮食的地窖。这些考古成果都说明集中的粮食储备早在数千年前就出现了。夏商时期,粮仓管理实现了制度化,甲骨文中有商王命臣下巡查仓廪的记载。西周以后中央设有管理粮食的官员。《周礼·地官·仓人》记载:"仓人掌粟入之藏,辨九谷之物,以待邦用。"[①]公元前400年,魏国李悝首创平籴法,在丰年以平价购买余粮,到荒年时再以平价售出,以平抑粮价、稳定社会秩序。平籴思想在《秦律》中得到了发展和完善,成为中国历史上第一部粮食法,其内容涵盖了从谷物储藏到粮食加工、粮食入库直到出库发放登记等各个方面。

古代粮食储备发展为官办储备和民办储备两种类型:官办储备主要采用常平仓、惠民仓、广惠仓等形式,民办储备一般采用义仓、社仓、预备仓等形式。常平仓在汉宣帝时由大司农中丞耿寿昌首倡创建,到清朝仍然存在并发挥重要作用,在历史上影响最大,表现了国家对经济生活的有效调控。

下面阅读介绍唐代社会生活的材料,以深入了解唐朝政府实施的民生措施及长安百姓的民生状况:

电视剧《长安十二时辰》呈现了长安流光溢彩的城市生

[①] 杨天宇撰:《周礼译注》,第254页。

活,是唐代市民生活的一个缩影,再现了唐代的街道店面、建筑装修、衣食住行、商贸游艺、宴饮歌舞、交通规矩等,还原了唐代社会的大全景。

开元时期,官营和民间手工业有了长足的发展,产品不断更新,技术更加完善,商品交换日益突破地域限制,官办和民间市场遍布全国,加之边境互市和外贸事业的蓬勃发展,使唐代商业贸易的繁荣远超以往任何时代。根据宋人的记载,唐代商业门类加起来有220行,涉及国计民生的方方面面。唐政府为平抑京城物价设立了专门的"常平仓"机构,在物价低落时由政府出资购入粮食、食盐等生活必需物资;遇到粮食歉收时,政府开仓放粮,以平抑高涨的粮价。这些粮食并不是由政府自己出售,是每日按一定量交给市场上的粮行,由他们具体操作。如唐德宗建中年间,政府规定今后凡遇米价昂贵时,从仓库出官府控制的米十万石、粮十万石,每天按一定数量交给东、西市的粮行出售,以压制飞涨的物价,保证百姓的基本生活。

唐代的服装一直以开放和华贵著称,蜀地的高级丝绸"陵阳公样"和"新样"风靡一时。这些产品通过国内贸易汇聚到长安,其中一部分又通过胡商运往万里之遥的罗马帝国。唐代城市的餐饮业也很发达,无论是繁华的都市还是城乡道路两旁都有大大小小的食店、酒楼、茶肆,还有不少小商小贩担着担子叫卖食物。长安作为唐代最繁华的地区,汇集了中外美食,能够满足各阶层居民的需求。唐人嗜酒,居饮食业之首的便是酒肆。举凡四时八节、婚嫁吉庆、亲朋聚会都少不了以酒助兴。西市是市民的休闲娱乐中心,这里的酒肆非常多,像《长安十二时辰》里的胡姬酒肆就是长安城里最有名气的一个酒肆,老板是来自西域的一位叫胡姬的美女。长安城的东门就是俗称的青门,是人们离开长安告别的地方,因此这里的酒肆密度最高，有很多胡商在这里开店，当垆的便是在唐诗中给人留下深刻印象的"胡姬"。"胡姬貌如花，当垆笑春风。"酒肆一般自酿佳酒，也出售各地的美酒，甚至是异域的"三勒浆"。自酿的"西市腔"最有名气，和虾蟆陵的"郎官清""阿婆清"一起并列为京城名酒。茶肆是唐代饮食业新出现的形式，以饮茶为主，兼顾食品及休闲。陆羽的《茶经》总结了前人种茶、饮茶的经验，提出了品茶的标准，为饮茶风俗的推广起到了重要作用。饮茶不分贵贱，上层社会品茶，讲究用水、茶具、点茶的技巧；下层民众则看重茶水解渴药用的功效。当时无论南方北方，从京城到边疆，随处可见大小茶肆。①

上述资料描写了唐代手工业和商业发展的特点，具体描写了服装、餐饮业的具体情况，在餐饮业方面又特别描写了酒肆与茶肆，使读者对唐代城市生活有了深刻而鲜活的印象。唐代商业繁荣，给人印象最深的是其开放、包容、丰富的特点，表现在国内及国际贸易及人员往来等方面，例如蜀地的丝绸通过胡商销往罗马帝国，异域美酒被带到国内，西域胡姬当垆卖酒。唐代史料以及唐人的文学作品中有不少相关描写，可以参考。

为了平抑物价、保障百姓的基本生活，唐朝政府在京城设立了专门的机构——"常平仓"，在物价低落时由政府出资购入粮食、食盐等生活必需物资；遇到粮食歉收时，政府开仓放粮，以平抑高涨的粮价。常平仓的设置，表现了政府强大的治理能力以及在民生方面做出的努力，对于稳定市场、减轻百姓负担、巩固封建统治意义重大，为唐代社会繁荣提供了坚实的物质基础和保障。

---

① 大秦之歌著：《唐人嗜酒，在〈长安十二时辰〉里，长安人酒文化一点不比现代人差》，引自网易首页网易号，有删改。

第二部分　中国古代的商业思想

一、案例导入

案例：

话说徽州商人姓程名宰，表字士贤，是彼处渔村大姓，世代儒门，少时多曾习读诗书。却是徽州风俗，以商贾为第一等生业，科第反在次着。正德初年，与兄程宷将了数千金，到辽阳地方为商，贩卖人参、松子、貂皮、东珠之类。往来数年，但到处必定失了便宜，耗折了资本，再没一番做得着。徽人因是专重那做商的，所以凡是商人归家，外而宗族朋友，内而妻妾家属，只看你所得归来的利息多少为重轻。得利多的，尽皆爱敬趋奉。得利少的，尽皆轻薄鄙笑。犹如读书求名的中与不中归来的光景一般。程宰弟兄两人因是做折了本钱，怕归来受人笑话，羞惭惨沮，无面目见江东父老，不思量还乡去了。

那徽州有一般做大商贾的，在辽阳开着大铺子，程宰兄弟因是平日是惯做商的，熟于账目出入，盘算本利，这些本事，是商贾家最用得着的。他兄弟自无本钱，就有人出些束脩，请下了他专掌账目，徽州人称为二朝奉。兄弟两人，日里只在铺内掌账，晚间却在自赁下处歇宿。①

问题：

1. 这一段故事表现了徽州商人的社会地位是什么样的？
2. 这一段故事表现了徽州人什么样的价值观？

案例分析：

凌濛初在小说集《初刻拍案惊奇》和《二刻拍案惊奇》中以商人为主

---

① 〔明〕凌濛初编撰：《二刻拍案惊奇》，中华书局2014年版，第596—597页。

角,肯定了商人追求财富利益的正当性。由本文中对商人"朝奉"的称呼,便可知商人的社会地位已同士人并举,甚至在徽州地区商人社会地位超越了士人的社会地位。本卷中就有所反映:"徽州风俗,以商贾为第一等生业,科第反在次着。"

这段故事通过徽州商人程宰的经历,展现了徽州人重视商业的价值观以及在商业活动中的灵活应变能力。程宰原本儒门出身,但他选择弃儒从商,这反映了徽州地区对商业的重视,表现了徽州人金钱至上的观念。如文中写道:"徽人因是专重那做商的,所以凡是商人归家,外而宗族朋友,内而妻妾家属,只看你所得归来的利息多少为重轻。得利多的,尽皆爱敬趋奉。得利少的,尽皆轻薄鄙笑。犹如读书求名的中与不中归来的光景一般。"这与此前以科举功名为衡量人生价值的做法有天渊之别,反映了时代风气的嬗变。此外,在经商活动中,程宰能够根据市场变化迅速调整经营策略,如购买滞销的药材、遭雨湿的彩缎以及贩剩的粗布,每次都能精准地抓住市场机遇,这些行为体现了徽州人在商业活动中的快速适应能力。

二、司马迁与"看不见的手"

中国传统社会实行重农抑商政策,传统的四民社会结构将百姓分为士农工商四类,农民被视为"本",商人则为"末",国家统治阶层的士则主要来源于农。在社会生活中,商人属于被防范和打压的群体。秦始皇曾下令"徙天下富豪于咸阳十二万户"。① 刘邦曾下令,"贾人毋得衣锦绣绮縠絺纻罽,操兵,乘骑马"。②《史记·平准书》记述:"天下已平,高祖乃令贾人不得衣丝乘车,重租税以困辱之。孝惠、高后时,为天下初定,复弛商贾之律,然市井之子孙亦不得仕宦为吏。"③西晋政府规定:"侩卖者,皆当

---

① 〔汉〕司马迁撰:《史记·秦始皇本纪》,第239页。
② 〔汉〕班固撰:《汉书·高帝纪下》,第65页。
③ 〔汉〕司马迁撰:《史记·平准书》,第1418页。

着巾,白帖额,题所侩卖者及姓名,一足着白履,一足着黑履。"[1]唐高祖武德七年(公元624年)规定:"工商杂类,不得预于仕伍。"[2]宋朝初年也出台了商人不得考科举的规定。《宋史·选举志》规定:"凡命士应举,谓之锁厅试。所属先以名闻,得旨而后解。既集,什伍相保,不许有大逆人缌麻以上亲,及诸不孝、不悌、隐匿工商异类、僧道归俗之徒。"[3]明代洪武十四年(公元1381年)诏令:"农民之家,许穿绸纱绢布;商贾之家只许穿布。农民之家,但有一人为商贾,亦不许穿绸纱。"[4]历代政府压制商人,一方面是基于以农立国的国策和保障民生的考虑,另一方面是出于对商人势力的防范。《吕氏春秋·上农》说:"民舍本而事末则不令,不令则不可以守,不可以战。民舍本而事末则其产约,其产约而轻迁徙,轻迁徙则国家有患皆有远志,无有居心。民舍本而事末则好智,好智则多诈,多诈则巧法令,以是为非,以非为是。"[5]这段话的意思总括起来说就是,商人头脑灵活、缺乏操守、缺乏是非观念,不如农民那样质朴、稳重而容易治理。在吕不韦眼中,商人基本上就是见利忘义、毫无操守的小人的代名词。

古代政府重视农业、重视百姓的基本民生,这是毋庸置疑的,但统治者忽略了或者说回避了一个重要的现实,那就是从人性的角度讲,人们有更高的民生需求,这种需求"若水之趋下,日夜无休时,不召而自来,不求而民出之"[6]。抽象的理论有时候无法涵盖丰富的现实。我们在晁错《论贵粟书》中看到了汉代现实社会生活中的另一番景象:"今法律贱商人,商人已富贵矣;尊农夫,农夫已贫贱矣。故俗之所贵,主之所贱也;吏之所卑,法之所尊也。"[7]这种现象说明了什么呢?说明了商人是社会生活中

---

[1] 〔宋〕李昉等撰:《太平御览》卷八二八"资产部八"《晋令》,中华书局1962年版,第3694页。
[2] 〔后晋〕刘昫等撰:《旧唐书·食货志上》,中华书局1975年版,第2089页。
[3] 〔元〕脱脱等撰:《宋史·选举志》,中华书局1977年版,第3605页。
[4] 〔明〕徐光启著,石声汉校注:《农政全书》卷三,上海古籍出版社1979年版,第65页。
[5] 〔战国〕吕不韦等撰,陆玖译注:《吕氏春秋译注》,第960—961页。
[6] 〔汉〕司马迁撰:《史记·货殖列传》,第3254页。
[7] 〔汉〕班固撰:《汉书·食货志》,第1133页。

不可或缺的群体,虽然历代政府抑制商业和商人,但无法消灭这一职业和群体;反过来说,政府千方百计地抑商,恰恰反证了商人在社会生活中不容小觑的现实,说明了对多样化的、更高品位生活的需求是人性的本能,它们同样属于民生需求,从这个意义上说商人是多样化生活的化身。在《史记·货殖列传》中,司马迁为商人立传,高度颂扬商人的地位和商业的价值,表现了其深邃的独立思考,是难能可贵的。在几乎写满了重农抑商文字的中国历史上,司马迁的理论思维显得颇为另类,却绽放出了异彩。作为一个历史学家,司马迁具有清晰的经济自由的思想,他对经济活动以及商人的看法对当下中国也是有极大借鉴意义的。从今天的眼光来评价司马迁在货殖列传里表达的经济思想,无论如何赞誉也不为过。在政府和民间经济的关系上,像"故善者因之,其次利道之,其次教诲之,其次整齐之,最下者与之争"(注释见下文)这样的观点仍有振聋发聩之感。

下面阅读《史记·货殖列传》中的段落,分析司马迁的商业思想:

> 太史公曰:夫神农以前,吾不知已。至若诗书所述虞夏以来,耳目欲极声色之好,口欲穷刍豢之味,身安逸乐,而心夸矜势能之荣。使俗之渐民久矣,虽户说以眇论,终不能化。故善者因之,其次利道之,其次教诲之,其次整齐之,最下者与之争。
>
> 夫山西饶材、竹、谷、纑、旄、玉石;山东多鱼、盐、漆、丝、声色;江南出楠、梓、姜、桂、金、锡、连、丹砂、犀、玳瑁、珠玑、齿革;龙门、碣石北多马、牛、羊、旃裘、筋角;铜、铁则千里往往山出棋置;此其大较也。皆中国人民所喜好,谣俗被服饮食奉生送死之具也。故待农而食之,虞而出之,工而成之,商而通之。此宁有政教发征期会哉?人各任其能,竭其力,以得所欲。故物贱之征贵,贵之征贱,各劝其业,乐其事,若水之趋下,日夜无休时,不召而自来,不求而民出之。岂非道之所符,而自然之验邪?

周书曰:"农不出则乏其食,工不出则乏其事,商不出则三宝绝,虞不出则财匮少。"财匮少而山泽不辟矣。此四者,民所衣食之源也。原大则饶,原小则鲜。上则富国,下则富家。贫富之道,莫之夺予,而巧者有余,拙者不足。故太公望封于营丘,地潟卤,人民寡,于是太公劝其女工,极技巧,通鱼盐,则人物归之,繦至而辐凑。故齐冠带衣履天下,海岱之间敛袂而往朝焉。其后齐中衰,管子修之,设轻重九府,则桓公以霸,九合诸侯,一匡天下;而管氏亦有三归,位在陪臣,富于列国之君。是以齐富强至于威、宣也。

故曰:"仓廪实而知礼节,衣食足而知荣辱。"礼生于有而废于无。故君子富,好行其德;小人富,以适其力。渊深而鱼生之,山深而兽往之,人富而仁义附焉。富者得势益彰,失势则客无所之,以而不乐。夷狄益甚。谚曰:"千金之子,不死于市。"此非空言也。故曰:"天下熙熙,皆为利来;天下攘攘,皆为利往。"夫千乘之王,万家之侯,百室之君,尚犹患贫,而况匹夫编户之民乎![1]

这里,我们可以思考这样几个问题:

1. 司马迁经济思想的心理学基础是什么?这一基础与儒家的人性善是否一致?

2. 在司马迁看来,统治者应顺应百姓的自然欲望进行统治,具体应如何做?

3. 司马迁列举了哪些具体事例以说明统治者应因地制宜地发展经济?

4. 司马迁对于商人的社会地位是什么看法?

5. 司马迁认为财富与社会道德水平之间是什么关系?

6. 有人说司马迁是东方的亚当·斯密,你认为这种关联有无道理?

---

[1] 〔汉〕司马迁撰:《史记·货殖列传》,第 3253—3256 页。

司马迁的经济学思想奠基于道家的"自然人性论",也就是人们有耳目声色享乐的本能,这种本能"若水之趋下,日夜无休时,不召而自来,不求而民出之",是无法回避也不容否定的。司马迁肯定商品经济的合理性,认为追求财富是人的本性,各行各业的分工都是循其道而自然运动的。如何顺应人民的需求呢?司马迁提出他的观点:"善者因之,其次利导之,其次教诲之,其次整齐之,最下与之争。"在司马迁看来,政府顺其自然,对人民的经济生活不加干涉,是最好的统治;其次是因势利导,这就有人为因素的参与了;再次是像儒家那样教化人性,使其符合统治者的设计;再次是用刑罚的办法规制人民;最差的方法是与民争利。不难看出,司马迁遵循的道家人性论,与儒家主流人性善的观点有很大差距,可以说反映了两种截然不同的治理路径。司马迁强调发展商业是推动经济社会发展的原动力,这种观点与中国古代社会长期实行的"抑商"政策形成了鲜明对比。不过,我们不能走向另一个极端,把司马迁的观点拔高为重商主义。实际上,从《货殖列传》中的论述不难看出,司马迁既不抑商,也不重商;既不轻农,也不重农。各行各业在其眼里是并列发展又相互依存的,不能互相代替也不能厚此薄彼,以放任自流、顺从民欲的态度发展商业,在他看来是最佳状态。

为了说明"利道之"的观点,司马迁举历史上齐国太公望和管子发展商业为例,以说明统治者应因地制宜地发展经济。太公望发展经济的具体做法是"劝其女工,极技巧,通鱼盐",属于司马迁所说的"利道之",是顺应人性的做法,其治理效果表现为"人物归之,襁至而辐凑。故齐冠带衣履天下,海岱之间敛袂而往朝焉"。司马迁又举了管仲的例子:"设轻重九府,则桓公以霸,九合诸侯,一匡天下",同样是"利道之"。

在《史记·货殖列传》中,司马迁将西汉的经济活动分为四个行业——农、虞、工、商。他具体说道:"农不出则乏其食,工不出则乏其事,商不出则三宝绝,虞不出则财匮少。财匮少而山泽不辟矣。此四者,民所衣食之源也。"这里,商业的功能定位是"商不出则三宝绝",又强调农、工、商、虞都是"民所衣食之源也",也就是农、工、商、虞四种职业并驾齐驱,并没有高低贵贱之分,社会生产各行业间彼此相互依赖。农、工、虞、商各有其功能又彼此依赖,不可偏废。这就与主流的提法大相径庭,显示出司马迁对社会经济生态的洞察力。

关于财富与社会道德水平之间的关系,司马迁又与儒家分道扬镳了。他提出"仓廪实而知礼节,衣食足而知荣辱""君子富,好行其德""人富而仁义附焉",这些表述归纳起来就是,人民生活富裕了,道德水平会自动提升。也就是说,"仓廪实"是"知礼节"的充分条件。在儒家看来,"仓廪实"是"知礼节"的必要条件,由"仓廪实"不必然走向"知礼节",教化是两者之间必不可少的桥梁。

有人说司马迁是东方的亚当·斯密,《史记·货殖列传》与亚当·斯密的《国富论》有精神上的契合。这里不妨简单介绍《国富论》的内容,让读者自己去体会斯密"看不见的手"与司马迁的"自然的人性"的相通之处。《国富论》全称为《国民财富的性质和原因的研究》,首次出版于1776年,是英国古典经济学家亚当·斯密的经济学著作。《国富论》认为人的本性是利己的,追求个人利益是从事经济活动的唯一动力。与此同时,人又是理性的,作为理性的经济人,人们能在经济活动中获得最大个人利益。如果经济活动不受干预,那么,经由"看不见的手"的引导,不仅会实现个人利益的最大化,还能推进公共利益。

重商主义在当时达到了登峰造极的程度,斯密对重商主义学说以及政府干预商业的行为予以抨击。在抨击重商主义的过程中,斯密提出了"看不见的手"的观点。在斯密看来,在自由的制度下,每一个人都从自身利益出发从事生产经营活动,受"看不见的手"的指导去追求自身利益最大化,使他能更有效地促进社会的利益。"看不见的手"包含两层意思:其一是指市场是"看不见的手";其二是指没有人为引导,市场通过价格引导每个人去做该做的事。重商主义者强调国家对经济生活进行干预,认为国家对经济进行干预是国家实现一定财富的重要保证。斯密认为,重商主义就其本质来说是一种限制与管理的学说,对增进国民财富是最大阻碍,而矫正和克服这种弊端的出路在于实现真正的自由放任。

三、明代中期以后的重商思想

中国古代推行重农抑商政策,但随着社会生产力的发展和思想观念的变化,抑商政策也发生了松动,明代商业政策的变化就是中国商业政策波动的一个缩影。

明代初年商业政策仍以抑商为主,但已出现鼓励商业发展的成分。明初规定商税"三十税一","自今军民嫁娶丧祭之物,舟车丝布之类,皆勿税"[①],本意是抚恤民生,但对商业的发展是莫大的鼓励。明朝初年还统一了度量衡,为商业发展提供了更为便利的市场环境。明代中叶以后,社会生产力得到极大发展,出现了资本主义萌芽,商业氛围也出现了变化。明代中期,统治者在涉及商业发展乃至国计民生等场合强调通商。在《明实录》中,"通商"一词出现十五次,在一定程度上反映出明朝商业政策的走向。随着"抑商"政策落下帷幕,"通商"与"恤商"成为明代商业政策的主流。万历初年,张居正进行改革,在全国全面推广"一条鞭法",施行赋役合一、计亩征银的举措,使生产关系得到进一步调整,农民对土地的人身依附关系变得松懈,大量人口从土地的束缚中挣脱开来,从而促进了生产力的解放。赋役制度的变化对于社会产生了极大影响,赋役合一、计亩征银成为基本赋税制度,昭示着商品货币在全社会范围推进,意味着明代社会绝大多数社会成员的日常生活通过赋税关系纳入商品货币交换的网络。从此,有人从事商业性生产,有人进入市镇从事各种工商业活动,新兴市场大量涌现,工商业人口大增,城乡市场体系开始形成。与此同时,社会经济结构逐步由单一的粮食生产向农业、手工业和商业并驾齐驱的方向转变,多种经营方式均获得发展。此外,货币白银化使中国货币与国际货币体系接轨,为中国对外贸易进一步发展提供了重要条件。

明代中后期,人们的价值观发生了变化,频繁的商业活动使士、商的

---

① 〔清〕张廷玉等撰:《明史·食货志》,中华书局 1974 年版,第 1975 页。

接触增多，使得士人阶层对于商人生活的同情理解随之增进、对其价值认同随之提升，社会上对读书人、商人和农民的价值进行了重估，由传统的打压商人、鄙视商业转化为重视商业甚至把商业作为首选职业。读书人科考不成转而驰骋商场也变得常见。这一系列变化导致了人们对于民生以及民生具体内容的理解也发生了变化。重农贵粟仍然是基本国策，但显然已无法涵盖民生的全部。这些生活方式的变化以及价值观的转变，在小说中有客观生动的展现。冯梦龙小说《喻世明言》卷一"蒋兴哥重会珍珠衫"故事中，蒋兴哥新婚宴尔，但为了成家立业，毅然外出经商。凌濛初小说《初刻拍案惊奇》卷八"乌将军一饭必酬"故事中，王生的婶母杨氏劝王生经商："做些买卖，也是正经。"王生也认为，"这个也是我们本等"。当王生在经商过程中两次遭歹人劫去财物时，杨氏仍然鼓励他："不可因此两番，堕了家传行业。"《二刻拍案惊奇》卷二十九"叠居奇程客得助，赠芝麻识破假形"故事中，马少卿对蒋生深情地说："经商乃善行，非贱业"，愿将爱女托付于他。

课后思考题

一、简答题

1. 《尚书·洪范》中讲的"八政"涉及国家治理中的哪八个方面？
2. 《管子·牧民》中对物质基础和精神文明的关系有一个著名的论断，是什么？
3. 《孟子·梁惠王上》中提出"保民而王，莫之能御也"，请问"保民而王"指的是什么？
4. 为了实现"欲民务农"的目标，晁错在《论贵粟疏》中具体提出了什么主张？
5. 古代皇帝行籍田礼的目的是什么？其背后反映了什么文化传统？
6. 清代前期，雍亲王向康熙进献《耕织图》，最终成功上位，这一历史事件反映了中华文化的哪一特点？

7. 为什么中国历代农民大起义大多以"均田"为号召？

8. 常平仓是什么时候设置的？其功能是什么？

9. 历代政府的压制和防范商人，是出于哪些考虑？

二、简要论述题

1. 路遥的小说《平凡的世界》是怎样通过塑造人物和叙述故事表现作者对民生问题的思考的？

2.《荀子·富国》中对民生问题提出了自己的看法："轻田野之税,平关市之征,省商贾之数,罕兴力役,无夺农时,如是则国富矣。夫是之谓以政裕民。"这段话表现了荀子的哪些民生主张？

3.《潜夫论·爱日》中,王符提出："圣人深知,力者乃民之本也而国之基,故务省役而为民爱日。"请结合实际谈谈你对王符这一民生思想的认识。

4.《商君书·农战》提出："圣人知治国之要,故令民归心于农。归心于农,则民朴而可正也,纷纷则易使也,信可以守战也。"请对这段话进行阐释并做出评论。

5. 在中国古代国家治理中,统治者为了实现重农贵粟的目标,出台了哪些政策？做出了哪些努力？

6.《礼记·王制》中,对于粮食储备提出了什么具体主张？

7. 贾谊在《论积贮疏》中提出,"夫积贮者,天下之大命也",你对于这一论断是如何理解的？

8. 司马迁经济思想的心理学基础是什么？这一基础和儒家的人性善是否一致？

9. 在司马迁看来,统治者应顺应百姓的自然欲望进行统治,具体如何做？

10. 有人说司马迁是东方的亚当·斯密,请说说这种关联有无道理？

11. 明代小说"三言二拍"中表现出了社会上价值观念的变化,你能否对此做出说明。

第五讲　道法自然、天人合一的生态理念

"天人合一"思想至少包括三个层次：人与自然的合一、人与社会的合一、人与自我内心的合一。这里只讨论第一个层面的天人合一——人与自然的合一，这是对天人合一的最基本考量，强调人类与自然界的和谐共存。中国古代哲学认为，人与自然是息息相关的，"道法自然"，人类的生存和发展必须遵循自然规律，实现与自然的协调发展。这种观念在中国传统文化中有着深远的影响，尤其是在农耕文明中，天时和地利对于农业生产至关重要，因此形成了敬畏自然、顺应自然的观念。"天人合一"理念是中华文化的核心与精华，是中华民族几千年生存智慧的结晶，不仅滋养了无数代先民，发展到今天还为世界和平和可持续发展贡献中国方案。

第一部分　天人合一思想特点概括

钱穆先生在1990年去世前写的最后一篇文章《中国文化对人类未来可有的贡献》中曾说："中国文化中，'天人合一'观，虽是我早年已屡次讲到，唯到最近始彻悟此一观念实是整个中国传统文化思想之归宿处……我深信中国文化对世界人类未来求生存之贡献，主要亦即在此。"[1]英国历史学家汤因比在与池田大作对谈时也曾说过："东亚人对宇宙的神秘性

---

[1] 钱穆著：《中国文化对人类未来可有的贡献》，引自《中国文化》1991年第1期，第93页。

怀有一种敏感,认为人要想支配宇宙就要遭到挫败。我认为这是道教带来的最宝贵的直感。"又说:"这种直感是佛教、神道与中国哲学的所有流派(除去今天已灭绝的法家)共同具有的。人的目的不是狂妄地支配自己以外的自然,而是有一种必须和自然保持协调而生存的信念。"①汤因比所说的东亚人实际上主要指中国人,"和自然保持协调而生存的信念"正是中国天人合一思想的魅力。

通过深入分析不难看出,"天人合一"思想涵盖了生态、生产、生活和生命各大系统,在这些系统中无不打下了深刻的文化烙印,今天仍在产生持久的生命力。

一、案例导入

案例:

央视纪录片《舌尖上的中国》播出以后,引发了国内外观众的普遍追捧和广泛赞誉。《舌尖上的中国》是一部具有民族气派的影像作品,这部纪录片集中展示了内涵丰厚的中国传统饮食文化,以更生动、更亲切的方式助推中华优秀文化走向世界。正如这部纪录片的编导所寄语的:"一部纪录片,真正地感到了中国,有人看到了美食,有人看到了乡愁,有人看到了传承,有人看到了国魂,每个人舌尖上的故乡构成了整个中国。"饮食文化在中国文化中具有非常重要的地位,"民以食为天"足以说明这一点。饮食不仅仅是填饱肚子那么简单,不仅关乎生活享受,还与文学、艺术甚至哲学相通。

中国传统文化认为,人类与大自然是一个整体,人类的生存保障和生活质量的提高主要依靠大自然中生长的食物,故有"天人合一"的说法。天人是相通的,人无时无刻不受天地的影响,就像鱼在水中,水就是鱼的

---

① 〔英〕汤因比、〔日〕池田大作著:《展望二十一世纪——汤因比与池田大作对话录》,国际文化出版公司1985年版,第287页。

全部，水的变化一定会影响到鱼，同样天地的所有变化都会影响到人。所以，人们的饮食也要融入大自然之中，遵循"天人合一"的哲学思想。"天人合一"的哲学思想，表现为中国人强调进食与宇宙节律协调同步。春夏秋冬、朝夕晦明要吃不同性质的食物，甚至加工烹饪食物也要考虑到季节、气候等因素。饮食方法也随着四时的气候变化、寒热温凉，做适当的调整。这种强调宇宙节律的哲学思想意识是华夏饮食文化所独有的。《礼记·月令》中就有明确的记载，如春行夏令、行秋令、行冬令必有天殃，反对颠倒季节，当然也反对食用反季节食品。孔子说不时不食，包含两重意思：一是定时吃饭，二是不吃反季节食品，说到底就是要求人们顺应"天"的节律进食。

"天人合一"的哲学思想是中国饮食文化升华的标志，表明了饮食不仅有疗饥维生的功能，而且是和自然呼应的生命运动。[①]

问题：

1. 央视纪录片《舌尖上的中国》为什么会受到好评？
2. 文中说饮食与文学、艺术甚至哲学相通，你是怎么理解的？能各举出一些例子吗？
3. 文中重点从"天人合一"的角度观照中华饮食文化，强调了"天人合一"的哪一方面特点？你还能补充其他方面吗？

案例分析：

文中主要强调了中华饮食文化依时而变的特点，这当然是非常关键的，但是"天人合一"的"天"不仅包括季节、时令、时间因素，还包括地理、地形、生态环境因素，一言以蔽之，"天"就是人生活的环境。此外，我们也不能将饮食文化局限在餐桌上的静态的食物，而应从种植、取材、制作、享用的全过程来理解饮食文化，这样才能全面深刻地把握饮食文化中体现的"天人合一"精义。下面我们以《舌尖上的中国》内容为基本依托，从四

---

① 丁富强著：《中国饮食文化中的哲学思想简析》，载自《自新世界》2022年9月23日文，有改写。

个方面分析中华饮食文化"天人合一"的特点,它们分别是:猎杀不绝、取用有道的生态环保理念,依时而变、食补食疗的四季养生观念,身土不二、一方水土养一方人的食材理念以及中和方为至味的品味之道。

(一)猎杀不绝、取用有道的生态环保理念

《孟子·梁惠王》篇中展示了孟子对民生问题的思考,其中有一句成为经典名言而屡被引用,那就是:"不违农时,谷不可胜食也;数罟不入洿池,鱼鳖不可胜食也;斧斤以时入山林,材木不可胜用也。"虽说孟子是着眼于解决民生问题,客观上也呈现了其生态环保理念。"数罟不入洿池""斧斤以时入山林",都强调了可持续发展。前者指的是细密的渔网不能进入水塘捕鱼,后者是说入山采伐林木要按照一定的节令要求,这些做法都展示了猎杀不绝、取用有道的生态环保理念。

我们在观看《舌尖上的中国》第一集《自然的馈赠》时,也从中感受到了这种生态关怀。节目中有一个关于吉林查干湖捕鱼的故事,其中一个"猎杀不绝"的细节让人折服。故事说的是捕鱼者使用的网眼都是六寸以上,捕捞上来的鱼都是两千克以上,这些鱼都长了五年左右。将网眼放大,使小鱼漏网,可以真正实现"年年有余(鱼)"的美好愿望。

采摘松茸的故事中,藏民也以朴实的方式传承了取用有道的生态伦理。解说词是这样说的:"香格里拉,松树和栎树自然杂交林中,卓玛寻找着一种精灵般的食物松茸……凌晨三点,单珍卓玛和妈妈坐着爸爸开的摩托车出发。穿过村庄,母女俩要步行走进三十千米之外的原始森林。雨让各种野生菌疯长,但每一个藏民都有识别松茸的慧眼。松茸出土后,卓玛立刻用地上的松针把菌坑掩盖好,只有这样,菌丝才可以不被破坏,为了延续自然的馈赠,藏民们小心翼翼地遵守着山林的规矩。"常言道"靠山吃山,靠海吃海",要想山海不欺,人类和山海之间就要达成一份约定,只有人类以文明的方式取材于山海,山海才能以温柔的方式哺育人类,这是山林的规矩、大海的规矩、大自然的规矩。

(二)依时而变、食补食疗的四季养生观念

"天人合一"的养生观念告诉我们,选择食材时应尽量选择应季食物、

依时而变。董仲舒在《春秋繁露·循天之道》中说:"饮食臭味,每至一时,亦有所胜,有所不胜,之理不可不察也。四时不同气,气各有所宜,宜之所在,其物代美……凡择味之大体,各因其时之所美,而违天不远矣。"①这就把中国人四季三餐的奥秘说得非常透彻了。

《舌尖上的中国》第三季第四集的主题是食养,介绍了"药食同源"的养生观念,绍兴黄酒在片中占据了不可替代的位置。剧中通过介绍绍兴黄酒冬酿、投料开耙等工艺,展示了黄酒活血祛寒、补益养生的食疗特点。黄酒养生,且最适合冬季饮用。中国人的饮食结构以素食为主,基本体质偏寒,黄酒温润平和,实为中华民族而设。鲁迅小说《孔乙己》中为我们保留了一百多年前绍兴地区人们饮酒的习俗。小说开篇写道:"鲁镇的酒店的格局,是和别处不同的:都是当街一个曲尺形的大柜台,柜里面预备着热水,可以随时温酒。"又写那些做工的短衣帮,"靠柜外站着,热热的喝了休息",这就与前文形成照应。小说中主人公孔乙己出场了,孔乙己说什么呢?他说:"温两碗酒,要一碟茴香豆。"孔乙己最后一次出场,是中秋之后、将近初冬,这时他到店说的也是"温一碗酒"②。文中通过这些细节描写记录了绍兴人喝黄酒要加热的特点,这一特点符合养生顺生的原则。江南冬季,天气多湿冷,人们将酒壶放在热水中烫热或隔火加热,加入姜丝、红糖,不仅口感会甘爽醇厚、芬芳浓郁,还能更好地发挥其驱寒保暖的效果。笔者为此专门向老家在绍兴的朋友请教,她的回答是,老一辈人是一年四季喝温酒,因为黄酒的特性需要加热才能引发出来,香气四溢,减少酒对胃肠道的刺激,养胃的效果会更好一些。在她儿时印象里,地地道道的老一辈,摇橹的、干农活的还有文化人,哪怕做祭祀给老祖宗喝黄酒,温酒是必备的。温酒有一个专门工具,体面人家是用锡做的一个器皿,细长的出酒孔,敦厚的把柄,把器皿放在热水里加热。她回忆起小时候经常看着奶奶温酒喝,夏天喝完了酒,就摇把扇子睡在屋檐下小眯会儿,诚为人间一乐事也!

---

① 〔汉〕董仲舒撰,〔清〕苏舆义证:《春秋繁露义证》,中华书局1992年版,第454—455页。
② 鲁迅著:《鲁迅全集》第一卷,人民文学出版社1981年版,第434、435、437页。

(三)身土不二、一方水土养一方人的食材理念

中国人有一个大体不差的总体认知:南方人喜欢吃米饭,北方人则面不离口。这是由千百年来形成的农业布局决定的,黄河流域形成了以黍、麦为主的旱作农业,而长江流域则主要是稻作农业,中国独特的"南米北面"主食格局由此形成。

兰州人的早晨是从一碗牛肉拉面开始的,在这个有着一千多家拉面馆的城市,每天要消耗一百万碗拉面。一碗面从制作到煮熟上桌,看似不到两分钟时间,背后却有着很深的学问。与此同时,地处太湖流域的嘉兴,因地处中国最古老的稻作文化区,在相当长的时间里嘉兴以浙北粮仓甚至天下粮仓著称。以精致细腻生活方式著称的嘉兴人,早餐是从一个热腾腾的肉粽子开始的。身土不二、一方水土养一方人,在这一南一北两座城市里演绎得淋漓尽致。

人生一世,避免不了出门远行。有一种民间说法,科学性未得到验证:早先中国人出远门都会带一包家乡的泥土,水土不服时就把土泡水喝。但下面的事例是真实的。山西人喜欢食用一种用本地白土炒制的豆子大小的零食——炒琪。炒琪的主要食材包括面粉、鸡蛋、白糖、盐、芝麻、五香大料、食用油等,而灵魂则是垣曲特有的白土。山西人出门都带这个,说是健脾胃,可以预防治疗水土不服。

身土不二指的是我们的身体和故乡紧紧相连,因为从人体微生物活动的角度来理解,生我养我的土地上的菌群与我们身体里的细菌原住民是一致的。不同地区的菌群是不同的,城市和农村不一样,南方和北方也不一样。吃家乡菜,吃故乡的食物,之所以让人放松亲近,其实就是肚子里的细菌见到老朋友了,那种身心安抚是不必说的。

(四)中和方为至味的品味之道

中华文化讲求中和,饮食文化的最高境界也追求调和与融合,调和融合了才会产生博大气象。饮食文化中的调和融合,不仅指对各种食材进行丰富搭配,还重在调和成甜酸苦辣咸等各种美味。这些特点与中国人

的生活习性、价值取向、美学意蕴等相映成趣,构成了以"和"为中心的中餐文化——追求和睦相处、重视团圆相聚,讲究包容并存、热心馈赠与分享。大家十分熟悉的春节吃饺子、中秋节吃月饼等,都是在古老祭祀仪式的基础上发展起来的,承载着深厚的民俗情感,由此生发出和谐、团圆、庆贺、聚合等文化因素,共同构成了中国传统节日的重要内涵,体现了中国人处理天人关系与社会关系的独特方式与特质。

二、天人合一思想特点概括

天人合一思想不仅仅是一种理论观念,更是一种实践指导。它要求人们在日常生活中,通过具体的行动来实现与自然的和谐相处。天人合一并非是一种静态的平衡,而是在动态变化中寻求和谐。人们需要不断地调整自己的行为和观念,以适应自然和社会的变化。

(一)天人合一思想与整体性认知方式

天人合一思想是中国传统文化的核心观念之一,强调人类与自然之间的和谐共生关系,认为宇宙是一个有机整体,人类是这一整体的组成部分而不是超出这一整体的主宰,由此而发展出整体性认知方式。

《道德经》第 25 章:"道大、天大、地大、人亦大。域中有四大,而人居其一焉。人法地,地法天,天法道,道法自然。"[1]

这段表述典型地表现了中华传统文化的整体观。宇宙中有四大元素——道、天、地、人,人类是其中之一,但这四者之间并不是并列的或是孤立的存在,而是有相互依存的关系,人类效法大地,大地效法天空,天空效法天道,天道又效法宇宙本然的状态。这段话给我们的启示是,个体是整体的一部分,人是大自然的一部分,必须把自己置于大自然中才能认清自己的地位,才能正确地做事,不破坏自然,不违背自然规律。这一思维模式强调,任何事物的存在都是与其周围环境紧密相关的,人类和宇宙不

---

[1] 〔春秋〕老子著,陈鼓应注评:《老子译注及评介》,第 163 页。

是两个完全分离的体系,而是天然地形成了内在关联和共生关系,相互关联、相互影响、相互依存、相互贯通。天人合一思想在中国传统文化中有着丰富的内涵,包括天人一体、道法自然、知止知足、仁民爱物等。由天人合一理念可以推导出对个体的尊重和对整体意识的重视,同时强调任何一个共同体成员不仅要从个体的、局部的利益考虑问题,还要习惯于从整体、从大局角度考虑问题,由此促进了中华文明统一性和包容性的形成。

天人合一的整体观体现在国家治理、农业生产、生态环保、养生顺生等各个方面。下面通过展示经典文献加以说明。

《管子·四时》:"是故阴阳者,天地之大理也。四时者,阴阳之大径也。刑德者,四时之合也。刑德合于时则生福,诡则生祸。"[1]

管子这句话强调了阴阳、四时与刑德之间的相互关系和作用。阴阳是天地间的基本规律,四时则是阴阳的具体表现形式。刑德是指刑罚(或武力征伐)与德教,应当与四时相配合。当刑德与四时相协调时,会带来福祉;反之,则会招来祸患。这表明,刑德与四时的协调、配合至关重要。《礼记·月令》对孟春之月的规定是:"是月也,不可以称兵,称兵必天殃。兵戎不起,不可从我始。毋变天之道,毋绝地之理,毋乱人之纪。"[2]不难看出,《礼记·月令》中的"不可以称兵"的要求与《管子·四时》中的"刑德者,四时之合也"出于同一思路。

汉代统治者根据"天人合一"的整体认知理论而在秋冬行刑,即将死刑的执行限定在霜降以后、冬至以前。东汉章帝建初元年正月的诏书充分体现了这一原则:"比年牛多疾疫,垦田减少,谷价颇贵,人以流亡。方春东作,宜及时务。二千石勉劝农桑,弘致劳来。群公庶尹,各推精诚,专急人事。罪非殊死,须立秋案验……"[3]诏书要求对普通犯罪"立秋案验",也就是在立秋后调查取证,这样才不违农时。

---

[1] 〔春秋〕管子著,黎翔凤校注:《管子校注》,第838页。
[2] 〔汉〕戴圣撰,杨天宇译注:《礼记译注》,第240页。
[3] 〔南朝宋〕范晔撰:《后汉书·章帝纪》,第132页。

当然，国家治理绝不只有刑德的内容，农业生产也须从天人合一的整体观来考虑。于是，《礼记·月令》中就有了对天子和百官的不同要求。《礼记·月令》对天子的要求是："是月也，天子乃以元日祈谷于上帝。乃择元辰，天子亲载耒耜，措之参保介之御间，帅三公、九卿、诸侯、大夫，躬耕帝藉。天子三推，三公五推，卿、诸侯九推。"①这里记述了天子须躬亲的两项仪式：一个是孟春元日的向上天祈谷物，一个是择元辰于籍田亲耕。天子作为国家元首，必须为天下万民做出表率，顺应天时，与天道同步。《礼记·月令》中也有对百官的要求："是月也，天气下降，地气上腾，天地和同，草木萌动。王命布农事，命田舍东郊，皆修封疆，审端经术。善相丘陵、阪险、原隰，土地所宜，五谷所殖，以教道民，必躬亲之。田事既饬，先定准直，农乃不惑。"②也就是说，百官要在农事之前做好必要的准备。

贾思勰《齐民要术·种谷》："顺天时，量地利，则用力少而成功多。"③
王祯《农书》说："夫禹别九州，其田壤之法固多不同。"④

北魏农学家贾思勰提出，在农业生产中要顺应天时、裁量地理，根据规律办事，这就可以用较少的劳力收获更多。贾思勰强调顺应自然规律，合理利用自然资源，以达到事半功倍的效果。"顺天时"，主要指合理安排农作物的种植时间，根据节气变化，结合温度、湿度和光照等，调整农作物的种植和收割时间；"量地利"，是指根据不同的地理条件种植合适的农作物，如在山田种植强苗以抵御风霜等恶劣气候，而在泽田种植弱苗以获得更丰富的收获。这一农业生产原则是对老子"人法地，地法天，天法道"的形象化表述，既是顺势而为，也是整体思维。

元代农学家王祯的《农书》是中国古代重要的农学著作，兼论了元代

---

① 〔汉〕戴圣撰，杨天宇译注：《礼记译注》，第238页。
② 〔汉〕戴圣撰，杨天宇译注：《礼记译注》，第238—239页。
③ 〔北魏〕贾思勰编撰，缪启愉译注：《齐民要术译注》，上海古籍出版社2009年版，第51页。
④ 〔元〕王祯撰，孙显斌等点校：《农书》，湖南科学技术出版社2014年版，第157页。

中国南、北方农业技术。王祯是山东东平人,又曾在安徽、江西两省做过地方官,还到过江、浙一带,所到之处常常深入农村进行实地考察。因此,《农书》里记述各项农事总是时时顾及南北的差别。也正是在这个意义上,他才能真切地说出"夫禹别九州,其田壤之法固多不同"的感受。中国地形复杂多样,随着人口的增加,人们因地制宜地开始向山地、沼泽要地。为此,人们改善土壤结构,增加土壤肥力,减少水分蒸发,防止水土流失,发明了圩田、垛田和梯田等多种土地利用形式,用不同的田壤之法为人类造福。

下面是生态环保方面的论述。

《论语·述而》:"子钓而不纲,弋不射宿。"①

孔子提倡使用钓竿钓鱼,而不使用大型渔网一次捕捞大量的鱼,是为了避免对渔业资源的过度消耗;又提出在射猎时,不射已经归巢休息的鸟类,避免赶尽杀绝。孔子通过这些行为准则,提倡一种适度有节的生活方式,避免过度消耗自然资源,以保护生态平衡。这样一种全景宇宙观,可以破除人类中心主义的偏执。

《荀子·王制》:"圣王之制也……春耕、夏耘、秋收、冬藏四者不失时,故五谷不绝而百姓有余食也;污池渊沼川泽,谨其时禁,故鱼鳖优多而百姓有余用也;斩伐养长不失其时,故山林不童而百姓有余材也。"②

荀子在《王制》篇中提出了治国理念的重要原则,即农业生产的各个环节要做到"不失时",渔业活动要"谨其时禁",林业活动要"不失其时",这样才能有余食、有余用、有余材。这段话与《孟子·梁惠王》篇中的名句"不违农时,谷不可胜食也;数罟不入洿池,鱼鳖不可胜食也;斧斤以时入山林,材木不可胜用也"表述相近,相映成趣,表现了这两位重要儒家学者的思考都达到了时代的高度。

---

① 〔清〕刘宝楠撰:《论语正义》,第 276 页。
② 〔战国〕荀子著,张觉译注:《荀子译注》,第 164 页。

还有顺生养生方面的论述。

《黄帝内经·素问·四气调神大论》:"夫四时阴阳者,万物之根本也,所以圣人春夏养阳,秋冬养阴,以从其根。"①

这段话是说,四时阴阳的变化是万物生命的根本,因此圣人在春夏季保养阳气,以适应生长的需要;在秋冬季保养阴气,以适应收藏的需要。民间有"春捂秋冻""冬吃萝卜夏吃姜,不劳医生开药方"等说法,与"春夏养阳,秋冬养阴"理念有着千丝万缕的关联。

春天阳气生发,养阳就要顺应这个趋势,多做户外锻炼,为炽热的夏天做热身;夏季应少食冰镇冷饮,不宜久坐空调房,可适当吃一些生姜或辣椒等舒展阳气之品,助阳气之振奋;秋冬养阴,应禁食或少食辛辣刺激食物(如白酒、火锅及温热之品),而多食水果、蔬菜等护阴之物,起居上应早睡晚起,防寒保暖,减少户外活动,以出微汗为宜。总之,中医学认为人体自身与自然界、社会之间互相影响,不能分割。中医学的整体观对于认识人的生命规律、阐释病理变化以及养生与防病都有重要指导意义。

(二)天人合一思想与共通性思维方式

如果说"天人合一"下的整体性思维强调关联性,共通性思维则强调相通性,重点在互通,包括物我相通、人我相通,各个生命个体并非孤立静止地存在于整体之中。

《中庸》:"致中和,天地位焉,万物育焉""万物并育而不相害,道并行而不相悖。小德川流,大德敦化。"②

上海有一所著名的中学叫位育中学,其校名就来自《中庸》"致中和,天地位焉,万物育焉"一语。朱熹注,"位者,安其所也。育者,遂其生也"③,合起来就是"安所遂生"。"安所遂生"是中国人一种重要的价值理

---

① 张登本、孙理军主编:《黄帝内经全注全译》上册,新世界出版社2010年版,第10页。
② 〔宋〕朱熹撰:《四书章句集注》,第18、38页。
③ 〔宋〕朱熹撰:《四书章句集注》,第18页。

想,也常作为对美好生活的表述。综合来看,位育是指一个生命个体或社会群体(组织、社会、民族、国家)与其所在环境及环境中其他个体之间的和合共生关系,简言之,位育就是事物与环境、事物与事物之间的和谐状态。

"万物并育而不相害,道并行而不相悖。小德川流,大德敦化"这一句,意思是万物一起生长互不妨害,遵循各自的规律运行而互不冲突;小的德行像河流一样到处流淌滋润大地,大的德行像天地一样化育万物。"万物并育而不相害"的思想,既是描述宇宙自然界普遍存在的基本事实,也可以看作人类活动应当达成的一种理想境界。在这个意义上可以说,"万物并育"是"天人合一"的最终实现状态。这几句话也是对"位育"思想的一种呼应,是贯彻"位育"思想得出的必然结论。"大德敦化"与"万物育焉"异曲同工。那么化育万物的动力是什么呢?是天地的好生之德。人类作为天地之间"四大"之一,也应该效仿天地的化育之德,在拓展自身生存空间、发展文明时应尽力避免对其他物种生存空间的过度侵犯,实现人与万物和谐共生。

《庄子·知北游》:"人之生,气之聚也;聚则为生,散则为死……通天下一气耳。"[1]

共通性思维的底层依据是气论。庄子曾以深邃的洞察力揭示了生命的本质,人的生命本质上就是元气的汇聚。当"气"在体内顺畅流动时,身体就充满活力;当"气"受到阻碍或失衡时,各种疾病随之而来;当气衰减到一定程度,生命体也就消亡了。更重要的一点是,整个天下都是由同一种气构成的。气论思维启示我们,世界是一个连贯的整体,万物皆由阴阳二气所化,故万物之间不仅存在普遍联系,而且是平等、可以相通的,大家的本原是一致的,因而并不存在高下之分。

---

[1] 〔战国〕庄子著,陈鼓应注译:《庄子今注今译》,中华书局1983年版,第559页。

《孟子·尽心上》:"亲亲而仁民,仁民而爱物。"①

儒家视野下共通性思维的理想图景是仁民爱物,仁民爱物思想集中表现在孟子的理论表述中。这两句话言简意赅,充分表明了儒家之爱的差序格局和推己及人的特点,但若深挖其根源,中华民族的气论思想对于"一往无前"的爱起到了助推作用。

儒家毫不讳言爱是有差等的。亲亲之爱,是以血缘关系为纽带的"亲爱",亲爱是所有爱之中最自然最亲密的层次;对于民(也就是百姓),是"仁爱",仁爱的具体表现也就是《孟子·梁惠王上》所说的"老吾老,以及人之老;幼吾幼,以及人之幼"②;儒家对于物,主要指禽兽草木,是"爱惜"。朱熹《孟子集注》注"爱物":"物,谓禽兽草木。爱,谓取之有时,用之有节。"③这样,从自己的亲人出发,推向仁爱百姓,再推向爱惜万物,形成了儒学一脉贯通的"爱的系列"。

在此之后,仁民爱物思想在儒家学者的阐释传承之下不断发扬光大,贯穿在政治主张及文学创作之中,成为中华民族强大的集体无意识。汉武帝时期大儒董仲舒在《春秋繁露·仁义法》中对爱物的表述是:"质于爱民,以下至于鸟兽昆虫莫不爱。不爱,奚足谓仁?"④北宋大儒张载《正蒙·乾称》中也有类似表达:"乾称父,坤称母……民,吾同胞;物,吾与也。"⑤其中的"物,我与也"的意思是,万物是我的同伴、伙伴。爱物思想也时时见于文学创作中,表现了作者的仁者胸怀。唐代诗人杜甫《岳麓山道林二寺行》写道:"一重一掩吾肺腑,山鸟山花吾友于。"在诗人心目中,峰峦起伏的山峰就好像我的肺腑一样,山鸟山花都是我的好朋友。宋代词人辛弃疾《鹧鸪天·博山寺作》也有类似意象:"一松一竹真朋友,山鸟山花好弟兄。"这些有深厚文化积淀的文学家,可以自由地将自身所受的

---

① 〔战国〕孟子著,杨伯峻译注:《孟子译注》,第 322 页。
② 〔战国〕孟子著,杨伯峻译注:《孟子译注》,第 16 页。
③ 〔宋〕朱熹撰:《四书章句集注》,第 370 页。
④ 〔汉〕董仲舒著,〔清〕苏舆义证:《春秋繁露义证》,第 251 页。
⑤ 〔宋〕张载著,林乐昌集释:《正蒙合校集释》,中华书局 2012 年版,第 883—887 页。

中华文化熏陶转化为文学意象，给广大读者以深刻的启迪。

天人合一、万物并育、仁民爱物，体现着中国人宽广的胸怀、深厚的仁德和深刻的智慧，奠定了中华文明的基本精神。在这样一种原则指导下的生态实践，从根本上保证了中华文明突出的连续性。同为四大文明之一的古巴比伦文明，其消失的一大重要原因就是生态环境的破坏。中华文明在天人合一、万物并育、仁民爱物精神的指导下，制定了详密的生态保护措施，从而成为人类历史上唯一延续至今而不曾中断的古老文明。①

(三)天人合一思想与法自然的民族思维方式

"天人合一"思想指导下的整体性认知方式和共通性思维方式，决定了中华民族在日常生活乃至国家治理中必然持一种"法自然"的思维方式看待他人、处理事务，而不可能以一种自我中心主义凌驾于他人或自然之上。阴阳、五行等思维方式在中国人的生命情怀中扎下了根，会不经意间显露出来。

中国古人运用阴阳五行概念，构建了一整套宇宙观、世界观、自然观，以此来认识宇宙、解释世界、利用自然。

《周易·系辞上》："一阴一阳之谓道，继之者善也，成之者性也。"②

宇宙间一阴一阳的运行变化称之为道，人从天道变化中认识到了善，人性使天道之善得到完成和显现。"一阴一阳之谓道"，是《易经》中一个重要哲学命题，它揭示了阴阳对立统一、消长转化是天地万物构成和发展的基本规律。

阴阳相生、阴阳转化之道赋予中国人变通、灵动的生活智慧，在日常生活中主动顺应利用阴阳之道，就可以为人类谋取最大福利，安顿身心、顺天知命。《黄帝内经》是中国人利用阴阳智慧最成功、最富于创造性的实例，千百年来成为中国人养生顺生的实践指南。

---

① 本讲多处参考李毅著：《天人合一、万物并育的生态理念》一文，载自国家行政学院网站。
② 杨天才、张善文撰：《周易译注》，中华书局2011年版，第571页。

《黄帝内经·灵枢·本神》:"故智者之养生也,必顺四时而适寒暑,和喜怒而安居处,节阴阳而调刚柔。"①

这段话告诉我们,智者养生要顺应季节变换、昼夜更替等自然规律,与阴阳四时变化相适应,随着季节变换来调整养生步调;还要时常保持心态的平和,使自己适应所处的生活环境,并且要懂得节制各种欲望。自然界四时气候变化,人体自身饮食、劳逸、房事、情志均有常度,若超越常度,就损伤脏腑经脉气血而导致疾病。

《黄帝内经·素问·经脉别论》:"春秋冬夏,四时阴阳,生病起于过用,此为常也。"②

这几句表述与前面一段内容相通,可以互相补充说明。人体疾病的产生,关键在于"过用",即超出了常度,打破了阴阳的平衡状态而导致疾病,具体则包括气候变化异常、情志刺激太过、饮食失节、起居失常、劳倦过度等因素。中医学究其实质是一种"中和"的学问,就是说人们要顺应四时阴阳变化更替,不能太过也不能不及,健康就处于阴阳消长的中和、平衡状态。

八卦思维方式是基于阴阳学说发展起来的,它以"—"(阳爻)和"--"(阴爻)两种基本符号组合成八卦图形,象征着宇宙基本构成元素和属性。八卦的形成遵循了太极生两仪、两仪生四象、四象生八卦的宇宙生成论。

乾(☰)　坤(☷)　震(☳)　巽(☴)
坎(☵)　离(☲)　艮(☶)　兑(☱)

《周易·系辞下》:"古者包牺氏之王天下也,仰则观象于天,俯则观法于地,观鸟兽之文与地之宜,近取诸身,远取诸物,于是始作八卦,以通神明之德,以类万物之情。"③

---

① 张登本、孙理军主编:《黄帝内经全注全译》下册,第59页。
② 张登本、孙理军主编:《黄帝内经全注全译》上册,第128页。
③ 杨天才、张善文撰:《周易译注》,第607页。

上古时代,伏羲(即包牺氏)是部落首领。他仰观日月星辰的运行,俯察大地上万物的生长变化,又观察各种动物皮毛的纹彩以及土地的具体条件和环境,近处择取亲身体验,远处择取众多观察到的事物,于是创立了八卦,以通达神明的功能,用以类比万物的情态。

这一段描述了伏羲通过观察天象、地理、鸟兽的纹理以及身边物体的特性,创制了八卦。这一过程展示了中国古人对于宇宙自然的观察与理解,也反映了他们试图构建一种解释、预测自然现象及社会现象的知识体系。这种知识体系起步于占卜,但发展为对自然界和人类社会的深刻理解。试想,如果没有这一套理论,古人认识自然的经验该如何表达?知识体系如何发展?

《尚书·周书·洪范》:"五行:一曰水,二曰火,三曰木,四曰金,五曰土。水曰润下,火曰炎上,木曰曲直,金曰从革,土爰稼穑。润下作咸,炎上作苦,曲直作酸,从革作辛,稼穑作甘。"①

这段话首先指出五行包括水、火、木、金、土五种元素,进而分别指出五行的特点:水向下润湿,火向上燃烧,木可以弯曲伸直,金属可以加工成不同形状,土可以种植庄稼。向下湿润的水产生咸味,向上燃烧的火产生苦味,可曲可直的木产生酸味,可改变形状的金属产生辣味,可种植庄稼的土产生甜味。

五行学说是中国民众在长期生产和生活过程中,不断积累知识,将具体现象抽象成哲学概念,通过相生、相克原理阐释事物之间的促进或制衡的关系。五行、五脏、五味、五方、五声之间都可以建立起关联。上文接着指出了"五行"和"五味"的内在联系,五味咸、苦、酸、辛、甘分别对应水、火、木、金、土。后世思想家又将五行与五脏关联起来,水、火、木、金、土分别对应肾、心、肝、肺、脾。食物五味与人体五脏也可以建立关系,《黄帝内经·灵枢·五味》说:"五味各走其所喜:谷味酸,先走肝;谷味苦,先走心;

---

① 李民、王健撰:《尚书译注》,第 219 页。

谷味甘,先走脾;谷味辛,先走肺;谷味咸,先走肾。"①

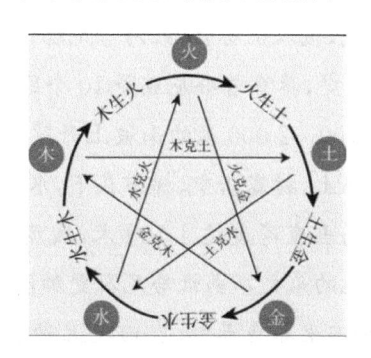

人们又将五行与五方加以比附:木具有生发、条达的特性,属东方;火具有炎热、向上的特性,属南方;土具有长养、化育的特性,属中央;金具有清静、收杀的特性,属西方;水具有寒冷、向下的特性,属北方。五行之间又发展出了相生相克的关系,具体见上图。

这一认识世界的结构具有无限的生成能力,除上面提到的五行、五味、五脏、五方之外,五谷(麦、菽、稷、麻、黍)、五畜(羊、鸡、牛、犬、彘)、五香(花椒、八角、桂皮、丁香花蕾、茴香子)、五果(枣、李、杏、栗、桃)都可以纳入这一结构系统。

第二部分　天人合一与社会生活

一、案例导入

案例:

作为唯一一条发源于云南的国际性河流,红河在云南孕育出了灿烂的农耕文化——在红河南岸的哀牢山区中,有一片面积达 100 万亩的梯

---

① 张登本、孙理军主编:《黄帝内经全注全译》下册,第 290 页。

田,覆盖了元阳、红河、金平、绿春四县。这片梯田由以哈尼族人为主的十多个民族共同修筑完成,被人们称作"红河哈尼梯田",自开垦之日算起距今已有1 300多年的历史,养育着哈尼族等10个民族约126万人口。

哈尼族人在海拔700—2 000米的山坡上开垦梯田,把村寨建在梯田的上方,形成了"森林在上,村寨居中,梯田在下,水流穿梭其中"的农业生态景观。哈尼梯田最高垂直跨度达1 500米,坡度最高达75°,最小的田块仅有1平方米。耕地的来之不易让哈尼人更加懂得利用土地。他们在梯田上种植水稻,在稻田里养鱼养鸭,在田埂上种植黄豆,在森林里种植林下作物,在荒山坡地种植苞谷、薯类,在房前屋后种植水果、蔬菜,又在河谷地带种植热带经济林果。凡是能进行农业生产的土地,全被哈尼人悉心利用起来。

哈尼人对水的利用与分配更能凸显出他们的智慧——穿梭在梯田中的大小沟渠便是证明。为了灌溉梯田,哈尼人在梯田中挖凿了大量的水沟,用来接住森林中的流水和山泉水。每个水沟的分叉处放置一个分水木刻,可以准确计量每个子水沟灌溉梯田的用水量,将水资源进行合理分配。灌溉的同时,肥料也可以借助水沟冲到指定的梯田里,被称作"水沟冲肥"。

哈尼稻作梯田系统充分利用并遵循自然的劳作传统,创造了哈尼族丰富灿烂的梯田文化,具有极高的经济、科学、生态和文化价值。哈尼族以梯田稻作为生,衣食住行、人生礼仪、节日祭典、信仰宗教、生产生活、哲学思想等无不打上梯田文化的烙印。梯田稻作文化成了哈尼族文化的本根,也集中展现了中华民族天人合一的思想文化内涵。[①]

问题:

1.哈尼人创造出了一种人与自然和谐相处的生态空间,你能对此具体解释吗?

---

① 中国摄影出版社著:《山区稻作梯田的典型代表:云南红河哈尼稻作梯田系统》,载自澎湃网2020年8月20日文。

2. 哈尼人是怎样悉心利用土地的？

3. 为什么说哈尼人对水的利用与分配更能凸显他们的智慧？

4. 你能结合实例评析哈尼人梯田稻作文化中所体现的天人合一思想吗？

案例分析：

依山势而建的云南哈尼稻作梯田系统，是人们改造自然、利用自然的伟大创举。山巅有涵养水分的森林，山中有采光充分、自流灌溉的梯田，山下有潺潺流动的小溪。森林、村寨、梯田和溪流"四素同构"，构成了一个完美的人与自然和谐相处的生态空间，有效保护了生物多样性，促进了区域生态的可持续发展，一方水土养育了一方稻作民族。

这一系统展现了哈尼族在山地农业方面的智慧和潜能。如利用山地气候和水土资源以及自创的自流灌溉体系等宝贵的探索，有助于推动和发展现代农业技术。哈尼稻作梯田系统独特的农业景观吸引了大量游客，成为当地的重要经济来源之一，不仅为当地居民提供了丰富的物产，还可以通过创意文旅等方式促进区域经济的发展。

二、天人合一与社会生活

（一）天人合一与农业生产

从农业生产角度来理解的"天"，涵盖了天气、气候、天时、地理、地形等诸多要素，因时制宜、因地制宜对于农业至为关键。西汉农学著作《氾胜之书》指出"凡耕之本，在于趣时，和土"[1]，东汉班固在《汉书·货殖列传》中也说"顺时宣气，蕃阜庶物"[2]，都精准地抓住了农业生产的要害。

如果要选择天人合一思想与农业生产的完美结合点，那就非二十四节气不可。中华文明根植于农耕文明，二十四节气是中国古代人民的一项伟大发明创造，对我国农业生产兴旺与社会连续发展起到了重大作用。

---

[1] 转引自〔北魏〕贾思勰编撰：《齐民要术》，青岛出版社2010年版，第15页。

[2] 〔汉〕班固撰：《汉书》，第3679页。

中国古代农业文明之所以能够长期领先于世界其他文明古国,一个重要的原因是我们认识到人是大自然的组成部分,强调人与自然的和谐相处,做到了因时制宜、因地制宜和因物制宜,尊重自然规律以开展各种农事活动。

在农业社会中,农民会根据不同的节气选择对应的农事和种植方式,以求得最大的收获和最佳质量。比如,在雨水时节,土壤湿度适中,适合播种;而在寒露这个节气,农民们则会注意保护农作物、覆盖农作物,加大保暖措施等。农民们还将农业经验和智慧编成谚语的形式,以便于传播、传承,如"惊蛰不耙地,好比蒸馍走了气""清明前后,种瓜点豆""谷雨种大田""立夏不下雨,犁耙高挂起""小暑不怕日头,大暑晒开石头"等。

(二)天人合一与生态环保

古往今来,生态环保的理念自然而朴素地存在于百姓的日常语言和生活中。古代民间曾流传一首儿歌,即便今天我们读起来同样感到亲切。"劝君莫食三月鲤,万千鱼子在腹中。劝君不打三春鸟,子在巢中望母归。"这首儿歌抓住了人类内心的两个"情感之穴":一是对小生命充满怜爱,二是对母爱永远抱有至高敬意。这首儿歌正是通过温馨的母子一体的形象触发人的想象、触动人温柔的内心,进而达到说理教人的效果。

大家都很熟悉"网开一面"这个成语,讲述的是商代第一代国王商汤的仁德故事,故事涉及中国古代非常重要的生态环保理念,并且这个成语最初不是网开一面,而是"网开三面"。司马迁《史记·殷本纪》最早记载了这一故事:

> 汤出,见野张网四面,祝曰:"自天下四方皆入吾网。"汤曰:"嘻,尽之矣!"乃去其三面。祝曰:"欲左,左;欲右,右。不用命,乃入吾网。"[1]

张网捕鸟而去其三面,那捕获的概率是非常低的,这一做法表现出了

---

[1] 〔汉〕司马迁撰:《史记》,第95页。

商汤对生灵的仁德,是共通性心理使然。后来这一故事被改造为"网开一面",指对那些犯错之人从宽处理,给予其改过自新的机会,正是由商汤对鸟类的仁德心引申而来。对鸟兽尚且如此,何况是对人呢?

《国语·鲁语》记载了"里革断宣公罟而弃之"故事,形象生动地反映了古人的生态环保理念,现引录如下:

> 宣公夏滥于泗渊,里革断其罟而弃之,曰:"古者大寒降,土蛰发,水虞于是乎讲罛罶,取名鱼,登川禽,而尝之寝庙,行诸国,助宣气也。鸟兽孕,水虫成,兽虞于是乎禁置罗,猎鱼鳖以为夏犒,助生阜也。鸟兽成,水虫孕,水虞于是禁罜麓,设阱鄂,以实庙庖,畜功用也。且夫山不槎蘖,泽不伐夭,鱼禁鲲鲕,兽长麑䴠,鸟翼鷇卵,虫舍蚳蝝,蕃庶物也,古之训也。今鱼方别孕,不教鱼长,又行网罟,贪无艺也。"
>
> 公闻之曰:"吾过而里革匡我,不亦善乎!是良罟也,为我得法。使有司藏之,使吾无忘谂。"师存侍,曰:"藏罟不如置里革于侧之不忘也。"①

本文通过人物对话描写了两个人物形象:鲁宣公和大夫里革。鲁宣公在鱼类孕育繁殖的季节下网捕鱼,大臣里革发现后割破渔网并丢弃,同时向鲁宣公阐述了保护自然生态的道理。文章体现了古人对生态平衡和野生动物保护的重视,也反映了他们的可持续发展观。里革的行为背后是天人合一的生态理念,这一理念强调开发与利用大自然要顺时有度、取用有道,只有这样大自然才能循环往复、生生不息。鲁宣公面对里革的指责不但不发怒,反而让人把渔网收起来,以提醒自己不要忘记教诲。

中国古代的生态环保理念不仅体现在思想家的阐发、统治者的倡导上,还体现在国家具体制度措施之中,后一方面更有利于这一理念的落地生根。《逸周书·大聚解》讲到大禹时期的规定:"禹之禁:春三月山林不

---

① 〔春秋〕左丘明著,陈桐生译注:《国语译注》,中华书局2013年版,第185—187页。

登斧,以成草木之长;夏三月川泽不入网罟,以成鱼鳖之长。"①可见,当时人们已经意识到自然节律和万物生长的相关性,因此政府要求百姓按照季节规律来行农事,在生物的孕育期、生长期不得破坏山林、擅捕鸟兽。从实践出真知的角度看,治水活动可能使大禹深切地认识到,水土流失是造成水涝灾害的一个重要因素,应保护生态平衡。

《礼记》是中国古代一部重要的典章制度书籍,由西汉儒者戴圣对秦汉以前各种礼仪著作加以辑录编纂而成。其中的《月令》篇详细记录了从正月到腊月每个月的天气特征、自然现象、相应的农事活动和应遵守的礼仪规范,是对从农业生产、祭祀活动到社会管理的全景描述,体现了中国古代的自然观和社会观。文中对生态保护的规定具体到每一个月份,按照孟、仲、季命名并具体介绍,如春季分为"孟春之月""仲春之月""季春之月",夏、秋、冬三季以此类推。中间多了"年中祭祀"一节,故共有13篇。如具体到孟春之月,规定禁止砍伐山林,不能毁坏鸟巢、杀害飞鸟和幼虫胎卵,不可捉捕幼兽,不要聚集劳动力大兴土木。

中国古代还设置了系统的生态保护的机构及官职。其中,负责生态保护的官职是"虞衡"。周朝设置天官、地官、春官、夏官、秋官、冬官六官,其中地官司徒掌管国家的土地分布、资源状况以及人民数量,为朝廷提供决策依据。虞衡是司徒属下职官,是掌管山林川泽之官的总称,其职责包括管理和保护山林、河流等自然资源,确保资源可持续利用,防止过度开发和破坏。《周礼·天官·大宰》记载:"以九职任万民……三曰虞衡,作山泽之材。"②东汉郑玄在《周礼注疏》中也进一步明确:"虞衡,掌山泽之官,主山泽之民者。"唐代贾公彦疏曰:"地官掌山泽者谓之虞,掌川林者谓之衡。"③

1975年,考古工作者在湖北云梦县睡虎地发现了一批秦代竹简,其中的《秦律十八种·田律》是这样写的:

---

① 黄怀信等撰:《逸周书汇校集注》,上海古籍出版社2007年版,第406页。
② 杨天宇撰:《周礼译注》,第21—22页。
③ 〔汉〕郑玄注,〔唐〕贾公彦疏:《周礼注疏》,上海古籍出版社1997年版,第647页。

春二月,毋敢伐材木山林及雍(壅)隄水。不夏月,毋敢夜草为灰,取生荔、麛卵鷇,毋□□□□□毒鱼鳖,置穽网,到七月而纵之。唯不幸死而伐绾(棺)享(椁)者,是不用时。邑之近皂及它禁苑者,麛时毋敢将犬以之田。百姓犬入禁苑中而不追兽及捕兽者,勿敢杀;其追兽及捕兽者,杀之。呵禁所杀犬,皆完入公;其他禁苑杀者,食其肉而入皮。[1]

这段法律规定具体包括两个方面:

一是关于自然资源保护,如二月禁止砍伐木材和山林、禁止堵塞水道,但又规定百姓死亡需要伐木为棺,则不受此项法律限制,体现了宽严相济的精神。这些措施是为了保护自然资源和生态系统,确保生态平衡。

二是在非夏季期间限制农业和林业活动,包括禁止烧草为灰作为肥料以及捕捉幼兽或取卵,还对百姓养的狗擅入禁苑中的做法做出了差异化处理,狗追咬野兽和没有追咬野兽所受处置不同。这些做法都是着眼于保护动植物的繁殖和生长。

(三)天人合一与断狱刑罚

古人生活在天人合一的思维框架之中,认为人的一切行为必须与天道相合。人间的司法也应当适应天意、顺乎四时。春夏是万物孕育生长的季节,要顺其时、助其长养;秋冬是肃杀敛藏的季节,可以安排刑罚与征伐,这是宇宙的秩序和法则。

《礼记·月令》规定:"(仲春之月)毋肆掠,止狱讼。"[2]孟秋之月才是断狱刑罚的时令,"凉风至,白露降,寒蝉鸣,鹰乃祭鸟,用始行戮……是月也,命有司修法制,缮囹圄,具桎梏,禁止奸,慎罪邪,务搏执。命理瞻伤、察创、视折、审断。决狱讼,必端平。戮有罪,严断刑"。[3]

董仲舒在《春秋繁露·四时之副》中对此有充分的论证:"天之道,春

---

[1] 睡虎地秦墓竹简整理小组编:《睡虎地秦墓竹简》,文物出版社1978年版,第26页。
[2] 〔汉〕戴圣编撰,杨天宇译注:《礼记译注》,第242页。
[3] 〔汉〕戴圣编撰,杨天宇译注:《礼记译注》,第270—272页。

暖以生,夏暑以养,秋清以杀,冬寒以藏。暖暑清寒,异气而同功,皆天之所以成岁也。圣人副天之所行以为政,故以庆副暖而当春,以赏副暑而当夏,以罚副清而当秋,以刑副寒而当冬。庆赏罚刑,异事而同功,皆王者之所以成德也。庆赏罚刑与春夏秋冬,以类相应也,如合符。故曰王者配天,谓其道。天有四时,王有四政,四政若四时,通类也,天人所同有也。庆为春,赏为夏,罚为秋,刑为冬。庆赏罚刑之不可不具也,如春夏秋冬不可不备也。"[1]这段话篇幅虽长,但意思明白易懂,且有似曾相识之感,因为类似的语句在其他思想家的著作中屡次见到,这里董仲舒对其加以整理综合,是对阴阳五行学说的具体化用。总体来说,庆、赏、罚、刑作为王者的四种执政行为,要与四季变化相适应。春夏对应于长养,秋冬与刑罚相匹配,王者制定制度、出台政策都应当遵循这一基本思路。

与这一基本理念相对应,汉代法律规定,刑杀只能在秋冬进行,立春之后不得执行死刑,此即后来所说的"秋后问斩"。此后,唐宋法律也规定:从立春到秋分,除犯恶逆以上及部曲、奴婢杀主之外,其他罪均不得春季决死刑。清代规定,经朝审应处决的犯人需在秋季处决。

除了天人感应的考虑外,顺时刑罚还有其他方面的考虑。相对来说秋冬二季为农闲时节,此时处决犯人可引来百姓围观,可以起到昭告天下、震慑四方、以儆效尤的目的,从而实现效果最大化。此外,秋后问斩可以最大限度减少冤假错案的发生。古代侦查手段有限,很容易发生误判与漏判现象,审判官只能按照当时的证据及法令进行裁决。对于那些被判了"秋后问斩"的人,家属还有时间上诉,也给法官留下几个月的时间来核查案情。这不仅是对囚犯负责,也是对统治者自身负责。

(四)天人合一与养生顺生

这里举一个事例以说明情况:

我爸妈过去长期住在深圳,时间长了老是有一些看起来

---

[1] 〔汉〕董仲舒著,〔清〕苏舆义证:《春秋繁露义证》,第353页。

不疼不痒但又很麻烦的小毛病,一会是静脉、腿脚,或者是肠胃、睡眠什么的。偶然一个机会,遇到一个 93 岁的老中医。一番询问诊脉之后,才知道原因。原来,我爸妈吃不惯广东当地的蔬菜谷米,喜欢从老家带吃的,什么鸡蛋、水果、肉、蔬菜、大米等。老中医告诉我爸妈:别再从老家带吃的东西了,最好多吃当地当季的蔬菜谷米,所谓"一方水土养一方人"。这叫道法自然。这个事给了我一些感悟……①

这里不妨提出三个问题,以引起读者思考:老中医指出作者父母遇到的健康问题是什么原因造成的?你有没有遇到过类似的问题或者听说过类似的问题?老中医的建议背后有中华传统文化支撑吗?

中华养生原则很重要的一条是,身土不二,一方水土养一方人。作者特地明确交代了他的父母过去长期住在深圳,却经常食用从老家带来的果、蔬、肉、米。问题就出在这里,作者父母的做法违背了一方水土养一方人的原则。二老长期生活在深圳,就应该融入当地的饮食习惯,顺应当地的水土菌群。如果长期食用其他地方的食物,身体内部的机理就与当地显得格格不入,从而出现慢性水土不服的情况。这样的案例在我们的生活中随处可见。笔者在上海生活多年,有一年曾到山西参观考察,前几天还比较适应,过了几天胃部有明显的不适感,类似微微灼烧的感觉。笔者咨询了带队导游,导游会心一笑,告诉我这是水土不服的症状,每餐喝点山西陈醋,症状自会消失。我按照导游的要求,每餐喝醋,果然再也没有出现胃部不适。我还经常听朋友或学生讲,他们来自湖南、湖北或四川,本来是很能吃辣的,但来到上海之后吃辣能力会变弱,回到老家再吃当地食物会出现明显不适症状。这些事例都印证了一方水土养一方人的道理。

上面的案例涉及的是养生与地理的关系,养生还有很重要的一个方

---

① 梁煜著:《传统文化与现代健康饮食》,载自深圳减灾救灾联合会网站,2017 年 11 月 23 日文。

面是顺应天时。《黄帝内经·素问·四气调神大论》对此有充分的阐释，千百年来成为中国人养生顺生的行动指南：

> 春三月，此谓发陈，天地俱生，万物以荣，夜卧早起，广步于庭，被发缓形，以使志生，生而勿杀，予而勿夺，赏而勿罚，此春气之应，养生之道也。逆之则伤肝，夏为寒变，奉长者少。
>
> 夏三月，此谓蕃秀，天地气交，万物华实，夜卧早起，无厌于日，使志无怒，使华英成秀，使气得泄，若所爱在外，此夏气之应，养长之道也。逆之则伤心，秋为痎疟，奉收者少，冬至重病。
>
> 秋三月，此谓容平。天气以急，地气以明，早卧早起，与鸡俱兴，使志安宁，以缓秋刑，收敛神气，使秋气平，无外其志，使肺气清，此秋气之应，养收之道也。逆之则伤肺，冬为飧泄，奉藏者少。
>
> 冬三月，此谓闭藏。水冰地坼，无扰乎阳，早卧晚起，必待日光，使志若伏若匿，若有私意，若已有得，去寒就温，无泄皮肤，使气亟夺，此冬气之应，养藏之道也。逆之则伤肾，春为痿厥，奉生者少。①

"四季调神大论"养生观念的主要启示是，顺应四季变化进行养生，通过调整生活方式和精神状态，达到身心健康的目的。春季的养生重点是"生"，即促进新陈代谢和生长；夏季的养生重点是"长"，即促进生命的成长和发展；秋季的养生重点是"收"，即促进生命的成熟和收获；冬季的养生重点是"藏"，即促进生命的休眠和储备。过去我们强调早睡早起的起居原则，对不对呢？根据"四季调神大论"中的表述，早睡早起的说法并不全面。春季夏季应"夜卧早起"，就是说睡的可以晚一点，起的要早一点，

---

① 张登本、孙理军主编：《黄帝内经全注全译》上册，第7—9页。

但是晚也是有限度的,因为根据"子午流注"的规律,子时即23时到1时,胆需要新陈代谢,人在子时入眠,胆方能完成代谢。而在秋冬季节,应"早卧晚起",随日光作息。

此外,篇中还特别提到了春季养肝、夏季养心、秋季养肺、冬季养肾的要求,已内化为中华民族的生存智慧了。春季冰雪消融、万物复苏,自然界阳气逐渐转旺,人体的气血从里向外抒发,将人的气血向外调动的是肝,所以春天首要任务是护肝;夏季气候炎热,阳气旺盛,人体气血在外,体内阳气不足,心脏消耗能量大,故夏季以护心为主;秋季秋高气爽,阳气减退,阴气渐长,燥气当令,人的气血向内收敛,这时容易引起秋燥,所以秋季当调养肺气;冬季天寒地冻,生机潜伏,人体阳气潜藏于内,新陈代谢水平较低,需要肾来过滤,增加了肾脏的负担,保肾就成了冬季的必修课。后来,人们又以五行思维比附四季,在夏秋之间增加了一个长夏季节,长夏多雨,气候湿热,人体内的湿气旺盛,要靠脾脏去水,所以长夏以健脾除湿为主。

课后思考题

一、简答题

1. "一方水土养一方人"可以做哪些视角的解读?
2. 中华饮食习俗在哪些方面体现了"和合"文化?
3. 《论语·述而》中讲"钓而不纲,弋不射宿",请指出其蕴含了什么传统文化?
4. 背诵二十四节气歌。
5. "劝君莫食三月鲤,万千鱼子在腹中。劝君不打三春鸟,子在巢中望母归",表现了什么传统文化内容?为什么说这首儿歌触动了人类内心的两个"情感之穴"?
6. 成语"网开一面"是讲什么的?
7. 早睡早起符合养生之道吗?

8.《黄帝内经》提出四季养生原则,四季分别对应的是哪一人体器官?

9.睡子午觉遵循的是什么养生原则?

二、简要论述题

1.央视纪录片《舌尖上的中国》在哪些方面体现了中华饮食文化"天人合一"的特点?

2.老子《道德经》第25章讲"域中有四大","四大"是什么?这"四大"之间是什么关系?

3."天人合一"的整体性认知对农业生产提出了什么具体主张?

4."天人合一"的整体性认知对刑罚和战争提出了什么具体主张?

5."天人合一"的整体性认知对养生提出了什么具体主张?

6."万物并育而不相害,道并行而不相悖",对于处理人和自然的关系有什么启发?

7.庄子"通天下一气耳"的气论思维有什么现代启示?

8.为什么说孟子的"亲亲而仁民,仁民而爱物"表现了一脉贯通的"爱的系列"?

9.阴阳、五行思维对中华民族的养生智慧有哪些影响?

10.为什么说二十四节气是天人合一思想与农业生产安排的完美结合?

11.中国古代顺时行罚出于哪些考虑?

12.为什么说"人与自然和谐共生"理念为共谋全球生态文明提供了中国智慧和中国方案,这种理念的文化根脉是什么?

三、案例分析题

乌村"一价全包精品民宿度假模式"

乌村位于浙江省桐乡市乌镇国家5A级景区,距乌镇西栅500米,紧靠京杭大运河,村庄占地总面积450亩,原有60多户人家,300多名村民。项目借鉴 Club Med 的"一价全包"国际度假理念，按照"体验式的精品农庄"定位进行开发，强调在对乡村原有肌理进行系统保护的基础上，营造具有典型江南水乡农耕文化传统生活氛围、适应现代人休闲度假的"乌托邦"。

围绕江南农耕村落特点，导入酒店、餐饮、娱乐、休闲、亲子、农耕等配套服务设施。产业规划围绕江南农耕村落特点，布局精品农副种植加工区、农事活动体验区、知青文化区、船文化区四大板块，完善"食住行游购娱"等旅游接待服务设施，与西栅景区联袂互补，成为乌镇的新型旅游度假目的地景区。

（1）美食

一小时蔬菜：乡土味中晚餐，采用健康的"一小时蔬菜"，严格按照"当餐到达，当餐使用"的原则，形成"从采摘到上菜一小时"的特色。纯正西餐：红酒和各色鸡尾酒配以牛排、意大利面。江南甜品：红豆糊、桃胶鸡头米、桂花年糕、鹅头颈、青团、猫耳朵……

（2）住宿

乌村将住宿细分为不同组团单元，分别是渔家、磨坊、酒巷、竹屋、米仓、桃园及知青年代，组团的名称与主题定位来源于村庄以前的生产小队，目前共有客房186间。如渔家组团就是以公社化时期当地渔业生产小队的生活元素为主题而命名的。

（3）游玩

每日提供蔬菜采摘、农耕深度体验、各类农事活动、童玩天地、手工DIY等丰富的休闲体验活动；在青墩、乌墩、码头等重点区域定期提供演艺、酒吧休闲、帐篷露营等活动。[①]

[①] 摘自《模式探讨：以休闲旅游引领乡村振兴的10个经典案例》，引自乌审文旅在线2021年12月24日文。

问题：
1. 乌村民宿度假项目的设计体现了什么理念？请具体说明。
2. 乌村民宿度假项目的设计理念对国内文旅项目有什么启发？你有没有类似的体验？

第六讲　亲仁善邻、和合包容的天下思想

梁启超先生曾说,"中国人自有文化以来,始终未尝认国家为人类最高团体。其政治论常以全人类为其对象,故目的在平天下,而国家不过与家族同为组成'天下'之一阶段。政治之为物,绝不认为专为全人类中某一区域某一部分人之利益而存在。"[1]天下思想突破了个体、家族、地域的局限,以一种宏大的视角看待人类和世界,这种广阔的思维视野有助于人们超越狭隘的自我中心主义和民族主义,以更加开放、包容的心态去理解和接纳不同的文化、价值观和生活方式,促进人类文明的交流与融合。天下思想强调"天下为公""仁者爱人"等道德观念,为人类的行为和社会秩序提供了价值准则,这种道德追求对于构建一个更加美好的世界具有重要的指导意义。天下思想中的"天下大同""和而不同"等观念为构建人类命运共同体提供了丰富的思想资源和价值支撑。

---

[1] 梁启超著:《先秦政治思想史》,第6页。

第一部分　天下思想的表现层面

一、案例导入

案例：

安徽桐城西南隅有一个著名的历史建筑"六尺巷",此巷东起西后街,西抵百子堂,长约100米,巷南为旧时宰相府,巷北为吴姓住宅,现为桐城市重点文物保护单位。六尺巷的得名还有一段佳话。清康熙年间文华殿大学士兼礼部尚书张英的家人,与邻居吴家在宅基地问题上发生争执。两家大院宅地都是祖上产业,时间久远,公说公有理,婆说婆有理,本就是一笔糊涂账,谁也不肯相让一丝一毫。张家人为求胜算,驰书京城把这件事告诉了张英,让张英跟当地衙门打招呼"摆平"吴家。张英阅过来信,释然一笑,接着挥起大笔,一首诗一挥而就:"千里修书只为墙,让他三尺又何妨。长城万里今犹在,不见当年秦始皇。"家人得诗,旋即拆让三尺。吴家深为感动,也主动让出三尺。于是,两家外墙之间便形成了一条六尺宽的巷道。六尺巷的故事对桐城道德风尚产生了深远的影响,张家的礼让给后人树立了一座道德丰碑。一时间,桐城路不拾遗,邻里和睦。1956年中苏关系恶化时,毛泽东主席接见苏联驻华大使尤金,曾吟咏此诗,用意不言自明。[①]

问题：

1. 张家与吴家的占地纠纷最终是靠什么解决的?
2. 故事背后反映了中华文化的什么精神原则?

---

① 故事内容引自百度百科,有改写。

案例分析：

这一故事中，"礼"起到了解决争端、化解矛盾的作用，从而生动地证明了"礼之用，和为贵"的道理。故事中的礼，表现为礼让。《孟子·公孙丑上》说："辞让之心，礼之端也"，正说明了让与礼之间的对应关系。要做到知礼、守礼，必须珍惜和平，把和谐、和合作为人际交往的基本准则。张家的礼让是一种必要的退让、妥协，这在人际关系和国家交往中是极其难得的智慧和胸襟；吴家的退让也是儒家文化长期濡染熏陶的结果，与张家争地只是一时糊涂，道德并未迷失。

"六尺巷"故事看起来虽小，其所蕴含的文化内涵却非常丰富。故事中所包含的谦和礼让是中华民族传统文化的精髓，它的宽不在六尺的距离上，而是宽在人们的心灵境界与包容胸怀上。"六尺巷"精神不仅成为邻里之间和睦相处的典范，更是中华民族里仁为美、亲仁善邻精神的充分体现。

二、天下思想的表现层面

中华民族重视和谐，并且由内而外、推己及人，将和谐精神由家庭推广到社会，由国家延展到天下，从而发展出亲仁善邻、和合包容的天下思想。下面从以和为贵、和而不同、和合包容三个层面分析天下思想的表现。

（一）以和为贵

客家土楼是世界上独一无二的建筑，这种被李约瑟称作"中国最特别的民居"主要分布在福建龙岩永定区、漳州南靖县和华安县。土楼的形状外圆内方，既体现了中国人崇尚外圆内方、圆融规矩、天人合一的韵味，也体现了根植其中的"和"文化特性。[①]

---

① 傅清媛著：《客家土楼彰显中华文明和平性特征》，引自中国社会科学网2023年11月22日文。

《论语·学而》:"礼之用,和为贵。"①

和为贵,是儒家倡导的人际关系准则。这句话意思是说,礼的作用贵在能够和顺。如果按照礼的原则来处理一切事情,人和人之间的各种关系就能恰到好处,彼此都能融洽。

"礼之用,和为贵"提醒人们,礼仪不仅是一种形式,更是一种促进和谐的重要手段。和谐并不是无原则的和谐,而是在遵循礼仪的基础上实现的有差别、平衡、有序的状态。如果只追求和谐而忽视基本的礼仪规范,这种和谐不可能长久,也不可能是真正的和谐。

和是宽容精神的表现,和睦的人际关系、和谐的社会环境对人的生存和发展至关重要。中华民族自古以来就以"和"作为自身追求的价值目标和社会理想,以和作为处理自然、社会、家庭、国家、民族、宗教间关系的指导思想和根本原则。

《左传·隐公六年》:"亲仁善邻,国之宝也。"

这句话出自《左传·隐公六年》,原文为:

> 五月庚申,郑伯侵陈,大获。往岁郑伯请成于陈,陈侯不许。五父谏曰:"亲仁善邻,国之宝也。君其许郑。"陈侯曰:"宋、卫实难,郑何能为?"遂不许。君子曰:"善不可失,恶不可长,其陈桓公之谓乎?长恶不悛,从自及也。虽欲救之,其将能乎?"②

"郑伯侵陈"发生在公元前716年,其来由是因为郑国和陈国之间存在长期矛盾和冲突,其来龙去脉比较复杂:陈国在公元前718年参加了宋、卫、陈、蔡的盟军,在东门之战中攻打郑国,加剧了双方之间的紧张关系。公元前717年,郑庄公主动请求与陈国讲和,但被陈桓公一口拒绝,

---

① 〔清〕刘宝楠撰:《论语正义》,第29页。
② 〔春秋〕左丘明撰,〔晋〕杜预集解:《春秋左传集解》,第37—38页。

进一步激化了双方的矛盾。公元前 716 年五月,郑庄公入侵陈国,大获全胜。双方最终通过讲和及联姻的方式,结束了敌对状态。

综上所述,郑伯侵陈是郑国和陈国之间长期矛盾和冲突的结果。郑庄公主动请求与陈国讲和,却被陈桓公拒绝,这就进一步激化了双方的矛盾。陈桓公之所以拒绝了郑国讲和求好的善意,在于其背后所倚仗的陈、宋、卫、蔡联盟,如陈桓公回答五父劝谏时所说"宋、卫实难,郑何能为?"这是宁愿相信并不可靠的诸侯结盟,也不愿接过郑国主动递过来的橄榄枝,陈桓公的做法无异于公开宣示与郑国交恶。

"亲仁善邻,国之宝也"由陈桓公之弟五父提出,意思是说亲近仁义、和邻国友好相处是国家宝贵的财富。这一理念体现了中华民族睦邻友好的文化传统,不仅是中华文化追求的道德目标,是中国人的处世之道,还是国家交往间遵循的原则。在有着深厚农耕文化土壤的中国,邻里、邻国关系作为一种以地缘为基础而结成的人际关系,亲仁善邻的意义显得尤其重大。

作为儒家重要经典之一,《左传》不仅记录了春秋时期的史实,还通过这些历史事件,强调了国家间信任、友好、合作的重要性,主张国家间和谐共处,提倡用外交手段解决国家争端。就隐公六年的"郑伯侵陈"而言,文中引入"君子曰"这一环节,实际上代表了《左传》作者的鲜明立场,可以看出作者即君子与五父站在一道,对陈桓公提出了毫不掩饰的批评,认为其做法是"长恶不悛,从自及也。虽欲救之,其将能乎?"这里的"恶"指的是陈桓公轻易摒弃和平、与郑国交恶的行为,由此不难看出作者珍惜邻国关系、珍爱和平的心理。

《墨子·兼爱上》:"天下兼相爱则治,交相恶则乱。"[1]

这句话的意思是,天下人彼此相爱社会才会太平,人与人之间互相仇恨则会造成混乱。和为贵,是中国文化的优秀传统和本质特征。不仅儒

---

[1] 〔春秋〕墨子著,方勇译注:《墨子译注》,第 122 页。

家,其他思想流派如道家、墨家以及后来的佛教,大都主张"和"。佛教反对杀生,主张与世无争;道家主张无为,讲究万物平等;墨家主张"兼相爱,交相利",尤其反对战争。

兼爱是墨家学派的代表性理论。所谓兼爱,就是要求爱人如己,彼此之间的爱不因血缘与等级差别而发生变化。墨子提出"兼相爱,交相利",把兼爱与实现人与人之间的平等互利相关联,表现出对功利的重视。墨子的尚贤、尚同、节用、节葬、非攻等主张均以兼爱为出发点,希望通过提倡兼爱解决社会矛盾。

"兼相爱"在理论上可能,在操作层面却难以实现。《墨子·兼爱上》说:"若使天下兼相爱,爱人若爱其身,犹有不孝者乎?视父兄与君若其身,恶施不孝?犹有不慈者乎?视弟子与臣若其身,恶施不慈?故不孝不慈亡有。犹有盗贼乎?故视人之室若其室,谁窃?视人身若其身,谁贼?故盗贼亡有。"①这段文字用的都是假设问句,也就是说作者所假设的现象在现实生活中并未真正发生,或者说只是在亲情血缘范围内实现。不管怎么说,主张人们不分血缘亲疏、无差别地爱所有人,这种理想体现了人们对和谐社会的向往,是人类最终追求的目标,其意义是不容否定的。

这里引入《孟子·告子下》中的选段,展示白圭的治水观。

> 白圭曰:"丹之治水也愈于禹。"孟子曰:"子过矣。禹之治水,水之道也,是故禹以四海为壑。今吾子以邻国为壑。水逆行谓之洚水。洚水者,洪水也——仁人之所恶也。吾子过矣。"②

白圭是战国时期魏国著名的商人和水利专家,他曾提出了"人弃我取,人取我与"的贸易致富理论,有"商祖"之誉,《汉书》说他是经营贸易、发展生产的理论鼻祖。白圭虽然是成功的贸易专家,其治水方法却并不高明。他主要通过修筑堤坝和堵塞蚁穴,以防止洪水冲入魏国境内。孟

---

① 〔春秋〕墨子著,方勇译注:《墨子译注》,第122页。
② 〔战国〕孟子著,杨伯峻译注:《孟子译注》,第295页。

子将其治水与大禹治水相比较,毫不留情地指出了其缺陷。孟子指出,大禹治水采用的是疏导的方法,通过开掘沟渠,将洪水疏导到大海中去,是"以四海为壑";相比之下,白圭的治水主要是修筑堤坝和堵塞蚁穴,阻拦洪水冲入本国境内,这种做法将洪水导向邻国,是明显的"以邻为壑"。大禹治水的核心理念是尊重自然规律,通过疏通九河、开凿山谷,因势利导地引导水流排入大海以解决洪水问题,从而确保天下百姓长久平安。白圭治水忽视了长期、根本的解决方案,虽然暂时解决了本国水患,却将灾难转嫁给了邻国。总体来说,两种治水思路反映了两种截然不同的思维方式和交往策略。一种是以和为贵、亲仁善邻,兼顾天下的整体利益;一种只顾局部利益、唯我独尊,不惜打破总体平衡与和谐。在人际相处和国家交往中,这两种交往观孰优孰劣,是不难判别的。

放眼世界,有的国家习惯于在危机来临时对内对外"甩锅"并转嫁危机,建立起了一整套推卸责任和对外转嫁危机的机制与策略。他们不仅能够安然度过危机、让危机的破坏性由战略对手承受,而且往往让盟国或其他小国对其的依赖度增加。这种转嫁危机的做法与白圭治水的"以邻为壑"在本质上是一致的。

(二)和而不同、求同存异

中华文化重视和谐、和睦,同时尊重个体之间的差异性和多样性。和而不同、求同存异这两个词精准地概括了和合文化的丰富内涵,涵盖了中国人处理不同个体、不同族群、不同民族、不同国家关系时所遵循的法则。

《国语·郑语》:"和实生物,同则不继。以他平他谓之和,故能丰长而物归之。"[1]

周太史史伯提出的这句话,准确地概括了"和"与"同"所造成的不同影响。和是创造事物的原则,同是指唯一的、相同的、绝对的东西,同是不能化生新事物的,中国思想史上从此便有了"和同之辨"。具体来说,把许

---

[1] 〔春秋〕左丘明著,陈桐生译注:《国语译注》,第573页。

多不同性质的东西结合在一起,使它们得到平衡,叫作和谐。和谐可以促进事物的生长和发展,使万物归于统一状态。在古代中国文化中,"和"被视为万物存在的根据和发展的动因,和的本质是不同、是差异;与此相反,"同"则被视为同一、单一,不能产生任何新的东西。通过营造和谐、平衡不同元素,可以实现事物的丰富发展和万物的归集。史伯认识到事物的本质和根本法则是"和",即二元乃至多元的对立统一。事物的不断生成、丰富、发展其实就是"和"的不断展现,也就是矛盾对立统一规律的不断展现。

"和实生物"这一命题有生物学事例的有力支撑。现代科学研究表明,生态系统中存在着各种各样的生物,包括不同物种和基因类型,它们共同构成了生态系统的多样性和复杂性。多样性和复杂性恰恰是生态系统稳定和正常功能发挥的基础,每个物种都在生态系统中扮演特定的角色,通过食物链相互作用,共同维持生态平衡。一旦食物链断裂,会导致生态平衡失调,影响其他生物的生存。饮食文化的多样性原则是显而易见的,"和实生物"的理念体现在通过不同食材和烹饪方法的协调、搭配,创造出丰富多样的美食。如果食材单一、调料单一、烹饪方法单一,那么这道菜的味道便可想而知。在音乐创作中,"和实生物"的理念也得到了充分体现:不同的音符和节奏通过编排和组合,可以创造出和谐悦耳的旋律。

同样,将这一原则推广到社会生活领域,通过"和而不同"的方式处理不同意见和需求,可以实现人际和谐与社会发展。中国文化对待差异的方式是"万物并育而不相害,道并行而不相悖"。"道不同"可以互通互鉴、共享共赢,而不是相互背离、互相对抗。"不同"也可以和平相处,不同不一定导致对抗和战争。

《左传·昭公二十年》载有晏子论"和"与"同"的内容,这里表现出的观点可以与《国语》中史伯的表述参看。《左传》中是这样记录的:

齐侯至自田,晏子侍于遄台,子犹驰而造焉。公曰:"唯据与我和夫。"晏子对曰:"据亦同也,焉得为和?"公曰:"和与同异乎?"对曰:"异。和如羹焉,水火醯醢盐梅以烹鱼肉,燀之以薪,宰夫和之,齐之以味,济其不及,以泄其过。君子食之,以平其心。君臣亦然。君所谓可而有否焉,臣献其否以成其可。君所谓否而有可焉,臣献其可以去其否。是以政平而不干,民无争心。"①

晏子首先通过"和羹"的比喻向齐侯解释"和"与"同"的区别。他提出"和"的过程如同烹制羹汤,需要通过搭配各种不同的调料以达到味道的和谐,而"同"则是绝对的一致,缺乏变化和多样性。这一比喻深刻揭示了"和"与"同"的本质区别:"和"是在尊重个性和差异的基础上实现的整体和谐,而"同"则是追求一致,缺乏内在活力和动力。

和与同表面上看来是一回事,且它们的表现也有一致之处,但实质上完全不同。同,是绝对的一致,没有变化,没有多样性,没有竞争,没有对抗,因此也就没有活力和动力,因此是没有生命力的东西,代表了单调、沉闷、死寂。和,是各种相互不同、相互对立的因素通过调节而达到的一种统一、平衡的状态。构成和的各要素既不是相互抵消、溶解,也不是杂乱无章地冲撞,而是不同的积极因素结成和谐统一的新生命体。古人讲的阴阳二气"冲气以为和",是对阴阳对立统一关系的一种描述,强调阴阳二气在相互冲突中达成和谐统一的状态。这种状态在自然界中体现为白天黑夜、阴晴冷暖、四季更迭等自然现象,在社会生活中人与人之间观点的差异、性情的不同、利益的分歧以及在此基础上形成的尊重、包容、认同等,都是和而不同的表现。

由"和羹"之喻过渡到朝廷政治,这是晏子论述的重心。什么样的政治才是好的政治?在晏子看来就是"和而不同"的政治。晏子对齐侯问中说的"君所谓可而有否焉,臣献其否以成其可。君所谓否而有可焉,臣献其可以去其否",讲的是在朝廷政治决策中应该存在不同的声音,这样才

---

① 〔春秋〕左丘明撰,〔晋〕杜预集解:《春秋左传集解》,第1463页。

有利于形成正确决策,这样才能"政平而不干,民无争心",这里的"不干"是不干扰、不混乱的意思。这两句话合起来就表达了政通人和的意思。对于中华文化的包容和合特点,梁启超先生曾有深入的分析:"窃尝论之,中国文明,产生于大平原。其民族器度伟大,有广纳众流之概。故极平实与极诡异之学说,同时并起,能并育而不相害。其人又极富于弹力性,许多表面上不相容之理论及制度,能巧于运用,调和焉以冶诸一炉。此种国民所产之思想及思想所陶铸而成之国民意识,无论其长短得失如何,要之在全人类文化中,自有其不朽之位置,可断言也。"[1]从地理环境角度立论,颇能给人以启发。

中国人对饮食有一种近乎执着的偏爱,晏子以"和羹"为喻,使用了很有说服力的证据。中国饮食文化中的贵和精神,在食物的制作程序、食物的材质搭配、食物品尝的方式等环节都有鲜明的体现。中国人自幼生活在中餐环境中,对此不见得有清晰的认知,如果与西餐文化进行对比,就能发现本质区别。作为台州美食的顶流担当,饺饼筒包容万象:在天台,它被称作"饺饼筒";在仙居、临海、路桥,它成了"食饼筒";在温岭,它被叫作"席饼";在三门,它是"麦焦";到了玉环,它又成了"锡饼"。只要是没刺没骨头的,都可以卷进饺饼筒里,少则六七样,多则二十几样,只要合乎自己的口味都能拿来卷一卷,这种操作不正体现了和合文化的统一、兼容精神吗?北方的春饼,其寓意和名头毫不逊于台州的饺饼筒,其魅力不仅在于其味道的丰富,也在于其形式的包容。一个饼筒、一张春饼就是一个包容的世界,将大自然的各种食材巧妙融合在一起,让人们在品尝美食的同时感受到自然的馈赠和生活的美好。这种包容性正是中华民族传统文化的一个重要特征,它启示我们在面对不同食物、不同文化时,要以一种开放和包容的心态去接纳它。

(三)和合包容

中华文化"天下思想"的另一个层面是和合包容。一部文明史深刻地

---

[1] 梁启超著:《先秦政治思想史》,第9页。

揭示了这样一个道理：文明的繁荣、人类的进步，离不开以和为贵、和而不同、开放包容，离不开文明的交流与互鉴。中华民族自古就以开放包容闻名于世，中华文明博大精深，得益于中华文明具有突出的包容性，包容使其能在与其他文明的互通有无、交流互鉴中不断焕发新的生命力。从先秦时期青铜器上的异域元素，到汉唐时期丝绸之路带来的胡乐胡舞，再到宋元时期跨海而来的番客番舶，这些异域文化不断融入中华文明，成为中华文明发展壮大并传承至今的重要源泉。

从网络文章《何以中国：泉州，东西交汇、古今交融的多元开放之城》中，我们可了解泉州昔日"市井十洲人"的盛况：

> 在泉州，房屋、寺庙墙壁上的一砖一瓦，都是可以窥见历史的秘密宝藏，能带你回到那个曾被东西方世界都所熟知的"橄榄城"。泉州在世界星图上的熠熠生辉始于宋元时期。随着造船业的发展，泉州成为海上古丝绸之路上的起点以及当时的全球贸易中心，如今宋元时期"市井十洲人"的盛况依稀可见。这座被刺桐树掩映的美丽海港，曾经接纳了来自东南亚、波斯、阿拉伯、印度、锡兰乃至地中海的使臣、旅行家、商贩与香客。这座宋元"东方第一大港"，写就泉州商贸繁荣的历史图景，造就泉州包容并蓄的开放气度和"半城烟火半城仙"的生活气息，成为多元文化交流与融合的荟萃之地。在泉州海外交通史博物馆里，一艘"沉睡"700多年的南宋福船，是我国目前出土的唯一一艘从海外返航的古代远洋商船。怎么判断它是返航的商船呢？泉州海外交通史博物馆馆长丁毓玲介绍说："因为在船上，考古发现了沉香、乳香、檀香、龙涎香、胡椒等外国商品。宋代是香料进口最多的时期。南宋时香料进口多达300多种，对促进我国传统中医药发展起到十分重要的作用，也反映出当时泉州香料贸易的繁盛。"
>
> 不同文明的和谐共处是泉州城市文化的重要特征。在泉

州市中心,开放包容的历史证据随处可见。在涂门街,阿拉伯建筑风格的清净寺静静伫立,饱览千年历史沧桑。而在几十米开外就有一座关岳庙,这是中式传统风格的道观。诸如此类反映不同宗教共存的情景在泉州并不少见。站在泉州西街的一个十字路口,你会发现,东侧是佛教的开元寺,西侧则是基督教泉西堂。当你漫步在街道上,你会发现当地许多建筑的门窗有着阿拉伯风格的拱门形状和欧式花纹。

在泉州,还能看到更深层次的跨宗教、跨文化共存的现象。道教、佛教、基督教、伊斯兰教、犹太教、印度教、摩尼教等,都可以找寻到历史痕迹。外来宗教与本土信仰,在泉州得到了很好共容,并与海洋贸易相得益彰。在妈祖庙"天后宫"里,后厅的入口处找到两根石柱,上面刻着印度教的雕花。在佛教寺庙开元寺里,也不乏印度教的元素。在回族聚居地郭厝村,有一座当地中式风格建造的郭氏宗祠。不远处的一座佛教寺庙里,却有着阿拉伯风格的香炉。可以说,泉州的宗教和文化多样性达到了中华文明所追寻的和谐的理想境界。

费孝通先生在考察泉州时曾指出,泉州的海外交通史研究很重要,特别是宋元时期中外文化接触的问题值得关注。确实,在西方发生十字军东征的11世纪末至13世纪末,东方中国的泉州却实现了多元宗教文化的和谐共生,中华文化多元一体在此得到了很好的体现。这也为推动"一带一路"建设、构建人类命运共同体提供了重要依托和启示。随着21世纪海上丝绸之路的复兴,泉州在保持其多元性的同时,也成为中国与世界共商、共建、共享的典范。①

实际上,唐代安史之乱后随着陆上丝绸之路由盛转衰,海上丝绸之路

---

① 〔突尼斯〕瓦利德著:《何以中国:泉州,东西交汇、古今交融的多元开放之城》,引自人民网2024年1月28日文,有改写。

趁势崛起,泉州就已经与扬州、广州、交州并列为中国当时的四大贸易港口了。北宋哲宗元祐二年(公元1087年)是泉州海外贸易史上一个具有里程碑意义的年份。这一年应泉州知州陈偁的申请,朝廷在泉州设立了福建路提举市舶司,简称市舶司。市舶司的职能类似今日的海关,主要负责"掌蕃货海舶征榷贸易之事,以来远人,通远物"。这一时期,通过泉州港口与中国进行经济贸易和文化交流的国家达40多个,包括大食(今阿拉伯)以及东南亚诸国。综观整个宋元时期,泉州与100多个国家和地区实现了贸易通商,泉州曾经接纳了来自东南亚、波斯、阿拉伯、印度、锡兰乃至地中海世界的使臣、旅行家、商贩与香客,"市井十洲人"的盛况由此而形成。宋室南迁极大地推动了泉州海外贸易的发展,泉州的海外航线网络也进一步得到拓展。相关研究显示,这一时期泉州对外交通航线主要有四条:第一条,从泉州到爪哇岛或苏门答腊岛;第二条,从泉州经广州再经南印度前往大食;第三条,从泉州经大食中转亚丁湾进入东非沿海;第四条,从泉州经大食往西抵达地中海沿岸的欧洲地区。

泉州的特点在于其海洋文化的深厚底蕴、多元文化交融。泉州因海而兴,自古以来就是中国与海外各国进行贸易的重要港口。北宋时期,泉州与近百个国家通商,成为东方最大的商品集散港口,被誉为"世界的货舱"。这种海洋文化的深厚底蕴,使其成为中华海洋文明的代表城市和东西方贸易、文化的交汇点及聚集地。泉州的文化脉动折射了闽南文化生生不息的动力,展现了中华文化兼容并蓄、和合包容、勇于创新的精神内核。在这里,不同宗教的礼拜场所相互影响、相互借鉴,如妈祖庙"天后宫"里的印度教雕花和佛教寺庙开元寺里的印度教元素,展现了不同的宗教和文化之间"各美其美,美人之美"的实现程度,已经达到中华文化有关和谐、和合的理想境界。

《论语·颜渊》:"君子敬而无失,与人恭而有礼,四海之内皆兄弟也。"

这几句话讨论的是交友之道。交友之道,敬与恭是必须遵守的前提。如果抛却或忽略了这个基本前提,即便是具有血缘关系的兄弟也会反目成仇甚至同室操戈,更何况是以"义"和的朋友,敬与恭更是斯须不可忘却。反之,如果能够做到"敬而无失""恭而有礼",那么即使是远隔四海之人,也可以像兄弟一样相处。这几句话是子夏与司马牛对话时针对司马牛的忧虑而发的,现将原文引录如下:

> 司马牛忧曰:"人皆有兄弟,我独亡。"子夏曰:"商闻之矣:死生有命,富贵在天。君子敬而无失,与人恭而有礼,四海之内皆兄弟也。'君子何患乎无兄弟也。"①

司马牛感叹自己没有兄弟②,子夏劝慰他时提出,血缘上的兄弟靠上天的赐予,是不可强求的;社会关系中的兄弟,是可以靠道义和修养得来的,只要以谦恭、仁德待人,四海之内的陌生人都可以成为兄弟,又何必对没有兄弟这件事忧心忡忡呢?我们从子夏的表述中可以引申出一个启示:恭敬有礼是人与人之间和谐相处的基本原则,小到一个家庭、大到四海之内莫不如此。进一步引申,尊重差异、求同存异、美人之美,即便远隔千山万水,人心都是相通的,正可谓"山川异域,风月同天"。《论语·子路》有一段话与上文中所引子夏的话语意相近,这里不妨引录:"樊迟问仁。子曰:'居处恭,执事敬,与人忠。虽之夷狄,不可弃也。'"③这里的"虽之夷狄,不可弃也"是孔子强调的重点,恭敬是"放之四海而皆准"的处事原则,虽在文明程度很低的蛮夷社会,也必须躬行这一原则,只有这样才可以实现"四海之内皆兄弟"的局面。

上面所引《论语》中的两段话,我们可以做出如下的解读:在现代社会中,礼的内涵和形式已然发生了变化,这是毋庸讳言的,一个人再怎么守礼,也不可能用几百年前或两千年前的礼来指导自己的行事。但是,礼的真精神还是要时刻在心的,礼的精神就是尊重差异、恭敬待人,而恭敬的

---

① 〔清〕刘宝楠撰:《论语正义》,第488页。
② 司马牛并非没有兄弟。据《左传》记载,司马牛家是宋国的望族,共有兄弟五人,分别是:向巢、桓魋、子牛(司马牛)、子颀、子车。后因桓魋作乱,兄弟纷纷逃出宋国,如鸟兽散,故司马牛有"人皆有兄弟,我独亡"之叹。
③ 〔清〕刘宝楠撰:《论语正义》,第538页。

重要表现是尊重差异,包括身份地位差异、风俗习惯差异、文化观念差异、个性风格差异等。夫妻、朋友甚至国家之间由当初的感情醇如酒,走到后来的形同陌路,很大一部分原因是没有尊重差异,内心不认同差异,总想以自己的观点和方式强加于对方,背离了和而不同的交往原则,惹得对方逐渐反感,和谐的基础逐渐丧失,最后只能分道扬镳。

没有尊重的基石,牢固的人际关系就难以建立,四海之内的兄弟关系更无从寻觅。中国文化是贵和的文化,是包容的文化,不是称霸型、进攻型的文化。正因如此,通过古丝绸之路的交流,古希腊文明、古罗马文明、地中海文明以及佛教、基督教、伊斯兰教相继进入中国,实现了本土化发展,与中华文明融合共生,却从来没有产生过文明的冲突和宗教战争。

唐代文成公主、金城公主与吐蕃和亲,给青藏高原带去了丝绸、谷物种植技术、手工业技术、汉文典籍以及佛经和佛教造像。唐代诗人陈陶在《陇西行》中感慨道:"自从贵主和亲后,一半胡风似汉家。"与此同时,藏文化也潜移默化地影响了中原,白居易《时世妆》诗云:"圆鬟无鬓堆髻样,斜红不晕赭面状。"写出了长安仕女的时髦妆容就源自对吐蕃妇女的效仿。

这句诗提到的"赭面"妆究竟是何模样?2020年6月,考古人员对西藏拉萨当雄墓地进行保护性发掘,发现这些墓葬曾遭盗墓者破坏,但封土墓葬整体风格显示出吐蕃时期的文化特征。考古人员推断,当雄墓地修建年代为公元7至9世纪,发掘出约300件器物,包括金银器、陶器、珍贵饰件等。在清理陶器时,工作人员发现了一批陶器碎片,其中一个碎片上绘有人物画像,引起了专家的注意。这位人物脸颊被涂红,如同涂抹腮红一般。这让考古专家立即产生兴趣,因为这与白居易《时世妆》中描述的吐蕃"赭面"妆极为相似。经过专家研究,"赭面"妆指的是古代藏地的面饰习俗,以赤色涂脸,表达出因愤怒而脸涨得通红的意境。"赭面"妆是一种不分性别与等级的面部妆容,涂抹红色的部位对称分布在面部凸出的地方。"赭面"妆是高原文化的标志,属于当地独有的特色。然而,这种妆容在历史资料中存在,却从未有人见过。直到当雄墓地的陶器碎片出土,才揭开了"赭面"妆的神秘面纱。"圆鬟无鬓堆髻样,斜红不晕赭面状"生动地描绘了唐代中晚期一种独特的时尚妆容和发型,反映了当时社会的开放、多元以及文化的交流与融合。

费孝通提出处理不同文化关系的十六字箴言:"各美其美,美人之美,美美与共,天下大同。"

1990年12月,费孝通先生在"人的研究在中国——个人的经历"主题演讲中总结出这十六字箴言。这十六字箴言立足于"和而不同"这一中华优秀传统文化理念。这十六字箴言启示我们,既要珍惜、爱护自身文化的优势和精髓,又应欣赏、尊重其他不同文化的特点和魅力,秉持和而不同、求同存异的态度,营造一个和合包容、多元共生的文化共同体。"十六字箴言"发自"文化自觉"意识。"文化自觉"是当今世界的时代要求,是人们对其赖以生存的传统文化有"自知之明";在文化自觉的基础上,各种不同文化之间应互相理解、互相宽容,做到多元共生,最终达到"天下大同"。

首先,费孝通先生的这一理念有助于我们对"中华民族共同体"理念的理解。中华民族经过几千年的冲突、融合,形成了今天"多元一体"的格局,中华优秀传统文化下的"一体"历来就是和而不同、兼容并蓄的,"多元"是中华民族生存发展的要素和动力,"一体"始终是主流与方向。质言之,"一体"兼容并包含"多元","多元"和合融为"一体",两者辩证统一。"中华民族共同体"政治实践,体现了对传统文化中"物之不齐,物之情也"和"四海之内皆兄弟"理念的深刻理解。新中国成立后,中国政府实行民族区域自治政策,设立了五大民族自治区,在经济、教育、就业、文化保护和发展等方面出台了很多优惠和帮扶政策,各民族间和谐共处,造就了"美美与共"的杰出典范。

其次,费孝通先生的这一理念有助于我们对"人类命运共同体"理念的理解。当今世界,人类迫切需要解决的一大问题是,各种不同文化背景下的人们如何能在这个经济、政治和文化交往越来越密切的世界上和平共处?和羹之美,在于合异。人类文明多样性不仅是世界的基本特征,也是人类进步的动力。世界上有200多个国家或地区、2 500多个民族,还有多种宗教。面对多元文化的世界,我们应该保持开放和包容的态度,欣赏和尊重不同文化的优点和特色,促进不同文化之间的和谐共处和发展。这样的理念有助于建立一个有共同认可基础的国际秩序和一系列和平共处原则。

第二部分　天下思想特点概括

一、案例导入

案例：

肯尼亚《民族报》网站5月7日发表国际关系学者阿德希尔·卡文斯的署名文章,题为《为什么中国在非洲变得比美国更受欢迎》。内容编译如下:

一项新的盖洛普民意调查显示,中国已经超越美国,成为在非洲最具影响力的大国。非洲人对北京的支持率从2022年的52%上升至2023年的58%,上升了6个百分点。与此同时,华盛顿的支持率则从2022年的59%降至2023年的56%。这种趋势也得到其他可靠民意调查机构的证实。

这种趋势有着跨经济、政治和文化领域的多方面原因。这也是一个重大的全球动向,重塑了地缘政治态势。这种情形并非在一夜之间形成,其已酝酿数十年。北京对非洲的外交姿态跟西方国家大不相同。中国的外交政策强调尊重国家主权和不干涉内政,这让有着被殖民史和西方列强干涉史的非洲国家产生共鸣。通过将自己定位为伙伴而不是霸主,中国与许多非洲国家建立了牢固的外交关系。此外,北京与非洲的外交接触以高层访问、经济峰会和文化交流为主,强化了中国是一个致力于相互合作的可靠伙伴这一形象。

中国与非洲的经济接触广泛而有效。与美国经常将援助和投资与人权或治理标准等政治条件挂钩不同,中国仅聚焦经济合作。这种做法为许多非洲政府和公民提供了在保持其政治制度的同时寻求发展的机会。中非围绕发展的伙伴关系涵盖基础设施现代化、自然资源开发和贸易等领域。"一带一路"倡议是中国致力于加强与非洲互联互通和贸易联系的典范。通过"一带一路"倡议,非洲建设了铁路、港口和公路,升级了基础设施,促进了经济增长和地区一体化。此外,中国对非洲自然资源的需求推动了对非洲采掘业的大量投资。尽管批评人士认为这导致非洲资源流失,但许多非洲国家政府仍将中国的投资视为收入和就业机会的一个关键来源。相比之下,西方与非洲的经济接触就没有那么明显,往往被对安全问题或人道主义援助的关注所掩盖。

汉语课程、文化交流和媒体倡议已遍布非洲,这深化了对中国文化的了解和欣赏。中国对非洲教育机构的投资以及为非洲学生赴华留学提供的奖学金也加深了双方民众的联系,培育了非洲青年对中国的好感。

作为战胜贫困并实现经济快速增长的最大发展中国家,中国的经历激励了许多非洲国家。通过分享发展经验以及提供技术支持,中国已经成为非洲寻求繁荣的一个关键伙伴,与西方援助常常伴随家长式说教形成鲜明对比。[①]

问题:

1. 中国在非洲的外交政策与西方有何不同?

2. 中国与非洲国家在经贸合作与文化交流方面呈现与西方大国迥异的特点,这一特点背后反映了中华文化的什么特点?

案例分析:

中国的外交政策强调尊重国家主权和不干涉内政,这实际上根源于新中国第一代政府总理周恩来倡导的和平共处五项原则。在这一原则指导下,中国在非洲的合作不附加任何政治条件,与西方国家形成鲜明对

---

① 杜源江编译:《为什么中国在非洲变得比美国更受欢迎》,《参考消息》2024年5月9日文,有改写。

比。中非伙伴关系涵盖基础设施现代化、自然资源开发和贸易、人文交流等领域，外交接触以高层访问、经济峰会和文化交流为主，旨在促进双方关系。例如，中国为非洲农产品来华建立"绿色通道"，鼓励更多非洲农产品对华出口，这种合作模式不仅促进了经贸往来，也加深了文化交流。中国着眼于利用非洲丰富的自然资源和巨大的市场潜力，这种利益追求体现了中国在非洲的战略布局，旨在促进双方共同发展。与此同时，美国对非洲的经济援助经常与人权或治理标准等政治条件挂钩，有霸权主义特点。

中国对非洲的外交政策清晰可见，主要表现为两个发展中经济体的相互扶持、相互合作，以及共同建设人类命运共同体的愿望。中国与西方国家在非洲的各项政策表现出本质区别，这一区别背后反映了中华传统文化和而不同、和合包容的特点，不搞道德说教，不搞文化输出，尊重非洲国家的意识形态和国家治理传统，尊重文化差异和文明差异，以积极态度强调共同富裕、共享发展。中国文化中的谦逊态度有助于中国与非洲建立更牢固、更紧密的伙伴关系。

二、天下思想特点概括

天下是中华传统文化框架中不可或缺的一环，是个体经由修身、齐家、治国后所达到的更高层次的境界。可以说，个体与天下构成了道德成长和理想政治的两端，这两端又绝非孤立的、隔绝的，而是由道德完善、道德扩充这一动态过程贯穿起来的。在中国文化语境下，天下思想等同于王道政治，摒弃了道德内核的天下追求往往成为霸权政治的借口。霸道、霸政是中华文化所深恶痛绝的。

（一）天下思想是个人修身的自然延伸

儒家认为，无论是天子还是普通百姓，都应通过修身以提升生命状态。修身不仅是个人层面的道德修炼，也是家庭、社会乃至国家治理的存在基础。在这一框架下，天下被视为个人修身的自然延伸。它强调个人通过修身达到的"内圣"境界是实现"外王"政治目标的必要条件，即通过个人的道德完善来推动社会的和谐与发展。

《尚书·虞夏书·尧典》:"克明俊德,以亲九族。九族既睦,平章百姓。百姓昭明,协和万邦。"①

这句话展现了尧通过发扬美德来促进家族和睦,进而实现国事昌明、天下和谐的历程。尧的一系列活动表明,通过发扬美德,可以使家族亲密和睦;家族和睦后,才能辨明整个部族的政事,最终使天下诸侯协调和顺。这一过程强调了德行的前提和核心作用,后面的一切成就都建立在道德充盈并不断完善的基石上。《论语·颜渊》说:"政者,正也。子帅以正,孰敢不正?"②《荀子·君道》也说:"闻修身,未尝闻为国也。"③这些经典语句都意在说明政治实际上是道德完善和扩充的过程,而并非另起炉灶的系统。随之我们应该追问一句,修身、正己的主体是谁呢?是"为政者"(即统治者)还是百姓?首先是统治者。这就涉及中国古代"典范政治"的特点。也就是说,政治就是统治者以道德做表率、做榜样的政治。统治者的道德完善了,老百姓自然就会服从,平章百姓与协和万邦就水到渠成了。《尚书·尧典》中的这句话还反映了中国古代是通过协调、协商机制来处理国家之间关系的,这一古老的中国智慧对于现代世界构建和谐的国际秩序具有启示性意义。

《大学》:修身、齐家、治国、平天下

修身、齐家、治国、平天下,是语句缩写,是《大学》"八条目"中的后面四个条目。"八条目"的原文是这样表述的:

> 古之欲明明德于天下者,先治其国;欲治其国者,先齐其家;欲齐其家者,先修其身;欲修其身者,先正其心;欲正其心

---

① 李民、王健撰:《尚书译注》,第1页。
② 〔清〕刘宝楠撰:《论语正义》,第505页。
③ 〔战国〕荀子著,张觉译注:《荀子译注》,第253页。

者,先诚其意;欲诚其意者,先致其知,致知在格物。物格而后知至,知至而后意诚,意诚而后心正,心正而后身修,身修而后家齐,家齐而后国治,国治而后天下平。①

修身、齐家、治国、平天下的逻辑序列与上文从克明俊德到协和万邦,遵循的是同一路径,把它们放在一起阐释更能彰显各自的思想魅力。儒家思想强调个人、家、国、天下是一种系列关系,个人是系列之始,修身和治家、治国有内在的统一性。治国是治家的扩大,治国的扩大就是平天下。修身、齐家、治国、平天下,涵盖个人修养、家庭管理、国家治理及世界和平,体现了个人与社会的和谐统一。梁启超认为"仁"是贯穿从修身到平天下链条的最根本的品格。他说道:"不仁之极,则感觉麻木,而四肢痛痒互不相知;仁之极,则感觉敏锐,而全人类情义利患之于我躬,若电之相震也。信乎'以天下为一家,中国为一人,非意之也'。"②

以修齐治平理念进行国家治理和国际交往,就必然出现天下大同的和平局面,因为平天下是修身的道德扩充,而四方之人也会被中原王朝的经济和道德水平所感染。这与孔子所说的"远人不服,则修文德以来之",是同一个意思。《后汉书·张纲列传》借张纲之口向统治者讲出了这一道理:"夷狄闻中国优富,任信道德,所以奸谋自消而和气盛应。"③诚然,中国文化影响世界的方式主要是通过道德感化和人文教化实现的,中国文化重视和合化成的精神特质,决定了从中国文化中不可能发展出种族歧视、侵略屠杀和种族灭绝等悖逆人道的逆天行为。

日本著名学者池田大作对中国文化有深刻的了解。他在与汤因比对谈的时候,以近代史的具体事例解释了中国文化的特点:"与其说中国人是有对外推行征服主义野心的民族,不如说是在本质上希望本国和平与安泰的稳健主义者。实际上,只要不首先侵犯中国,中国是从不先发制人

---

① 〔宋〕朱熹撰:《四书章句集注》,第3—4页。
② 梁启超著:《先秦政治思想史》,第89页。
③ 〔南朝宋〕范晔撰:《后汉书》,第1817页。

的。近代以来,鸦片战争、中日战争、朝鲜战争以及迄今和中国有关的战争,无论哪一次都可以叫作自卫战争。"①中国文化,是贵和的文化,是包容性的文化,不是称霸型的、进攻型的文化。

《礼记·礼运》:"故圣人耐以天下为一家,以中国为一人。"②

这句话意思是说,圣明的人把整个天下看成是一个大家庭,而把整个国家当成是一个人。这一表述既表现了中华文化整体性思维的特点,也彰显了其和合包容的特点。

以这一思想看待世界,就意味着鼓励人们把世界看成是一个和谐包容的大家庭,而每个国家都是这一大家庭里的成员,家庭成员之间遵从的是友爱互助的原则,那么在世界范围内"民胞物与"的理想图景就变成了现实。不能不说,这一提法具有乌托邦的成分,但这种理想主义情怀是可贵的。后来,明代思想家王阳明提出了"天地万物为一体"的思想,就是基于这一理念。

(二)天下思想注重讲信修睦、以德怀远

《论语·季氏》:"故远人不服,则修文德以来之。既来之,则安之。"③

古往今来,中华民族之所以在世界上有地位、有影响,之所以被大多数国家信任,成为国际争端的可信调停者,不是靠穷兵黩武,不是靠对外扩张,而是与中华文化的重诚信、讲和谐、追求道德感化有本质的关联。"远人不服,则修文德以来之"出自《论语·季氏》,意思是说,远方的人不归服,就要修文德、重教化,吸引他们过来。《论语》里的"远人不服,则修文德以来之"在孟子笔下被概括为"以德服人",成为中国人行为处事约定俗成的规则。"以德服人"出自《孟子·公孙丑上》篇:"以力假仁者霸,霸

---

① 〔英〕汤因比、〔日〕池田大作著:《展望二十一世纪——汤因比与池田大作对话录》,第290页。
② 〔汉〕戴圣撰,杨天宇译注:《礼记译注》,第376页。
③ 〔清〕刘宝楠撰:《论语正义》,第649页。

必有大国；以德行仁者王，王不待大——汤以七十里，文王以百里。以力服人者，非心服也，力不赡也；以德服人者，中心悦而诚服也，如七十子之服孔子也。诗云'自西自东，自南自北，无思不服'，此之谓也。"①"修文德"也好，"以德服人"也好，核心都是一个"德"字，这是中华传统文化的一个关键词，是中国人念兹在兹的人格境界，是天下思想的起点和归宿。

《中庸》："和也者，天下之达道也。"②

《中庸》提出，"和"是天下人都须遵循的大道。这一道理既简单又深刻。在长期的生活实践中，人们认识到只有遵循"和"，路才走得通、行得顺。追求和谐，不仅是处理人际关系的基本原则，也是中国古代社会治理的哲学基础。中国人由追求"和"，后来又发展出了"和合"思想。"和合"二字合用，最早出自《国语·郑语》中的"商契能和合五教，以保于百姓者也"③。"和"指的是和谐、和平、中和等，"合"指的是汇合、融合、联合等。和合思想追求和谐与平衡，强调在差异中寻求统一，变化中寻求稳定，以达到共同发展的状态。这一理念深深植根于中国传统文化，特别是在儒家的思想体系中蕴含着极其深刻的哲学思辨与中国智慧。和合思想与零和思维、丛林法则、冷战思维是本质上截然相反的思维方式。在当今世界，只有遵循和合思维，世界秩序才能实现动态平衡。

自古以来，中华民族积极开展对外交往，而不是对外侵略扩张；执着于保家卫国的爱国主义，而不是开疆拓土的殖民主义。中华民族将"和"作为处理民族、国家内外关系的大道，提出讲信修睦、亲仁善邻。在处理国家与国家之间的关系时，中华文化秉持"天下一家"的胸襟气度，坚持"亲仁善邻""协和万邦"，努力建设一个和合共生、天下为公的大同世界。中国不会把自己的价值观念与政治体制强加于人。

在中国人早期对外交往中，以汉武帝时张骞出使西域的影响力最大。

---

① 〔战国〕孟子著，杨伯峻译注：《孟子译注》，第74页。
② 〔宋〕朱熹撰：《四书章句集注》，第18页。
③ 〔春秋〕左丘明著，陈桐生译注：《国语译注》，第570页。

张骞两次出使西域,奠定了汉朝在西域地区的国家形象,也使得汉德的内涵逐渐变得丰富。汉武帝派张骞两次出使西域的中心任务,是与大月氏和乌孙联合,建立抗衡匈奴的政治军事同盟,以实现"断匈奴右臂"的战略目标。张骞在两次出使西域完成政治、军事使命的同时,一方面向西域各国传授了中原地区先进的生产经验和技术,另一方面以主动学习精神吸纳了西域的物产和技术。第二次出使西域时,张骞特意告诫前往大宛、康居、大月氏、于阗等国的副使,要注重考察各国的生产活动,尽量将各国的瓜果、草本种子带回中原,以促进中原种植业发展。张骞两次出使西域后,中原与西域的经济交流日趋密切,中原先进的农耕技术、冶铁技术、养蚕制丝技术传播到西域,西域的核桃、葡萄、胡萝卜、石榴、蚕豆、苜蓿等十几种植物则在中原落地生根、种植栽培。此外,骆驼、狮子、鸵鸟等物种,西域的音乐、舞蹈、绘画、杂技等艺术形式,都陆续沿着这条走廊传入中原。

张骞第二次出使西域,深刻地增进了汉朝与西域各国之间的信任和友谊,开创性地提升了汉朝的政治文化影响力。在弘扬汉朝国威的同时,张骞以开放包容的理念,积极邀请西域各国遣使访问长安。这些使者在长安目睹了汉朝的繁荣与强盛,更激发了与汉朝加强往来的愿望。汉代史料中对此记录颇为详尽,我们这里逐条引录,以表达我们对古代先贤开放包容的胸怀、英勇无畏的探索精神的深深敬意。《史记·太史公自序》写张骞出使西域后,"汉既通使大夏,而西极远蛮,引领内乡,欲观中国"①。在《大宛列传》中,司马迁以详尽的笔墨描绘了汉王朝扩大影响力的过程:"骞因分遣副使使大宛、康居、大月氏、大夏、安息、身毒、于寘、扜罙及诸旁国。乌孙发导译送骞还,骞与乌孙遣使数十人,马数十匹报谢,因令窥汉,知其广大……乌孙使既见汉人众富厚,归报其国,其国乃益重汉。其后岁余,骞所遣使通大夏之属者皆颇与其人俱来,于是西北国始通于汉矣。"②在《汉书·张骞李广利传》中,班固也写出了丝绸之路上

---

① 〔汉〕司马迁撰:《史记》,第 3318 页。
② 〔汉〕司马迁撰:《史记》,第 3169 页。

使者往来的情况:"天子好宛马,使者相望于道,一辈大者数百,少者百余人,所赍操,大放博望侯时。其后益习而衰少焉。汉率一岁中使者多者十余,少者五六辈,远者八九岁,近者数岁而反。"①在《后汉书·西域传》"论"中,范晔则捕捉到了另一番图景:"驰命走驿,不绝于时月;商胡贩客,日款于塞下"②,生动描绘了当时繁忙的使者交流与贸易往来的盛况。

中国人注重修德,使其在国际交往中收获了朋友,收获了影响力。七世纪伊斯兰教先知穆罕默德曾说:"知识虽远在中国,亦当求之。"这句话中的中国是确指,非虚指。确指或虚指,意思截然不同。因为在穆罕默德的时代,唐朝向世界展示出来的是富庶、强盛、文明的东方大国形象,王维诗"万国衣冠拜冕旒"形象地传达出了唐朝的国际影响力。"知识虽远在中国,亦当求之",这句阿拉伯古训至今仍在中东地区广为流传,表达了阿拉伯人民对中华文明和中国智慧的向往与仰慕,激励着无数代阿拉伯人来到中国,生动地印证了中华文化讲信修睦、以德怀远的巨大魅力。

据史籍记载,唐宋时期中国与阿拉伯的交往日趋密切。自唐高宗永徽二年(公元651年)至唐德宗贞元十四年(公元798年)的百余年间,阿拉伯向唐朝派遣使者多达三十九次。唐中后期,大批阿拉伯人来华定居,学习中国文化,融入中国社会。阿拉伯使者与商人受到唐朝官方的礼遇,不仅被授予闲官,还回赠价值昂贵的物品。据史料记载,阿拉伯人来访获得回赐共五次。阿拉伯旅行家苏莱曼在《中国印度见闻录》一书中记录了那时来华阿拉伯人的活动情况。不少阿拉伯人很快融入中国社会,有的甚至参加了科举考试,其文化融合程度可以想见。唐宣宗大中二年(公元848年),大食国人李彦昇考取了唐朝的进士,成为轰动一时的新闻。

唐朝政府允许来华阿拉伯人传播宗教信仰、建造清真寺,体现了中华文明自古以来就秉持的和合包容之道。唐朝人充满自信心,以海纳百川的精神兼容一切异质文化,以高视阔步的态度消解一切偏见与误解。如此包容的大唐给阿拉伯社会留下了良好形象。

---

① 〔汉〕班固撰:《汉书》,第2694页。
② 〔南朝宋〕范晔撰:《后汉书》,第2931页。

隋唐时期也是外国人到中国留学的兴盛期。隋朝开始批量接收外国留学生，日本人小野妹子曾两次以遣隋使身份带留学生到隋朝求学。唐朝时，"四夷若高丽、百济、新罗、高昌、吐蕃，相继遣弟子入学，遂至八千余人"[1]；日本至少派遣过十九批遣唐使，送来大量留学生入唐求学。西方教士入华多始于唐朝。景教于唐太宗贞观九年（公元635年）传入中国，伊斯兰教也在唐朝从阿拉伯传入泉州、广州等地。据记载，穆罕默德门徒四大贤人均来到中国传教。

据近代著名史学家张星烺估测，唐朝时居留在广州的外国人有十万人的规模，包括大食、波斯、天竺、狮子国（斯里兰卡）、真腊（柬埔寨）、诃陵（爪哇）以及非洲和犹太人等群体。到了宋代，居住在蕃坊中的外国人越来越多。据当时阿拉伯历史学家的统计，生活在宋代蕃坊的外国人中仅宗教人士就有二十万人，广州、泉州这些口岸城市的外国人很常见。

"郑和下西洋"是封建社会后期大规模的贸易和文化交流，成为当代"一带一路"建设中一张靓丽的名片。郑和下西洋是明成祖永乐到明宣宗宣德年间的一场海上远航活动，首次航行始于永乐三年（公元1405年），末次航行结束于宣德八年（公元1433年），共计七次。由于使团正使由郑和担任，且船队航行至婆罗洲以西洋面（婆罗洲即今马来西亚加里曼丹岛），故而得名。

在七次航行中，郑和率领船队从南京出发，在江苏太仓的刘家港集结，至福建福州长乐太平港驻泊伺风开洋，远航至西太平洋和印度洋，访问了三十多个国家，包括爪哇（古代的爪哇国，在今印度尼西亚爪哇岛一带）、苏门答腊（古代国名，在今印度尼西亚苏门答腊岛）、苏禄（古代国名，中心在今菲律宾群岛）、彭亨（古代国名，在今马来西亚东部）、真腊（古代国名，即今天的柬埔寨）、古里（古代国名，在今印度西南部喀拉拉邦的科泽科德）、暹罗（古代国名，即今天的泰国）、榜葛剌（古代国名，即今天的孟加拉国）、阿丹（古代国名，即今天的也门）、天方（古代国名，即今天的沙特

---

[1] 〔宋〕欧阳修、宋祁撰：《新唐书·选举志上》，中华书局1975年版，第1163页。

阿拉伯)、左法尔(即今天的阿曼)、忽鲁谟斯(即今天的霍尔木兹)、木骨都束(古代国名,位于今非洲东海岸)等地,最远到达东非、红海。

郑和有着当时世界上最大的船队,在七下西洋的过程中没有发生过侵略和掠夺他国的事情,更没有充当"海上霸主",留下的只有中国同沿途各国平等交流、合作共赢的历史佳话。郑和在出使的过程中,与海上丝绸之路沿线各国进行了大量的贸易往来,送出丝绸陶瓷等精美工艺品,换回了各国的奢侈品和珍禽异兽。郑和在第七次下西洋时,曾在福建长乐树立了《天妃灵应之记碑》,开头一段有如下内容:"乘巨舶百余艘,赍币往赉之,所以宣德化而柔远人也。"[1]永乐皇帝在御制《南京弘仁普济天妃宫之碑》中曾说:"恒遣使敷宣教化于海外诸番国,导以礼义,变其夷习。"[2]郑和与明成祖不约而同的表态都印证了七下西洋的文德教化用心。郑和船队也曾使用武力,比如打击了斯里兰卡锡兰山国亚烈苦奈儿的统治,消灭了篡夺王位的苏门答腊君主苏干剌,惩治了海盗陈祖义,并在东南亚扶植了由施氏华侨统治的旧港宣慰司。但这些多为自卫反击,并非以侵吞他邦为目的。正因如此,郑和在与这些国家打交道的过程中,通常的做法是:先宣读诏书,然后进行封赏。即便迫不得已使用武力,也不灭其国。如上所述,他的使命很明确:"宣德化而柔远人",不是要侵略扩张。在下西洋的过程中,郑和船队展示了明帝国的政治和军事优势以及经济实力,展示了中华文化讲信修睦、以德怀远的风采,郑和因此被视为明朝的和平使者。

课后思考题

一、简答题

1. "六尺巷"的故事折射了中华文化哪一方面的特点?

---

[1] 林婧著:《长乐太平港〈天妃灵应之记碑〉的史学价值》,《福建文博》2020 年第 3 期。
[2] 郑鹤声、郑一钧编:《郑和下西洋资料汇编》中册下,齐鲁书册 1983 年版,第 856 页。

2."亲仁善邻"一词出自哪个历史事件?这一成语表现了中华文化的什么特点?

3."以邻为壑"出自哪本经典?这一成语指向的事件是什么?

4.中国和合文化也表现在饮食习俗方面,你能举出一些具体事例吗?

5.在《论语·颜渊》中,子夏提出"四海之内皆兄弟也",要做到这一点,必要的前提是什么?

6.张骞出使西域后,西域国家的态度发生了怎样的变化?这种变化的主要原因是什么?

二、简要论述题

1.《论语·学而》说:"礼之用,和为贵",请问"礼"与"和"之间是什么关系?

2.墨子的"兼爱"理想与儒家的"仁爱"理论有何不同?

3.大禹与白圭治水有什么差异?这一差异折射了他们的国家交往观有何本质区别?

4.客家土楼被李约瑟称为"中国最特别的民居",请问客家土楼折射了中华文化什么特点?

5.《国语·郑语》载周太史史伯之论:"和实生物,同则不继。以它平它谓之和,故能丰长而物归之。"请问:"和"与"同"有何本质区别?中国传统文化是如何认识两者的关系的?

6.唐代诗人陈陶在《陇西行》中感慨道:"自从贵主和亲后,一半胡风似汉家。"唐代另一位诗人白居易《时世妆》诗云:"圆鬟无鬓堆髻样,斜红不晕赭面状。"请具体解释这两句诗表现了唐代民族文化交流的哪些情况?

7.请具体解释费孝通先生关于处理不同文化关系十六字箴言的含义。

8.中华文化中的天下思想是怎样与个体修身连接在一起的?

9.张骞出使西域的文化启示是什么?

10. 七世纪伊斯兰教先知穆罕默德曾说:"知识虽远在中国,亦当求之。"你是如何理解这句话的?

11. 郑和在第七次下西洋时,曾在福建长乐树立了《天妃灵应之记碑》,其中有如下内容:"乘巨舶百余艘,赍币往赍之,所以宣德化而柔远人也。"永乐皇帝在御制《南京弘仁普济天妃宫之碑》文中也曾说:"恒遣使敷宣教化于海外诸番国,导以礼义,变其夷习。"请结合中国文化传统对这两处碑文进行解释、评价。

12. 为什么说"人类命运共同体"理念彰显了中华文化智慧?

三、讨论题

1. 19世纪英国三度出任外交大臣、两次担任首相的帕麦斯顿有一句名言:"没有永远的朋友,只有永远的利益。"你对这句话如何评价?

2. 不同的文明之间是否注定会像亨廷顿所说的必然走向"文明的冲突",是否可能"和谐共生"?

四、案例分析题

案例一

将来统一世界的大概不是西欧国家,也不是西欧化的国家,而是中国。并且正因为中国有担任这样的未来政治任务的征兆,所以今天中国在世界上才有令人惊叹的威望。中国的统一政府在以前的二千二百年间,除了极短的空白时期外,一直是在政治上把几亿民众统一为一个整体的。而且统一的中国,在政治上的宗主权被保护国所承认。文化的影响甚至渗透到遥远地区,真是所谓"中华王国"。实际上,中国从纪元前221年以来,几乎在所有时代,都成为影响半个世界的中心。最近五百年,全世界在政治以外的各个领域,都按西方的意图统一起来了。恐怕可以说正是中国肩负着不止给半个世界而且给整个世界带来政治统一与和平的命运。①

问题：
请具体谈谈中华文化如何对世界和平做出贡献？

案例二

荆人有遗弓者，而不肯索，曰："荆人遗之，荆人得之，又何索焉？"孔子闻之曰："去其'荆'而可矣。"老聃闻之曰："去其'人'而可矣。"故老聃则至公矣。②

问题：
今人张远山评价说：楚王是一个民族主义者，达到了伦理的道德境界；孔子是一个世界主义者，达到了哲学的自由境界；老子是一个宇宙主义者，达到了宗教的天地境界（见张远山《寓言的密码·孔子对公孙龙的"支持"——失弓得弓》）。请对张远山的观点展开分析。

---

① 〔英〕汤因比、〔日〕池田大作著：《展望二十一世纪——汤因比与池田大作对话录》，第289页。
② 《吕氏春秋·贵公》，引自〔战国〕吕不韦等著，陆玖译注：《吕氏春秋译注》，第22页。

第七讲 革故鼎新、与时俱进的创新精神

在历史发展进程中,无数社会变革都是在革故鼎新、与时俱进的创新精神推动下发生的。创新精神能够打破旧的社会秩序和制度,为社会的发展注入新的活力,推动社会不断向前进步。一个具有创新精神的国家,在文化领域也会呈现繁荣发展的局面。通过对传统文化的创新和发展,能够创作出更多具有时代特色和国际影响力的文化产品,向世界展示国家的文化魅力和文化软实力,从而提升国家的文化形象。

第一部分 创新精神的表现层面

在漫长而广阔的社会生活中,人类不断寻找新的存在方式,以突破当下、提升生活空间。创新从古至今一直是推动世界前进的不竭动力,引领人类走向更加美好的未来,使人类拓展了新的无限可能性。想象一下,燧人氏钻木取火,点燃了第一堆篝火的那一刻,预示着人类走出至暗时刻,告别了茹毛饮血的时代;当人类发明了铁质农具,代替了昔日的刀耕火种,生产力发生巨大飞跃,其意义怎么评估都不为过。人类历史上创新的大事件固然值得人歌颂赞叹,但生活中那些小的改变也值得我们为其点赞。因为没有平淡生活中的灵光一闪,就不可能出现重大创新诞生时的电闪雷鸣。

一、案例导入

案例：

《繁花》是一部由王家卫执导的当代都市爱情电视剧，改编自金宇澄的同名小说。该剧以20世纪90年代初的上海为背景，讲述了以阿宝为代表的小人物发挥个人才能和把握时代机遇，在充满挑战的社会浪潮中迎难而上，通过坚韧不拔的决心和努力，逐步改变命运并实现个人发展。

《繁花》的剧情围绕主角阿宝展开。他在爷叔的帮助下，从一个普通的个体户通过炒股等手段一夜暴富，变成了"宝总"，在上海滩活成了传奇。剧中涉及阿宝与三个女性的情感纠葛关系，包括夜东京老板玲子、外贸公司汪小姐以及至真园老板李李。她们在合作与情感纠葛中展现了时代的风云变幻和个人命运的跌宕起伏。

《繁花》不仅展现了上海百姓经历的悲欢离合、爱恨情仇、奋斗与沉浮，还折射了改革开放与浦东开发开放的激情年代。王家卫曾对电视剧《繁花》做过如下阐述："我们讲的是时代，因为我们的故事讲的是一无所有的阿宝，如何在短短十年间成长为叱咤风云的宝总。这个华丽的转身，除了需要个人的奋斗，更需要的是时代的加持。"[①]

问题：

1.《繁花》是真正意义上的当代都市爱情剧吗？
2. 王家卫所说的"时代的加持"指的是什么？

案例分析：

电视剧《繁花》不仅讲述了爱情和人生的故事，更通过小人物的情感纠葛、命运轨迹，展现了这一时期上海人民的真实情感和生活状态，生动

---

① 案例内容改编自百度百科，网址链接 https://baike.baidu.com/item/%E7%B9%81%E8%8A%B1/24361154?fr=ge_ala。

地展现了饮食男女背后的山河岁月和时代变迁,从而折射出20世纪90年代初上海的时代变化。

剧中人物大多经历了事业和人生的跌宕起伏,从初入社会的青涩无知到成为商界新秀的过程,反映了时代浪潮下个人如何抓住机遇、凭借勇气和魄力改写命运的故事。这种奋斗的扎实感和争上游的精气神,体现了编剧和导演对时代变迁中普通人生活状态的深刻描绘。这时的上海正处于中国改革开放初期,充满了机遇与挑战。在1992—1993年的多个时间点中,主人公对时代背景的叙述配合历史画面反复出现,印证了阿宝那句话——"生逢其时,与时代紧紧相连"。乍浦路股票舰队的聚散离合、国货三羊牌的一鸣惊人、南京路服饰公司的上市之争、深圳帮股市兵团的强势入驻等一系列戏剧化的变革事件,都与"股市修改交易规则""国内经济万马奔腾""机构入市大门敞开""中国证券市场第一起兼并案"等社会改革现实遥相呼应,成为时代发展变革的鲜明注脚。这些政策变化都是王家卫所说的"时代的加持"。

我们可以从很多视角欣赏《繁花》,创新是一个很自然的切入点。宝总的崛起可以说是一个典型的"长江后浪推前浪"的例子。人们原以为,阿宝的成功全靠神秘人物爷叔的引领和在背后出谋划策。实际上,宝总本身便具备一个出色的商界人士求新求变、勇立潮头的可贵品质,当然其中也经历了很多历练和成长。这不仅仅体现在他对股票市场的敏锐洞察力上,更在于他在外贸业务方面的兴趣,还在于布局推广国货"三羊牌",这些经历无不展现了新时代的创新精神。

无论是对于一个生命个体还是对于一个群体,或者对于一个国家、民族来说,创新都是使其永葆活力、不断前进的动力和源泉。中华文化发展到今天,仍然焕发其生机和活力,靠的就是这种守正开新的精神。创新包括很多方面,有思想理念层面的创新,有制度方面的创新,有科学技术方面的创新,还有文学艺术方面的创新。随着社会生活的不断拓展,人们又认识到模式创新的意义,今后可能还会总结出更多的创新方式来。

二、创新精神的表现层面

(一) 思想理念层面的创新

《诗经·大雅·文王》:"周虽旧邦,其命维新。"①

这句话的原意是说,周民族建立的邦国虽然古老,上天却赋予它除旧立新的使命。后来这两句话通常被概括为"旧邦新命"。旧邦担当新命的前提条件是顺应天命,与天道同步同频,保持政治上自我更新的能力。这就启示我们,任何国家、组织或个人都要在不断变化和发展中保持创新和进步,时刻准备承担时代所赋予的使命,从而开创新的局面。

其实,被西周所取代的商朝在其立国初期也是一个极具创新精神的王朝,开国君主商汤刻在澡盆上的箴言就是"苟日新,日日新,又日新"。为什么商汤要把这句话刻在澡盆上呢?这是因为我们每天洗过澡后,除去了身上的污垢,自然产生一种焕然一新的感觉。商汤由身体上的洁净一新引申出精神上的洗礼革新,也就是提醒自己要像洗澡那样,保持精神上的洁净与新生。其实,世界上的万事万物,正是在这样的新陈代谢之中生生不息、欣欣向荣的。但是,商代政权发展到商纣王的时候,忘记了祖先"日新其德"的教诲,倒行逆施,最终丧失了天命。周民族就是在这种情况下被上天赋予了新命。

让我们把时间快进到中国封建王朝晚期的清朝,1898 年在光绪帝的领导下发生了著名的"戊戌变法",这次变法是为了挽救垂老帝国日益衰亡的命运,故被人们赋予百日维新、维新变法这样响亮的名字。但是,这次清政府所面临的挑战是三千年未有之大变局,意味着农耕文明遭遇来自西方工业文明的强烈冲击:清政府显然并不具备守正创新的能力,它的失去天命是注定的。

---

① 程俊英撰:《诗经译注》,第 487 页。

《周易·系辞下》:"易穷则变,变则通,通则久。"①

这几句话的意思是说,事物发展到极点时就要发生变化;变化会使事物发展不受阻塞,会豁然开朗;行得通了,就可以走向长久。这里的"穷"指的是事物发展走入困境,无路可走。

其实,任何事情走到尽头时都需要改变、需要创新。这就意味着,当现有的模式、方法或制度无法满足发展的需要时,就必须进行变革,寻找新的出路。变革之后,事物就会突破原有的限制和障碍,适应环境和发展需要,迎来新的发展机遇。当事物顺应了变化时,就变得更加通达、更加顺畅,这种通畅的状态使其能够更好地发挥其功能,实现其价值。中国历史上每一个王朝创建伊始,为了避免重蹈覆辙,开国君主都励精图治,思考解决前一个王朝的政治痼疾,这在本质上就是思变、求变,以求长治久安。19世纪中期以后,中华民族遭遇了三千年未有之大变局,在中国人的先进分子中间,穷则思变的想法表现得极为迫切。他们根据自己的所知、所学、所见,不断拓宽视野,探寻救亡图存之路,从洋务运动到百日维新,从辛亥革命到中国共产党的诞生,在探索中终于找到了一条适合中国发展的道路,这都是穷则变、变则通、通则久的最好写照。

(二)制度层面的创新

《周易·杂卦传》:"革,去故也。鼎,取新也。"②

在《周易·杂卦》中,"革"象征着去除旧有的因素,"鼎"则象征着引入新的因素,成语"革故鼎新"就是对这一过程的概括。"革故鼎新"被视为中华文化的重要组成部分,体现了中华民族创新和发展的追求。随着时间的推移,革故鼎新的精神原则已深深植根于中华文明的基因,成为推动历史前进和社会发展的重要力量。

革卦下卦为离,上卦为兑。泽火革卦象征着变革、革新。离为火,兑

---

① 杨天才、张善文撰:《周易译注》,第610页。
② 杨天才、张善文撰:《周易译注》,第682页。

为泽,火在下,水在上。两者相生亦相克,必然出现变革,所以本卦命名为"革"。也可以这样来理解,兑为月,离为日,月往则日来,月来则日往,从而产生白天与黑夜,继而又产生了四季。革卦的《象传》说:"天地革而四时成。"①变革是社会发展的动力,上至国家大事,下至个人生活,都须顺应这个道理。只有不断探索、推陈出新,才能与时俱进,走在时代的前列;而排斥新事物、不愿学习或没有学习能力的个体,最终只能被时代淘汰,这是自然规律。近年来,无人驾驶成为武汉"老牌汽车城"的新名片。然而,以"萝卜快跑"为代表的无人自动驾驶汽车逐步商业化落地后,传统出租车、网约车司机却陷入恐慌,甚至在网上发起集体抵制。不言而喻,无人驾驶是新质生产力,代表的是未来发展方向,传统司机的心情可以理解,但抵制没有前途,他们只能另辟渠道。

鼎卦下卦为巽,上卦为离。离为火,巽为木,木在下,火在上。鼎卦紧随革卦之后,意味着在经历变革之后需要建立新的秩序和局面。鼎在古代不仅是炊煮之具,更代表君王权威与供养贤士的器皿。鼎卦的卦象告诉我们,在经历一番变革或革命之后,如何有效地巩固和保持这些成果。《序卦传》说:"革物者莫若鼎,故受之以鼎。"②鼎之所以有"取新"之义,在于它发挥了作为煮器的最基本的功能——化生为熟。鼎卦的《象传》说:"木上有火,鼎。君子以正位凝命。"③木上烧着火焰,象征鼎器在烹煮。用鼎象征了君子的使命,明确了开创新制的宗旨。

《商君书·更法》:"三代不同礼而王,五霸不同法而霸。故知者作法,而愚者制焉;贤者更礼,而不肖者拘焉。拘礼之人,不足与言事;制法之人,不足与论变。"④

法家以激进的变法精神而得名,变法的本质就是创新。在《商君书·

---

① 杨天才、张善文撰:《周易译注》,第429页。
② 杨天才、张善文撰:《周易译注》,第675页。
③ 杨天才、张善文撰:《周易译注》,第438页。
④ 〔战国〕商鞅著,蒋礼鸿注:《商君书锥指》,第4页。

更法》中，商鞅提出国家治理中的礼和法要遵循顺势而变的原则：如果拘泥于过去的礼、法而不知变通，就会沦为政治上的愚蠢和无能之辈。商鞅变法，实行垦草令，废井田开阡陌，实行县制，奖励耕织和军功，实行连坐之法等，打破了贵族政治，加强了中央集权，提高了国家实力。这些措施的实施使秦国经济得到发展，军队战斗力不断加强，发展为战国后期最富强的国家。商鞅变法还推出了军功爵制度，这一制度使人们有机会通过努力提升社会地位和尊严，不再以家世、出身和财富来决定个人的命运。这种平等竞争的社会环境极大地激发了人们的创造力和进取心，为百姓带来了公平和正义，激发了人们的积极性和创造力，推动了各行各业的发展，推动了整个社会的发展和进步。因此，商鞅变法不仅顺应了时代发展的需要，其措施还符合人民的期望，满足了人民对更好生活的期待，可以说是顺天应人。

《吕氏春秋·察今》和《韩非子·五蠹》也表达了因时而变的治国思想，它们的精神实质和《商君书》是大同小异的。吕不韦是这样说的："世易时移，变法宜矣。譬之若良医，病万变，药亦万变。病变而药不变，向之寿民，今为殇子矣。故凡举事必循法以动，变法者因时而化。若此论则无过务矣。"①韩非子则说："是以圣人不期修古，不法常可，论世之事，因为之备。"②这两位思想家都强调了根据当前社会实际情况进行相应变革的重要性。战国时期，旧的社会秩序解体，社会动荡失序，列国间的竞争非常激烈，这对各国的治理转型带来了重大挑战。在竞争的背景下，旧的治理模式日渐失效，新的秩序又尚未形成，需要通过变法来适应时代的变化，推动国家的发展。《吕氏春秋》和《韩非子》的观点虽然是有针对性而发，但代表了一种普遍性的时代情绪，代表了战国时期各国要求变法革新的普遍愿望，而不能说是某个国家的独得之见。当时除了商鞅变法外，还有魏国的李悝变法、楚国的吴起变法以及赵武灵王胡服骑射等，都是这一时代大潮下的主动应变之举。

---

① 〔战国〕吕不韦等著，陆玖译注：《吕氏春秋》，第516—517页。
② 〔战国〕韩非著，陈奇猷校注：《韩非子集释》，第1040页。

从大历史的视角看,中国古代制度的创新从来就没有停歇过。如国家基本制度从分封制转变为郡县制,就是一大翻天覆地的变化。在选官制度方面,经历了从汉代的察举制到魏晋的九品中正制再到隋唐以后科举制的飞跃性变化,每一次新变都是对前一种制度的修正和超越,都显示出历史进步性。

中国古代历史上各种标准的新变和统一,其意义并不亚于制度的改革。如秦朝统一文字、货币和度量衡的举措,对于中华民族的统一和发展起了至关重要的作用。统一文字,使得全国百姓能够使用同一种文字进行交流和沟通,这对于国家的统一和文化传承具有重要意义。如果人们使用不同的文字,彼此之间理解的成本增加,向心力减弱,很容易产生矛盾和分歧,甚至导致分裂。相较之下,欧洲一些国家内部民族矛盾频发,国家认同感薄弱,语言文字的不统一是一个重要原因。

汉字由产生之初的以象形文字为主,发展出了指事、会意等造字方法,再到形声字突破以形表意,体现出中华民族由形象思维演变到抽象思维的历程。近代以来,科技领域出现大量术语,中国人以形声造字法创制了化学元素等新字词,都说明了汉字不是封闭的语言符号系统,而是不断接纳新事物的动态发展过程。

统一度量衡也是秦朝统一全国之后一大重要创新措施,与"书同文"和"车同轨"一起构成了秦朝统一措施的三大支柱。度量衡的统一使得商业交易更加便捷,避免了因度量标准不统一带来的混乱。同时,车同轨的实施也极大地促进了全国的交通发展,使得出行更加方便,减少了安全事故。

(三)科学技术层面的创新

作为中国人,我们对中国古代的科技成就感到无比自豪,其实应该感谢英国人李约瑟的概括。他帮助我们整合了认知,并且他的外国人身份使得这一概括更显得客观可信。

1954年,英国科学史家李约瑟在《中国科学技术史》中说:"你对中国哲学了解得越多,你就越会承认其深妙的唯理性。你对中世纪时期的中国技术了解得越多，你就越会承认不只是众所周知的某些东西诸如火药的发明，纸、印刷术和磁罗盘的发明，还有许多其他方面（其中之一是我将要向各位谈得很具体且引人入胜的东西）在中国完成的发明和技术发现，改变了西方文明的发展进程，并因而也确实改变了整个世界的发展进程。"[1]这就是我们现在广为流传的"四大发明"说的最初的一个经典表述。其实，四大发明的产生过程，典型地体现了科技创新的历程并非一蹴而就，而是人类一代代传承、发展的结果。四大发明的诞生与传播过程充满了创新、探索和智慧。造纸术带来了书写与阅读的革新，指南针成为航海与探索的引领者，火药是军事和工业的助推器，印刷术成了知识传播的催化剂。

指南针并非由单一的个人发明，而是中国古代劳动人民在长期实践中对磁石磁性认识的结果。指南针的前身"司南"最早出现于战国时期，但直到北宋时期，随着人工磁化方法的发明，指南针的工艺再次得到改进。人们将磁针与方位盘结合制成了罗盘，在任何情况下都能准确辨认方向。南宋时期，水罗盘得到广泛应用，成为航海的重要工具。指南针的发明不仅推动了中国古代航海事业的发展，也促进了世界范围内的交流和贸易，导致了哥伦布发现美洲新大陆和麦哲伦的环球航行，大大加速了世界发展的进程。

最迟在公元前2世纪时的西汉初年，纸已在中国问世。最初的纸是用麻皮纤维或麻类织物制造成的，工艺简陋，质地粗糙。东汉和帝元兴元年（公元105）年，蔡伦改进了造纸术，用树皮、麻头及敝布、渔网为原料，又经过挫、捣、抄、烘等工艺制造出的纸，质量提高了，逐渐普遍使用。东汉蔡伦改进的造纸术，是书写材料的一次革命，它便于携带，取材广泛，推动了中国、阿拉伯、欧洲乃至整个世界的文化发展。

中国人关于火药的最早记载见于唐代道教典籍，道教炼丹师是最早制造火药的人。到了公元11世纪，宋朝的文字中记录了第一个火药化学

---

[1] 潘吉星主编：《李约瑟文集·科学技术史通论》，辽宁科学技术出版社2024年版，第25页。

配方。与此同时，宋朝的工匠们致力于开发各种火药武器，用火药制造了各种燃烧和爆炸武器，并率先利用火药作为推进剂。他们研制出了以火药为燃料的火箭、手掷炸弹和投石机、火铳以及第一批火炮。大约在唐代晚期，制造火药的主要原料——硝石已传到阿拉伯、波斯等地，因为硝石是白色的，所以被阿拉伯人称为"中国雪""中国盐"。大约在13世纪上半叶，火药和火器经由阿拉伯传到欧洲。欧洲各国不仅用火药制造武器，还在开山、修路、挖河等工程中广泛使用，促进了工业革命的到来。

印章和石刻给印刷术提供了直接的经验性的启示，用纸在石碑上墨拓的方法直接为雕版印刷指明了方向。东汉灵帝时期发明的拓印是最早的印刷术，唐朝发明的雕版印刷术在唐朝中后期普遍使用。宋仁宗时毕昇发明了泥活字印刷术，标志着活字印刷术的诞生，比德国人约翰内斯·古腾堡的铅活字印刷术早约400年。印刷术先后传到朝鲜、日本、中亚、西亚和欧洲地区。印刷术发明前，欧洲人九成是文盲，贵族中文盲也很多。因为中世纪的书籍太贵了，一本圣经要用1 000张小羊皮制作。除了大部头的圣经，抄在书上的信息都很严肃，宗教内容居多，娱乐或日常实用信息几乎没有。印刷术发明之前，文化的传播主要靠手抄的书籍，费时、费力，又易错、易漏，阻碍了文化的发展。印刷技术传到欧洲后，加速了欧洲社会发展的进程，为文艺复兴的出现提供了条件。20世纪80年代，中国科学家王选发明了激光照排技术，标志着汉字信息处理与印刷技术的又一次重大飞跃。

通过对四大发明历史加以简要回顾，我们可以发现一些共性。首先，四大发明都起源于古人的生产和生活需要，并且与当时所能提供的物质条件相匹配。其次，四大发明并非凭空产生，都以前代的认识水平为基础，都是在继承基础上的提高。此外，四大发明不仅对中国古代的政治、经济、文化发展产生了巨大的推动作用，并且这些发明通过不同途径传至西方，对世界文明发展史产生了巨大影响。

中国对世界的贡献远不止于四大发明。秦始皇兵马俑是20世纪最伟大的考古发现之一，被称为"世界第八大奇迹"。1994年3月1日秦始皇兵马俑二号俑坑正式开始挖掘,出土了一批古代武器,有铜矛、铜弩机、铜镞、残剑等,其中还发现了一批青铜剑,特别引人注意。

这批青铜剑共有 19 把,长度为 86 厘米,有八个棱面,考古学家用尺子测量均丝毫不差。令人称奇的是这些剑光亮如新,锋利无比。当时在场的人惊讶无比,要知道它们可是在黄土下埋了两千多年啊。后来科研人员经过测试,发现剑的表面涂有一层十微米厚的铬盐化合物。铬是一种稀有金属,熔点高达四千摄氏度,提取甚为不易。这种铬盐氧化处理方法可说是现代工艺,德国在 1937 年、美国在 1950 年才先后发明并申请专利。

这批青铜剑还有一个值得人称道的地方。同样是在始皇兵马俑二号俑坑,有一把青铜剑被一尊重达 150 千克的陶俑压弯了,弯曲的程度超过 45 度,可当工作人员把陶俑移开后,惊奇的事发生了,又窄又薄的青铜剑,竟在一瞬间反弹恢复平直。

其实,中国古代铬盐氧化技术绝不是秦始皇时代的发明,在更早的春秋战国时期中国人就掌握了这一先进的工艺。春秋五霸时期,越王勾践"卧薪尝胆",一举击败了吴王夫差,一支考古队在挖掘春秋古墓时发现了一把"越王勾践剑"。这把剑在地下埋藏了两千多年,竟然没有生锈。研究发现,"越王勾践剑"千年不锈的原因在于剑身上被镀上了一层含铬的金属。①

为什么秦俑坑出土的青铜兵器历经两千余年光洁如新?科学家们对出土的青铜剑、青铜矛等兵器经电子探针和质子 X 光荧光分析,剑的表面有一层 10 至 15 微米的含铬氧化物保护层,表明曾采用了铬盐氧化处理技术。经过铬盐氧化处理的青铜兵器具有防腐抗锈的良好性能,使得这些兵器虽藏在地下两千余年仍然无锈,光亮如新。现代铬化处理技术防锈一般只能保持六十年左右,而两千二百年前的秦代人是怎么掌握铬盐氧化处理技术的,至今仍是一个谜团。

---

① 龙泉发布著:《千古之谜!秦俑一把青铜剑被压 2000 年,为何瞬间反弹平直?》,选自搜狐网 2017 年 7 月 25 日文,有改写。

根据《周礼·考工记》的记载,青铜剑铸造采用了特定的铜锡比例,以确保剑的硬度和韧性达到最佳平衡,具体配比是"叁分其金而锡居一,谓之大刃之齐"①,即铜和锡的比例为3∶1。这种配比使得青铜剑的硬度和韧性得到了最佳结合,从而大大增强了剑的使用性能。根据计算,兵马俑坑中出土的秦剑硬度与现代的中碳钢相当,表明秦剑的合金比例达到了极致。

兵马俑青铜剑的发现和研究,为我们理解古代中国的科学水平和工艺技术提供了宝贵的资料。这些技术上的创新,奠定了中国古代在科技方面的领先地位。这些发现为现代科技发展提供了借鉴和启示。通过深入研究这些古代文物的科技内涵,我们可以更好地理解中国科技的发展轨迹以及科技创新对社会发展的推动作用。

1972年长沙马王堆汉墓一号墓出土的西汉直裾素纱禅衣,是世界上现存年代最早、保存最完整、制作工艺最精、最轻薄的一件衣服,在中国古代丝织史、服饰史和科技发展史上有着极为重要的地位。直裾素纱禅衣衣长128厘米,通袖长195厘米,袖口宽29厘米,腰宽48厘米,下摆宽49厘米,共用料约2.6平方米。整件素纱禅衣分量仅49克,不足一两。素纱禅衣高度透明,有观点认为这是一件穿上后令胴体若隐若现的性感内衣,是辛追为取悦丈夫、争宠献媚的行头。但多数学者认为这是一件装饰性的服装,是在色彩艳丽的锦袍外面罩上的一件宽袍外衣。轻薄透明的禅衣,使锦衣纹饰若隐若现,从而衬托出锦衣的华美和尊贵。还有的学者认为,素纱禅衣是古代女子出嫁时套在婚礼服外面的罩衫。2002年,国家文物局发布《首批禁止出国(境)展览文物目录》,西汉直裾素纱禅衣名列其中,成为首批禁止出国(境)展览文物之一。

直裾素纱禅衣是西汉时期纱织技术的杰作,不过这样的纱织技术已经失传。据说湖南省博物馆曾经委托某研究所复制素纱禅衣,耗费13年才织成了一件重49.5克的仿真素纱禅衣。古代中国是一个衣冠上国,无

---

① 杨天宇撰:《周礼译注》,第625页。

论是服装设计还是纺织技术都是现代人望尘莫及的。

（四）文学艺术层面的创新

王国维在《宋元戏曲考·自序》中首次提出："凡一代有一代之文学，楚之骚，汉之赋，六代之骈语，唐之诗，宋之词，元之曲，皆所谓一代之文学，而后世莫能继焉者也。"[①]意为每个时代都有当代的代表性文学，在特定时期留下了光辉绚烂的篇章。王国维是从文学体裁着眼的，其实与文学体裁新变相对应的是，文学内容与艺术形式方面也都发生了变化。在王国维之前，古代的文学史家对文学的新变也早有认识。如南朝梁的萧子显在《南齐书·文学传论》中说："习玩为理，事久则渎。在乎文章，弥患凡旧。若无新变，不能代雄。"[②]刘勰在《文心雕龙·通变》的赞语中也说过："文律运周，日新其业。变则堪久，通则不乏。"[③]与任何事物的发展规律一样，文学史内部也总在酝酿着新的元素。如果长久地停留于一种风格，将很快被后来者超越代替。

艺术方面也是如此，比如中国古代佛教造像艺术之所以达到了很高的成就，就离不开外来艺术风格的滋养。云冈石窟中的犍陀罗艺术是这方面的一个典范。犍陀罗艺术是南亚次大陆西北部地区（今南亚次大陆地区的巴基斯坦北部及中亚细亚的阿富汗东北边境一带）的希腊式佛教艺术，其佛教艺术兼有印度和希腊风格，故又有"希腊式佛教艺术"之称。犍陀罗艺术形成后，对南亚次大陆本土及周边地区的佛教艺术发展均有重大影响，通过丝绸之路传入中国后影响了中国早期的佛教造像形式和风格。

作为中国文化的重要组成部分，中华优秀传统艺术的当代传承、创新与发展至关重要，这是进一步提升文化自信、增强民族自豪感和荣誉感的重要途径。郑州歌舞剧院借助现代技术、用舞蹈的形式复活了唐宫夜宴，

---

① 王国维著：《宋元戏曲考》，朝华出版社2018年版，第1页。
② 〔南朝梁〕萧子显撰：《南齐书》，中华书局1972年版，第908页。
③ 〔南朝梁〕刘勰著，王运熙等译注：《文心雕龙译注》，上海古籍出版社2010年版，第147页。

青年艺术家以舞蹈诗剧的形式复活古代绘画，都是极富创造性的尝试。

舞蹈《唐宫夜宴》由郑州歌舞剧院舞蹈编导陈琳创作，14名舞蹈演员用婀娜多姿、秀逸韵致的舞姿将大唐盛世的传统文化形象完美地呈现在舞台上，让观众在欣赏"鬓云欲度香腮雪，衣香袂影是盛唐"的别样丰腴身韵的同时，感受中华厚重的历史和文化。《唐宫夜宴》通过结合当代人的视觉审美来讲述唐朝的故事，一群穿着唐朝服饰嬉戏的少女成了观众眼里熟悉的陌生人，她们在一颦一笑中生动地展现了唐朝独有的美学风范。《唐宫夜宴》并不只是讲夜宴，而是以夜宴的乐师为主角，展示了唐朝少女从准备、整理妆容到夜宴演奏的过程。细节精致到演员眼角两道月牙形的妆容，都模仿了风靡于唐代的女性面部潮流——"斜红"。河南春晚呈现的《唐宫夜宴》又经过晚会栏目组的特别创作，加上5G、AR技术，将虚拟场景和现实舞台相结合，呈现了更加震撼的视觉效果。

《千里江山图》是北宋画家王希孟创作的绢本设色画，主要取景地是庐山和鄱阳湖。作品为长卷形式，选取了烟波浩渺的江河、层峦起伏的群山，展现了一幅美妙的江南山水图。《只此青绿》是以《千里江山图》为创作灵感的舞蹈诗剧，该剧于2021年8月在北京国家大剧院进行首演，随后开启了全国巡演，成为火遍海内外的现象级作品。《只此青绿》通过舞蹈语汇，营造出如诗如画、如梦如幻的意境，展示了中国古典舞蹈之美和中国人文山水气韵中的东方美学。剧中的"青绿腰"动作灵感来源于《千里江山图》中险峻、陡峭的山峰意象，观众可以领略到"天人合一"的意境美、"中正平和"的姿态美以及"张弛有度"的韵律美。该剧通过现代手法阐释传统文化，进行了创新性表达，有效地拉近了观众尤其是年轻一代与传统之间的距离。

《黑神话：悟空》是一款以中国神话为背景的动作角色扮演游戏，故事取材于中国古典小说"四大名著"之一的《西游记》。玩家将扮演一位"天命人"，为了探寻昔日传说的真相，踏上一条充满危险与惊奇的西游之路。《黑神话：悟空》的吸引力表现为高品质的游戏制作、孙悟空题材的吸引力、游戏制作团队的经验与热情以及对中国传统文化的传承与弘扬等方面。在中国传统文化传承方面，游戏融入了纯正的中国味道和中国元素（如中国建筑、中国书法、佛教元素等），不仅展示了中国文化的魅力，也让外国玩家对中国的文化和价值观有了更深入的了解。

（五）模式创新

当今社会发展日新月异，创新已经成为推动社会进步的决定性力量，而模式创新又为人类开辟出一条崭新的道路。模式创新改变了传统的运作方式，为我们带来了更高效、更便捷的生活体验，如共享经济模式、数字银行和新银行模式、零工经济模式、定制化服务模式等。

近些年出现的共享经济模式，是对传统行业极具颠覆性的一种创新商业模式。共享经济模式利用技术和数字平台，使个人或组织能够相互共享资源、商品或服务。在日常生活中常见的共享经济，包括交通出行共享（如共享单车、共享汽车、共享电动车、拼车）、共享住宿平台（如途家、木鸟民宿、美团民宿等）、生活物品共享（如房屋、家电、工具、家具、家电、衣物、书籍、雨伞等）、知识技能共享（如在线教育平台、知识问答社区）、金融服务共享（如小额网贷、众筹等）。

其实，共享经济模式并非始创于今日。早在唐朝，丝绸之路上由于骆驼价贵，很多人买不起或用不着常备，于是便有了租用骆驼的行当，供难得远行的人使用，类似今天的"租车行"或"共享单车"。在敦煌写本中，就有一些《雇驼契》。其中一份说的是，公元931年董善通、张善保二人要去一趟京城，但因为他们"欠少驼畜"，便只能从驼主刘达子手上雇用"十岁黄骆驼一头"。双方约定的租赁价是生绢六匹、楼机绫一匹。楼机绫是用多层纺机编织而成的高级丝织品，常作为达官贵人的衣料、僧侣间的礼品。这说明直到10世纪驼价依旧坚挺。[①]

不言而喻，科技创新在共享经济发展中扮演了至关重要的角色，互联网、大数据、云计算、物联网等技术的发展为共享经济提供了强大的支持，

[①] 许可著：《代购清单、共享骆驼、AA制……千年前，古丝绸之路上的商业发达度，超乎想象！》，载自《上观新闻》2023年11月25日文。

使其能够有效地减少供给和需求的信息不对称问题。通过科技创新,共享经济颠覆了传统的"独享经济"发展模式,将分散的资源进行优化配置,使得资源能够被更广泛地利用,满足更多人的需求,实现资源的优化配置,提高利用效率。科技创新不仅推动了共享经济的发展,还实现了其在经济发展方面的潜在价值。

第二部分　创新精神所体现的民族文化特点

有史以来,创新的脚步从未停歇。然而,创新并非易事,它需要我们跳出固有的思维框架,具备敏锐的洞察力,拥有坚定的信念和不懈的努力。每一次创新的背后,可能是无数次的尝试和失败。正是这些困难和挑战,才使得创新显得如此珍贵。因为每一次成功的创新,都能够带来巨大的价值和深远的影响。

一、案例导入

被誉为桥梁界的"珠穆朗玛峰"、被英媒《卫报》称为"现代世界七大奇迹"之一的港珠澳大桥于2018年建成通车,极大缩短了香港、珠海和澳门三地间的时空距离。作为中国从桥梁大国走向桥梁强国的里程碑之作,港珠澳大桥建设创下多项世界之最,体现了我国的综合国力和自主创新能力。

案例:

到2017年底,这座中国建设史上里程最长(约55千米)、投资最多(约1 050亿元)、施工难度最大的跨海大桥,将完整地展现给世界。这意味着,中国的桥梁技术已站在世界最前沿。这也成为"中国制造"向世界亮出的一张新名片。一座跨海桥为何能震惊世界?它给世界造桥技术带来了哪些革命性的变化?为何它能将"中国制造"推到一个前所未有的高度?

在造不了桥的海域，我们造出了

在珠江入海口造一座桥，沟通香港、澳门、珠海三地，为何能引起世界关注甚至震惊？原因很简单，按照传统思维，这里造不了桥！伶仃洋是全球最重要的贸易航道之一，每天有4000多艘船只穿行。如果造桥，桥塔高度必须超过170米。就在桥梁两头，有香港、澳门、珠海、深圳等城市的多个国际机场，航空限高很明确，桥塔高度不能超过120米。中国设计师是如何在矛盾中找到出路的？那就是在主航道两侧建造跨海桥，在主航道上建设海底隧道，两者之间用人工岛连接起来。这就是港珠澳大桥的核心创意所在。与这一创新性造桥方案伴随而来的，是一系列技术难题。为克服这些难题，中国团队攻克了一道道难关。有付出就有收获，仅在岛隧设计建设中就取得了400多项专利技术。

海底沉管个个都是航空母舰级

港珠澳大桥工程分为桥梁工程和岛隧工程两部分。按照总体设计，大桥全长约55千米，除去两端连接线，海中桥梁长约23千米，海底隧道长度为6.7千米。隧道难度在于珠江口冲击而来的泥沙质地很软，难以利用传统的隧道挖掘技术。按照创新性设计，这条隧道由33根巨型沉管构成。设计是双向6车道，加上两个工程车道，折算出每个标准沉管宽37.95米，高11.4米，长180米，重约8万吨；每一节的排水量都超过中国航空母舰"辽宁号"。这么大的钢筋混凝土沉管如何建造，如何运输，如何精准安装，都是技术难题。比如，沉管需要对接、安装在最深46米的海床之下，安装过程中还要排除海浪、台风等的干扰，仅此一项耗时就要三年。再比如，设计施工要求精度很高，误差控制在5毫米以内。为保证沉管的整体性，侧墙和顶部都是一次性浇筑完成，工艺要求非常高。然而中国技术团队"逢山开道，遇水架桥"，克服了一个个难题。

钢铁消耗量超过60个埃菲尔铁塔

港珠澳大桥的主体工程大部分是桥梁。要在海中建桥，就要克服抗台风、抗海浪、抗地震等技术难题。因为大桥设计使用年限是120年（比世界现有海桥长20年），还要考虑抗盐碱。为了减轻桥梁重量，增加抗风险能力,桥梁主体全部是钢结构。钢铁使用量算下来约需42万吨,相当于4个鸟巢体育馆或60个埃菲尔铁塔的用钢量。大桥立在海水中,空气湿度大,水汽和盐碱腐蚀严重。为延长其寿命,技术人员在钢板表面涂抹了防水黏结层,在桥梁上面还有沥青的保护。伶仃洋为台风多发区。大桥建设者自主研制出了世界最大尺寸的高阻尼橡胶隔震支座,支座承载力约3000吨。这保证大桥能抵抗16级台风、8级地震及30万吨巨轮的撞击。大桥本身还有健康监测系统和运营维护系统,可以及时测出风速。桥梁管理中有应急预案,风速达到一定数值,大货车不能上桥,极端天气时还可能封路,保障车辆和桥梁的安全。

超级钢筒造人工岛,世界无先例

有了桥梁和隧道,又有了一个新问题:车辆从空中穿入海水之下,显然需要一块陆地连接,而附近海域没有可以利用的岛屿。技术人员想到,要在适当的位置建造东、西两个人工岛。有了这个想法,设计人员遇到了现实问题。这里的海底有一层厚厚的软泥,就像是一层软豆乳,建岛砂石倒下去,随即滑入深海,岛屿根本建不成。而如果采用将软泥挖走的办法,需要挖出的泥沙总量相当于3座埃及胡夫金字塔!这不仅工程量巨大,而且更严重的是会对本地生态环境造成毁灭性打击。伶仃洋海域本来是白海豚保护区,污染环境可不行!面对左右两难,一个全新的造岛方案横空出世,那就是建造硕大的钢筒,在需要造人工岛的地点直接穿透淤泥插入海底。人工岛就建在钢筒围起的范围内。这样简单方便,并且节省了大量时间。只是这硕大的海底钢筒建造、运输、安装,都是需要技术支撑的。按照设计,共需要打造120个钢筒(东岛61个,西岛59个)。钢筒直径22.5米,截面几乎相当于一个篮球场;高度55米,相当于18层楼高;重达550吨,相当于一架A380大飞机的重量。

一座大桥树起一座"世界技术高标"

面对史无前例的超级工程,中国的建设团队想去欧洲引进一些技术和经验,就拜访了荷兰一家有130年历史的世界顶尖工程顾问公司,然而该公司仅咨询费就开价15亿元。中国团队并不气馁,通过国内精英团队的联手协作,经多年努力,终于自主研发出一系列新结构、新工艺、新技术、新装备。后来,中国工程师再次去那家公司交流时,他们破天荒地升起中国国旗、奏响中国国歌,向中国的技术团队致敬,这是这家荷兰公司130年历史上仅有的两次之一。

中国人独立建造了港珠澳跨海大桥,这在中外桥梁建造史上是个奇迹,奠定了中国桥梁建造技术的世界水准。更大的意义还在于,以后中国制造业走出去,能够输出成套的技术,有能力把设计和施工全部承包下来。港珠澳跨海大桥,无疑是"中国制造"打出的一张崭新的名片![1]

问题：

1. 按照传统思维,在珠江入海口是造不了桥的,中国设计师是怎么解决这一难题的?

2. 港珠澳大桥海底隧道建设的难度是什么?工程技术人员是如何解决这一难题的?

3. 工程技术人员是怎样解决港珠澳大桥抗台风、抗海浪、抗盐碱、抗震等难题的?

4. 在建造人工岛时,工程技术人员遇到了哪些难题?他们是如何解决这些难题的?

5. 世界顶尖工程顾问公司为什么破天荒地升起中国国旗、奏响中国国歌?

6. 为什么说一座大桥树起了一座"世界技术高标"?

案例分析：

港珠澳大桥建成通车将实现香港与珠三角西岸地区的对接,有助于推动内地与港澳交通基础设施的有效衔接,密切内地与港澳的交流合作,构建高效便捷的现代化综合交通运输体系,对推进粤港澳大湾区建设具有重要意义。

---

[1] 夏杨著:《港珠澳跨海巨龙,何以成"中国制造"新名片?》,载港珠澳大桥管理局网站2016年7月11日文,有改写。

截至2020年底,中国现代桥梁总数已超过100万座,成为世界第一桥梁大国。中国桥梁成为又一张闪亮的国家名片。一座大桥能够树起一座"世界技术高标",主要因为其在技术、工艺、材料等多个方面达到了国际领先水平,成为全球桥梁建设的标杆。港珠澳大桥的技术创新体现在多个方面,包括人工岛快速筑岛技术、深埋沉管隧道半刚性结构设计、可逆式主动止水最终接头及安装方法、外海人工岛深插钢圆筒快速筑岛方法、8万吨级巨型沉管浮运安装成套技术体系、新型浇注式钢桥面铺装沥青混合料等。这些技术的成功应用不仅展示了中国桥梁建设的最高成就,也为全球桥梁建设树立了新的技术标准。港珠澳大桥的建设不仅体现了中国桥梁技术的先进性和创新性,也展示了中国在工程技术、创新能力以及国际影响力等方面的综合实力。

港珠澳大桥的设计、建设体现了中国人"逢山开路、遇水架桥"的奋斗精神和勇创世界一流的民族志气,其背后是自强不息的民族品格。这种奋斗精神体现在港珠澳大桥的建设过程中,建设者面对世界级的技术难题,勇于挑战、攻坚克难,自主研发、创新实践,最终取得了一系列技术突破,达到了世界一流水平。这种精神不仅展现了我国改革开放40余年历程中的奋斗精神,也反映了我国从追赶到领先、从"中国制造"到"中国创造"的民族志气。

二、创新精神所体现的民族文化特点

中华民族的创新精神发源于生生不息的生命意志,彰显了自强不息的进取精神,负载了仁民爱物的厚德情怀。

(一)创新精神发源于生生不息的生命意志

创新精神是一个民族进步的灵魂,它推动着一个民族不断探索、超越,从而实现自我更新和发展。创新精神与民族的生命意志紧密相连,是民族生存和发展的精神支撑。中华文化具有强烈的忧患意识和危机意识。中华民族为了提升生活品质、开拓生存空间,能够迸发出巨大的创新动力。中华文化在这方面有很多具有启发性的认识。

《周易·系辞上》:"富有之谓大业,日新之谓盛德,生生之谓易。"①

这几句话的意思是,通过广泛地创造物质财富和精神财富,实现包罗万象、无所不在的状态,这是一项伟大的事业;持续不断地进行自我更新和进步,这是一种崇高的品德;生命不断生长和发展,是自然界的普遍规律。

《周易·系辞》通过富有、日新、生生三个概念,强调了创造、新变的重要性。只有怀有生生不息的生命意志,个人、组织或者国家才能不断向前发展,才能拥有未来。中国历史上几乎在每个阶段都会面临不同的生存困境。每次生存困境来临时,中华文化都能为现实提供创造性的应变能力,化解困境、渡过危机,展现了文化的韧性和迎接挑战的能力。

下面以"华为突围"、绝处逢生的事例展示创新精神发源于生生不息的生命意志这一特点。

2019年5月15日,美国总统特朗普签署总统令,将华为纳入实体清单,禁止美国通信企业与包括中国华为公司在内的一切被控会威胁美国国家安全的公司进行商业交易。与此同时,美国还联手全球数十个盟友对华为发起一轮又一轮绞杀。美国参议院多数党领袖舒默表示,在科技领域美国不能成为世界第二,美国不能允许中国在科技方面超过自己,这是美国方面的最后底线。美财政部长耶伦公开表示,中国必须接受美国对现状的划分;如果中国不尊重这一划分,那么将面临美国的大规模制裁。美国商务部长雷蒙多在访华前曾表示,若华为再搞高科技研发,将受到更严厉的制裁。华为到了生死存亡的时刻。华为一旦倒下,中国高科技也会倒下,中国的崛起也会随之放缓甚至被打断。

2023年8月29日,华为Mate60Pro横空出世,人们发现

---

① 杨天才、张善文撰:《周易译注》,第571页。

这款并没有 5G 标识的高端智能手机所搭载的麒麟 9000S 芯片完全由中国生产,性能达到 7 纳米甚至超过 7 纳米,网速达到甚至超过 5G。随着具有 5G 功能的华为 Mate60 系列手机进入市场,首先受到打击的是苹果,iPhone14 在 9 月 13 日上市后并没有出现热卖场景。

面对美国多轮次、全方位制裁、封锁、禁运,华为毫无惧色。高强度研发投入是华为始终能够在市场竞争领先一步的关键,投资未来、投资基础研究始终是华为的战略,以高强度研发投入确保华为可持续发展。2021 年 11 月 4 日,华为组建第一批军团,包括煤矿军团、智慧公路军团、海关和港口军团、智能光伏军团和数据中心能源军团。2022 年 3 月 30 日,华为组建第二批军团,包括电力数字化军团、政务一网通军团、机场与轨道军团、互动媒体军团、运动健康军团、显示新核军团、园区军团、广域网络军团、数据中心底座军团与数字站点军团。2022 年 5 月 26 日,华为组建第三批军团,包括数字金融军团、站点能源军团、机器视觉军团、制造行业数字化系统部和公共事业系统部。华为组建的这些军团所要从事的都是实体经济的关键领域。华为要把 5G 通信技术、大数据技术、人工智能技术与实体经济打通,将先进通信技术与中国实体经济实现融通,成为数字时代实体经济的探路者、开拓者、领跑者。

在美国制裁形势最严峻的时候,2021 年华为研发投入为 1 427 亿元,占全年收入的 22.4%;2022 年华为研发投入为 1 615 亿元,占全年收入的 25.1%;2023 年上半年华为研发投入为 826.04 亿元。十年累计投入的研发经费超过 9 773 亿元,预计到 2023 年底华为的十年累计研发投入会突破 10 000 亿元。截至 2022 年底,华为研发员工超过 11.4 万名,占员工总数的 55.4%;在全球共持有有效授权专利超过 12

万件,全球专利申请量达到同行业领先的美国公司同等规模。

华为是一家纯粹的中国公司,注册地在中国,总部在中国,所有高管全都来自中国,以中国员工为主体,100%由员工持股。华为是一家以产业报国为理念的企业,这使得华为的经营理念、发展战略都具有强烈的家国情怀、社会责任。华为公司不仅与员工融为一体,而且与国家融为一体。华为所面临的困难正是我们国家所面临的困难,华为所冲破的阻力正是我们国家所要冲破的阻力,华为所取得的成功也同样是我们国家、我们民族所取得的成功,华为的精神正是我们国家、我们民族的精神。[①]

华为的突围策略主要包括加强与合作伙伴的协作、自主研发鸿蒙系统、扎根半导体产业,归根结底在于持续创新。加强与合作伙伴的协作,包括与台积电、联发科等半导体厂商紧密合作,确保芯片供应。这些合作使华为最终能生产出麒麟9000高端系列芯片,并推动了鸿蒙系统从1.0升级到2.0版本。自主研发鸿蒙系统,是华为面对外部压力加快自主研发步伐的结果,鸿蒙系统的升级确保了技术的自主可控。扎根半导体产业,是因为华为认识到,要在芯片生产制造领域实现自给自足,必须全面扎根半导体产业,因而呼吁国内半导体产业链加强合作。

华为的成功主要在于其持续创新的能力。从代理起步到自主研发实现技术独立,成为全球科技巨头,华为的每一次进步都离不开创新。从2021年开始,华为坚持每年将收入的20%以上用于研发,十年累计投入研发资金达9 773亿元,这种对创新的持续投入是华为能够不断突破的关键。

华为突围的意义是多方面的。首先,华为突围体现了中国高科技企

[①] 狼窝二哥著:《从绝唱到重生:一次悲壮的长征!华为突围的真正意义到底是什么?》,引自百度百家号2023年10月7日文,https://baijiahao.baidu.com/s?id=17790992995798403628&wfr=spider&for=pc。

业在面对外部打压时的坚韧品格和创新能力。在美国的打压下,华为不仅没有倒下,反而通过自主创新和技术突破,实现了重大进展。其次,华为突围对于提升国家科技实力和国际地位具有重要意义。华为的成功不仅是一家企业的成功,更是整个国家科技创新能力的体现,它的成功对于激励国内企业加强自主研发、推动科技创新有着积极的示范作用。最后,华为的突围还给国人提供了宝贵的启示。它告诉我们,面对困难和挑战时,要有勇往直前的精神,要敢于创新和突破。

(二)创新精神彰显了自强不息的进取精神

《周易》说:"天行健,君子以自强不息。"几千年来,自强自新的精神深深融入我们民族的性格之中,无论身处顺境逆境,国人生命不息、创新不止。在不同时代,面对不同的历史境遇,中华文化总能以强大的自我更新能力,一次又一次应对并战胜各种挑战。

*《大学》:汤之盘铭曰:"苟日新,日日新,又日新。"《康诰》曰:"作新民。"《诗》曰:"周虽旧邦,其命维新。"是故君子无所不用其极。*①

这段话的意思是,商汤将警示自我的句子刻在了洗澡盆上,上面写着:如果每天能做到更新自己,那就坚持做到,新了还要更新。《尚书·康诰》也说:要作新朝代的忠实臣民。《诗经·大雅·文王》说:周部族虽然是一个早已存在的邦国,但是,它接受了上天赋予的新使命。正因为这些教诲,君子们竭尽全力更新自己、适应新形势。

众所周知,中华文明是目前世界上唯一存在的古老文明。曾经的文明古国——古巴比伦、古埃及、古印度都曾辉煌一时,但在经过时间的淘洗后都成为历史的陈迹了。只有中华民族虽历经沧桑,却始终挺立于世界民族之林,这是人类文明史上绝无仅有的现象。深入考察,这源于中华文化具有强大的自我调适能力、自我更新能力和自强不息的进取精神,这与我们民族追求"苟日新,日日新,又日新"的理念息息相关。

---

① 〔宋〕朱熹撰:《四书章句集注》,第5页。

京张铁路是中国人独立设计、修建的第一条铁路,它连接北京丰台区,经八达岭、居庸关、沙城、宣化等地至河北张家口,全长约200千米,穿越军都山脉,地形险峻,工程异常艰巨,为通往西北之要道。京张铁路于1905年9月开工修建,1909年8月建成,建设时间不满四年,是中国首条不使用外国资金及人员,由中国人自行设计、投入营运的铁路。

当初为争夺修路权,英、俄两国相持不下,清政府于是决定自己修筑。外国人议论纷纷,认为中国人无力完成此项工程。工程师詹天佑则说:"中国地大物博,而于一路之工,必须借重外人,引以为耻!"清政府最终排除英国、俄国殖民主义者的阻挠,委派詹天佑为京张铁路局总工程师(后兼任京张铁路局总办)自主修筑。说到京张铁路工程,最为人所熟知的是青龙桥车站的人字形设计。京张铁路从南口北上要穿过崇山峻岭,坡度很大,按照国际的一般设计施工方法,铁路每升高1米,就要经过100米的斜坡,这样坡道要长达十多千米。为了缩短线路、降低费用,詹天佑大胆创新,设计了"人"字形线路。为了安全、平稳,北上的火车到了南口以后,就用两个火车头,一个前面拉,一个在后边推。火车向东北方向前进,进入了"人"字形线路的岔道口后(青龙桥站),就倒过来,原先推的火车头改成拉,而原先拉的火车头又改成推,使火车向西北前进,这样一来火车上山爬坡就容易多了。这种设计在20世纪初期是一个不小创举。

詹天佑身上体现了勇于接受挑战的创新精神和自强不息的进取精神。面对国内外的质疑和挑战,他顶住压力,大胆尝试新的技术和方法,为中国铁路建设开辟了新路。詹天佑身上还展现出了惊人的坚韧和毅力。无论是设计路线时的亲力亲为,还是面对国内外的压力和挑战,他都坚持不懈,最终为中国铁路事业创造了奇迹。1919年,詹天佑不顾身患腹疾,冒着严寒代表中国出席远东铁路国际会议,与企图霸占我国东北地区中东铁路的日方代表论战,保护了中国中东铁路的权利。回乡途中,他抱病再次登上长城,发出浩叹:"生命有长短,命运有沉升,初建路网的梦想破灭令我抱恨终天,所幸我的生命能化成匍匐在华夏大地上的一根铁轨。"詹天佑被誉为"中国铁路之父""中国近代工程之父",周恩来总理称他为"中国人的光荣"。詹天佑用自己的实际行动彰显了中国科学家自强不息的精神,这种精神有助于提振民族士气、激励国人奋发有为。

(三)创新精神负载了仁民爱物的厚德情怀

创新改革是社会进步的重要途径,厚德载物的情怀则为创新改革提供了强大的精神支撑。

《战国策·赵策》:"夫服者,所以便用也;礼者,所以便事也。是以圣人观其乡而顺宜,因其事而制礼,所以利其民而厚其国也。"①

这段话是赵武灵王实行胡服骑射时向臣下所做的解释。总体意思是说,人们制作服装是为了方便使用,践行礼仪是为了方便做事。圣人会观察他所处的社会环境,根据实际情况来制定规则或调整礼仪。这种做法有助于确保礼仪既有利于百姓,也能更好地服务于国家。

赵武灵王推行胡服骑射,主要是为了应对外部的军事压力,提升国家的军事能力。赵国东部与中山国接壤,北方则面临林胡、楼烦、东胡等游牧民族的威胁。这些游牧民族以强大的机动性和灵活的战斗力,对赵国构成了巨大威胁。赵国的军队主要以步兵和战车为主,不适应与机动性极强的游牧民族作战,军事上处于劣势。为了改变这一局面,赵武灵王决定从军事领域着手,通过改革作战方法、改变服装等方式,增强赵国的军事能力,以应对外部的威胁。这一改革不仅反映了特定历史阶段社会结构、文化心理的交织与碰撞,也深刻影响了赵国及其周边国家的历史进程。考察赵武灵王的出发点,不难看出赵武灵王改革是出于国家长治久安和人民长久和平的考虑,是出于对国家的责任感和对人民福祉的关注,"利其民而厚其国"一语表现出了高度的责任感和仁民爱物的情怀。

《淮南子·氾论训》:"治国有常,而利民为本;政教有经,而令行为上。苟利于民,不必法古;苟周于事,不必循旧。"②

---

① 〔汉〕刘向集录,范翔雍笺证:《战国策笺证》,上海古籍出版社 2006 年版,第 1047 页。
② 〔汉〕刘安撰,何宁注:《淮南子集释》,中华书局 1998 年版,第 921 页。

这段话代表了淮南王刘安的政治理念，大意是说，治理国家有常规，但以有利于民众为根本；政令教化虽有常法，但以政令畅通为上乘。如果政策对民众有利，就不必非要效仿古制；如果政令适合实际情况，就不必一定遵循旧法。

这句话强调了在治理国家时要遵循灵活变通的原则，以利民为检验政策好坏的依据，根据现实情况和民众的利益来决定政策，而不是一味地遵循古制或传统。

20世纪60年代，人类饱受疟疾之害。应越南请求，1964年中国军方开始抗疟药研究。1967年5月23日，国家科委和解放军总后勤部在北京召开"疟疾防治药物研究工作协作会议"，代号为"523"项目的大规模药物筛选、研究在全国七省市展开，屠呦呦被派任中药抗疟组组长。项目展开后，屠呦呦通过阅读中医典籍、查阅群众献方、请教老中医专家等方式，三个月时间共收集了两千多个方药，编辑成《疟疾单秘验方集》，送交"523"办公室。

之后，屠呦呦和同事对包括青蒿在内的一百多种中药水煎煮提物和二百余个乙醇提物样品进行实验，但也只是做到对疟原虫抑制率在40％左右。此后，她的团队逐渐壮大，历经数百次失败后，屠呦呦将目光锁定中药青蒿上。1972年11月，屠呦呦和她的同事在青蒿中提取到一种分子式为$C_{15}H_{22}O_5$的无色结晶体，他们将这种无色的结晶体命名为青蒿素。这是一种具有"高效、速效、低毒"优点的新结构类型抗疟药，对各型疟疾有特效。

青蒿素的发现，标志着人类抗疟历史步入新纪元。这一被后来称为"东方神药"的青蒿素，每年都在挽救全世界无数人的生命。2004年5月，世卫组织正式将青蒿素复方药物列为治疗疟疾的首选药物。至此，全球疟疾死亡率下降47％，非洲疟疾死亡率下降54％，非洲儿童死亡率下降58％，全球数百万疟疾患者得到了救治。

然而，为了这一成果，屠呦呦付出了巨大努力。在研究过程中，为了验证青蒿素的稳定性，屠呦呦以身试药。虽然明知这种行为可能对肝脏造成损伤,但她仍然义无反顾地投身到实验中去。历经 191 次实验,屠呦呦终于成功地提炼出了青蒿素。这一重大发现在医学界引起了轰动,并被广泛认为是近五十年来人类医学史上最重要的发现之一。"祖国需要我,我义无反顾。"这是屠呦呦曾经说过的话,也是她一直坚持的信念。她用自己的行动,向世界证明了女性的力量和科学家的献身精神,无疑为全人类树立了一个光辉的典范。

课后思考题

一、简答题

1. 小的创新和大的创新之间是什么关系?你能举例说明吗?
2. 秦始皇兵马俑二号坑出土的青铜剑有什么令人称奇之处?
3. 王国维在《宋元戏曲考》中说"一代有一代之文学",请对此作出具体说明。
4. 云冈石窟中的佛教造像艺术体现了什么创新?
5. 你知道赵武灵王胡服骑射的故事吗?他的改革有什么现实意义?

二、简要论述题

1. 电视剧《繁花》中阿宝从一无所有到成长为叱咤风云的宝总,他成长的背后体现了个人的变通和时代的创新,你能对此做出具体说明吗?
2. 《诗经·大雅·文王》中有"周虽旧邦,其命维新"等句子,你是如何理解周邦"新命"的?
3. 请举例说明《周易·系辞下》所概括的"穷则变,变则通,通则久"的道理。
4. 《商君书·更法》说:"三代不同礼而王,五霸不同法而霸。故知者作法,而愚者制焉;贤者更礼,而不肖者拘焉。拘礼之人不足与言事,制法之人不足与论变。"请结合秦国的商鞅变法和战国时期各国变法的历史背景,对这段话做出阐发。

5. 从战国到秦统一天下，文字也经历了新变，这一新变对于国家统一和文化传承有何重要意义？

6. 1954年，英国科学史家李约瑟在《中国科学技术史》中说："在中国完成的发明和技术发现，改变了西方文明的发展进程，并因而也确定改变了整个世界的发展进程。"请结合实际情况对这段话加以解释。

7. 中国古代的四大发明有一些共性，请对这些共性加以概括。

8. 《唐宫夜宴》《只此青绿》《黑神话·悟空》体现了中国传统文化与现代科技、现代理念的完美结合，请任选一项加以具体说明。

9. 请结合实例阐释"富有之谓大业，日新之谓盛德，生生之谓易"的深刻内涵。

10. 为什么说创新精神和中华民族自强不息的进取精神是紧密相连的？请举例说明。

11. 创新精神和仁民爱物的厚德情怀有什么关系？

12. 中华文化是保守的文化还是富于创新精神的文化？请结合实例展开说明。

13. 为什么说"常"与"变"在中国文化中被视为一对辩证统一、互为表里的概念？

14. 《淮南子·氾论训》说："治国有常，而利民为本；政教有经，而令行为上。苟利于民，不必法古；苟周于事，不必循旧。"这段话揭示了国家治理的重要理念，请对其加以揭示。

三、案例分析题

印度尼西亚总统佐科10月2日上午在印尼首都雅加达哈利姆高铁站，宣布雅万高铁正式启用。这标志着印尼迈入高铁时代，中印尼共建"一带一路"取得重大标志性成果。雅万高铁是中国和印尼两国务实合作的标志性项目，连接印尼首都雅加达和第四大城市万隆，全长142千米，是中国高铁首次全系统、全要素、全产业链在海外落地。作为雅万高铁的重要组成部分，雅万高铁列车依托时速350千米"复兴号"中国标准动车组先进成熟技术平台,是中国高铁列车"出海"第一单。雅万高铁是印尼和东南亚第一条高速铁路,使雅加达和万隆两地间最快旅行时间由3.5小时压缩至40多分钟。

量身定制适应印尼气候、地形

在中车四方复兴号智能动车组总装车间,偌大的厂房内不同岗位的工作人员正在紧张有序地进行装配作业。出口印尼的雅万高铁高速动车组便出自这一生产线。在现场,中车四方主任设计师万家华正带领团队进行技术方案的研讨。"高速度、高智能、高适应、高舒适、高定制,这'五高'凝结了先进的中国标准、中国技术、中国方案。"万家华说。

雅万高铁的运行环境和线路条件十分苛刻,为了让动车组能够融入印尼"水土",技术团队对雅万高铁动车组进行了适应性设计优化。印尼横跨赤道,属于热带雨林气候,常年温度高、湿度大,同时地处海洋环境,空气中的盐雾含量高。当地气候呈现典型的高温、高湿、高盐雾"三高"特点。为解决气候适应性难题,从2018年3月起团队在雅加达进行了整整两年的现场户外试验,测试了上百种车体材料和涂层样件,逐步摸清了列车材料在当地自然环境下的腐蚀规律。根据现场获得的试验数据,中车四方技术团队为雅万高铁动车组量身定制了一揽子列车防腐优化方案:开发更先进的新型防腐涂层体系,升级列车密封防水结构,优化喷砂、焊接、打磨等制造工艺……一系列技术措施大幅提高了列车的防腐蚀性能。"雅万高铁动车组所使用的车体材料,通过了2 000个小时的耐盐雾测试,验证时间是以往动车组的1.5倍。"张方涛介绍,这种高标准的防腐蚀设计使得雅万高铁动车组能够在印尼当地高温高湿高盐雾的严苛运营环境下,保持30年寿命周期内结构安全可靠。

为了更好地降低当地湿热天气带来的不适感、提升乘客乘车的舒适度,中车四方设计团队还升级空调系统,为雅万高铁动车组专门增加了辅助除湿功能。技术团队查阅了雅万高铁沿线35年来的历史气象数据,并赴当地实地采集温湿度数据,通过模型仿真和气候实验室模拟试验,开发了空调多级除湿功能。动车组能够根据运行环境自动调节车内湿度。经过实车线路验证,能够将车厢内温度控制在 26℃ 以下、湿度维持在 60% 以下。在湿热环境下,车厢内部也能持续保持温度适宜、体感舒适,提高了乘坐舒适度。

复杂的地形条件也给动车组带来了极大挑战。雅万高铁沿线多山地丘陵,地势起伏大,坡道密布,最大坡度接近 30‰,全线长大坡道占比高达约 16%,且存在 V 形谷底。为了应对雅万高铁长大坡道,团队有针对性地为动车组设置了"高加速"模式,在坡道上提升启动牵引力。在"高加速"模式下,雅万高铁动车组的启动牵引力提升了约 45%,即使损失一半动力,动车组也能在 30‰ 大坡道上实现安全启动和自运行;损失全部动力时,动车组能够完成相互救援,可以更加自如地应对雅万高铁复杂坡道地形。

助推"一带一路"高质量发展

雅万高铁高速动车组在印尼广受欢迎的背后,正是我国轨道交通装备制造业持续创新的成果。"中国高速动车组强在哪里?我认为就是三个字:'高大上',科技水平高、品牌影响大、创新蒸蒸日上。"中国中车科学家、中车四方股份公司副总工程师陶桂东说。

从 2012 年启动研发,到 2017 年批量生产投入运营,中车四方历经五年的创新攻关,打造出"复兴号"新一代高速动车组。列车的持续运营时速达 350 千米,试验时速达 400 千米以上,在节能降耗、安全性、智能化、舒适性、运用经济性等方面均实现大幅提升,部分技术指标达到世界领先水平。创新,是这一重大成就的"成功密码"。

在中车四方厂内的调试线上,研发人员正在针对一列 5 节编组的高速磁浮列车进行一项项精准调试,列车在轨道上不时地悬浮、启动,完成各种不同的测试。5 节编组的磁浮列车长 130 多米、重达 300 多吨,让如此庞然大物悬浮在轨道上,并以每小时 600 千米的速度"贴地飞行",需要突破大量关键核心技术。经过 5 年自主攻关,历经 1680 余项仿真计算、4 250 余项地面台架试验和 500 余项线路试验,2021 年 7 月 20 日时速 600 千米高速磁浮交通系统正式在青岛下线,标志着我国掌握了高速磁浮成套技术和工程化能力。从时速350千米"复兴号"列车到时速600千米磁浮列车，中国又一次引领世界铁路技术迈向新的突破。

据介绍，目前中车四方高端轨道交通装备已登陆全球28个国家和地区，实现了从"价值低端链"到"价值高端链"、从"低端市场"到"高端市场"的升级，成为我国高端轨道交通装备制造业助推"一带一路"高质量发展、服务和融入新发展格局的重要体现。

在新加坡，中车四方先后获得1246辆地铁车辆订单，实现了我国地铁车辆出口发达国家的突破；在阿根廷，赢得总计709辆城际动车组供货合同，成为迄今为止我国最大的城际动车组出口订单；在美国，中标芝加哥846辆地铁车辆项目，创下中国企业向发达国家出口地铁车辆单笔数量最多的纪录……2021年12月3日，中老铁路开通，由中车四方股份公司和中车大连公司联合研制的"复兴号"CR200J型动车组和"澜沧号"动车组，满载中老两国人民的友谊，分别由中国昆明和老挝万象同步始发，标志着共建"一带一路"倡议取得又一重大成就。[1]

问题：

1. 请介绍雅万高铁对于中国高铁的特殊意义。

2. 文中的"五高"指什么？请结合实例具体说明雅万高铁是如何实现"五高"的？

3. 请具体介绍中国高铁科技水平高、品牌影响大、创新蒸蒸日上的三个特点。

4. 你从中国高铁"出海"第一单的成功中能感悟到什么？

---

[1] 王凯、汪奥娜著：《依靠科技创新 融入印尼"水土"——中国高铁"出海"第一单的成功密码》，载自《参考消息》2023年10月12日文，有改写。

第八讲　自强不息、厚德载物的道德追求

　　自强不息的精神蕴含着自我超越,它要求人们不断突破自己的局限,追求更高的境界。自我超越的态度能让人不断提升自身能力和素质,突破传统思维的束缚,为个人和社会的发展创造更多的可能性。厚德载物意味着要有担当奉献的精神,在面对社会责任和历史使命时能够挺身而出,为国家和人民的利益贡献自己的力量。自强不息和厚德载物的结合,造就了中国人既坚韧又厚实的民族品格。

第一部分　道德追求的表现层面

一、案例导入

案例:

　　"提灯女神"是世人对南丁格尔的美誉,她是世界上第一个真正的女护士,开创了护理事业。在中国云南乡村,有一个人被誉为"燃灯校长",她就是丽江华坪女子高级中学的创始人兼校长张桂梅。人们之所以称她是"燃灯校长",因为她创办了全国第一家全免费的女子高中,为大山里的贫困女孩免费提供教育,点燃了她们梦想的灯,照亮了她们前行的路。

　　这所女子高中招收的大多是贫困、辍学或落榜的女学生,而她们的全

校高考上线率、升学率却连年高达百分之百，本科上线率稳居丽江市前列。为了留住孩子上学，办校十多年来，张桂梅家访1 300多名学生，走了十一万千米的路。她克服了种种困难，迷过路，发过高烧，摔断过肋骨，还旧病复发晕倒在路上……她的目的只有一个，就是要让孩子坚持上学。

华坪女高建校十二年来，已有1 800多名大山里的女孩从这里考上了大学，走出了大山，摆脱了贫困，通过知识改变了命运。张桂梅创建华坪女高的初衷是"一个女孩可以影响三代人"，如果能培养有文化、有责任的母亲，大山里的孩子就不会辍学，不会成为孤儿，她的目的就是要阻断贫困的代际传递。正是因为她的坚持，1 800多名女孩走出深山，实现了自身的发展。

张桂梅不仅是大山里孩子们的老师和校长，也是孩子们的"妈妈"。她一生没有子女，却是无数个孩子的"妈妈"。为了建校，张桂梅想尽办法四处募捐，默默忍受了别人对她的误解甚至伤害，从不放弃，甚至提出是否可以预支自己的丧葬费。身教重于言传，她的教育理念也在影响着学生，有个学生从云南师范大学毕业后，听说母校缺数学老师，主动放弃了正式编制的工作，成为华坪女高的一名代课教师。2012年学校里曾经的一名调皮孩子顺利考上了云南警官学院，毕业后成为一名警察，领到第一个月工资后，她把几千元工资全部打到华坪女高的账户上，用来资助需要帮助的学妹。她说，"校长妈妈"就是她的榜样，她要像她的老师那样，用自己的力量来帮助更多的人。①

问题：

1. 张桂梅为什么被称为"燃灯校长"？可以从哪几个方面理解？

2. 云南丽江华坪女子高中的宣誓词为："我生来就是高山，而非溪流。我欲于群峰之巅，俯视平庸的沟壑……"2023年以张桂梅校长为人物原型的电影名字就是《我本是高山》，你能解读出这句话的内涵吗？

3. 为什么说张桂梅校长身上体现了自强不息、厚德载物的道德追求？

---

① 戴菁著：《用生命做燃料的"燃灯校长"》，载自理论网2020年7月24日文，有改写。

案例分析：

过去，人们习惯上把教师比作蜡烛，蜡烛照亮了别人，燃烧了自己。今天，人们把张桂梅校长称为"燃灯校长"，这种赞誉与过去称教师为蜡烛，在精神上是相通的。不过，在张桂梅校长这里，其意义更为多重。首先，"燃灯"的意思是点亮自己这盏灯，给山区的孩子送去光亮，给她们以希望；其次，"燃灯"可以理解为点亮孩子心中那盏灯，使她们为自己蓄能，照亮前行的道路；再次，"燃灯"可以理解为点燃大山百姓心里的心灯，使他们认识到接受教育的重要，认识到知识可以改变命运，万千灯盏互相映照，辉映出一片光明，营造了读书改变命运的社会风气，这是对"燃灯"意义的升华。

华坪女子高中的誓词为："我生来就是高山而非溪流。我欲于群峰之巅，俯视平庸的沟壑。我生来就是人杰而非草芥，我站在伟人之肩藐视卑微的懦夫。"这段誓词传达了一种自强不息、不甘平庸的人生追求。誓词通过"高山"与"溪流"的对比，鼓励学生要追求高远的人生境界和恢宏的人生理想。高山象征着高远、坚定的目标和追求，而溪流则代表着随波逐流、自甘认命的生活态度。誓词鼓励人们要有成为高山的志向，要有远大的理想和目标，不满足于平庸的生活，要勇于攀登，最终到达群峰之巅，实现人生价值。这种理念在张桂梅校长身上得到了充分体现。她扎根边疆教育一线四十多年，创建了华坪女子高中，帮助 1 800 多名女孩走出大山、走进大学，帮助她们实现人生理想，而张桂梅自己也实现了最大的人生价值，使自己活成巍峨高山。

她身患多种疾病，在忍受骨瘤、血管瘤等十七种病痛的一次次咬牙坚持中，始终坚持在三尺讲台教书育人，把温暖送给每一个贫困学子。她没有私产，吃穿用非常简朴，把百余万元工资奖金捐出来用在教学和学生身上。她长期义务兼任华坪福利院院长，多方奔走筹集善款，二十年来含辛茹苦养育 136 名孤儿，被孩子们亲切称呼为"妈妈"。张桂梅校长在困难面前不低头、不退缩、一往无前的态度和克己忘我、心怀大爱的精神，正是中华民族自强不息、厚德载物的道德追求的体现。

二、道德追求的表现层面

中华文化道德追求的起点是直面自我,不断涵养自身德行,获得自我成长。这就要求时刻保持自省态度,三省吾身,从不同方面省察自己,发现不足并及时纠正。可以说,儒家哲学是关注道德成长完善的哲学,中国政治是道德扩充延展的政治。要了解中国文化的奥秘,就必须充分认识道德的重要作用和巨大力量,舍此则无以找到认识中国文化的津梁。下面我们从道德追求与个体成长、道德追求与家庭教育、道德追求与家国情怀三个层面阐释中华文化的道德追求。

(一)道德追求与个体成长

《大学》:"大学之道,在明明德,在亲民,在止于至善。"[1]

这段话是《大学》的开篇语,概括了"大学"的宗旨。"大学"的宗旨在于弘扬光明正大的品德;在于不断改变自己,日新其德;在于达到最完善的人格境界。"明明德"强调了个体内在品德的培养,这是儒家教育的基础,即通过自我反省和提升,保持和发扬这种品德。"亲民"则不仅要求自我人格要完善,还要将这种完善推广到他人和社会,以榜样示范的力量影响和改造社会。"止于至善"是这一理念的最终目标,即达到道德和社会的完美境界。

一言以蔽之,"大学"之道首先要求做一个道德完善的人,进而影响周围的人,最终达到完美的境界。"止于至善",也可以说是永远在追求善,永远在追求的路上,因为善无止境,不可能有一个终点。如此说来,"大学"启示人们不能自满于目前的状态,永远要学习,这就是"大"学创作的初衷。其实,中华儿女中有无数志士仁人舍弃小我小家,为民请命、为民谋福祉,追求真理、不畏艰辛,甚至献出宝贵的生命也在所不惜,正是完美地实现了明明德、亲民、至于至善的生命境界。

---

[1] 〔宋〕朱熹著:《四书章句集注》,第3页。

方志敏烈士短暂而光辉的一生,就体现了"大学"之道。方志敏 1899 年出生于江西上饶市弋阳县一个世代务农的家庭,1924 年加入中国共产党。1935 年 1 月,方志敏率军在严寒之中转战疆场,终因兵力过于悬殊而不幸被捕,囚于南昌国民党看守所。他严词拒绝了国民党的劝降,被秘密杀害,时年 36 岁。方志敏最终实践了自己"努力到死,奋斗到死"的人生誓言。

方志敏是江西农民运动的组织者和领导者,参与领导了弋横起义,创造了拥有"铁的纪律"的红十军。方志敏是江西地方党团创始人之一,创建了中国共产党历史上最早一批苏维埃政权。方志敏在苏区首创了股份制,发行了股票。他首创了地雷战,把人民战争提高到新水平。他首创了对外开放的边贸政策,形成了数条开放型贸易路线。他首创了列宁公园,创办了 310 个工农补习夜校。苏区政府艰苦奋斗,但为普通百姓识字读书拨出了 1 万多大洋,作为夜校油灯、教员津贴,印行工农读本。

闽浙赣根据地蓬勃发展,方志敏经手的款项达数百万元,一点一滴地都用之于革命事业,但他自己过着清贫的生活。母亲是他最敬爱的人,一次母亲找来了,想借钱买点食盐,但方志敏自己没有一文钱。方志敏被俘了,抓住他的士兵以为要发财了,但他们从他上身搜到下身,从袄领捏到袜底,只有一块表和一支自来水笔。

方志敏在狱中遗著《清贫》中写道:"我从事革命斗争,已经十余年了。在这长期的奋斗中,我一向是过着朴素的生活,从没有奢侈过。""清贫,洁白朴素的生活,正是我们革命者能够战胜许多困难的地方!"[①]国民党许以高官,方志敏拒绝了。国民党劝降半年,方志敏不为所动。在生命的最后日子里,方志敏写下了《可爱的中国》《清贫》《狱中纪实》等,计 13 万字。他以生命的纯真留下的狱中散文,垂范中国文学史:

> 朋友,我相信,到那时,到处都是活跃跃的创造,到处都是日新月异的进步,欢歌将代替了悲叹,笑脸将代替了哭脸,富

---

① 方志敏著:《清贫》,引自《方志敏全集》,人民出版社 2012 年版,第 152 页、164 页。

裕将代替了贫穷,康健将代替了疾苦,智慧将代替了愚昧,友爱将代替了仇杀,生之快乐将代替了死之悲哀,明媚的花园将代替了凄凉的荒地!这时,我们民族就可以无愧色地立在人类的面前,而生育我们的母亲,也会最美丽地装饰起来,与世界上各位母亲平等地携手了。

这么光荣的一天,决不在辽远的将来,而在很近的将来,我们可以这样的相信,朋友!①

——方志敏狱中遗稿《可爱的中国》

方志敏一生都在探索救国救民的真理,为革命事业做出了巨大贡献。他不讲求个人私利,永远保持澄明的初心,最终献出了自己年轻的生命。在狱中,他面对敌人的严刑和诱降,正气凛然,坚贞不屈,写下了《可爱的中国》等著名文稿,留下了宝贵的精神财富。可以说,方志敏的一生是对"止于至善"的生动诠释。

《孟子·滕文公下》:"富贵不能淫,贫贱不能移,威武不能屈,此之谓大丈夫。"②

这是《孟子·滕文公下》中提出的话,用以描述大丈夫应有的品质,强调个人在面对富贵、贫贱、威压等不同境遇时应保持道德和人格。具体说,在面对富贵、利益诱惑时,应该保持清醒的头脑,不要沉迷于物质享受而忘记自己的原则;在贫困或地位低下时,应保持坚定的信念和道德标准,不因困境而改变自己的价值观和行为准则;在面对强权、威胁时,应保持独立人格和坚定立场,不因外界压力而屈服。做到了这些,就堪称孟子心目中的大丈夫。

孟子的这番话表现了他对于人格尊严、道德自律的高度重视,这种品质不仅是对个人的要求,也是对社会的一种期望。在今天的社会中,这一

---

① 方志敏著:《可爱的中国》,人民文学出版社1952年版,第24页。
② 〔战国〕孟子著,杨伯峻译注:《孟子译注》,第141页。

要求依然具有重要的指导意义,它提醒人们在追求物质利益和自身发展的同时,不能失去道德的底线,不能成为金钱和权力的奴仆,不能做有损人格尊严、有损国家和民族尊严的事。今天,这番话已经内化于中国人的内心,成为中国人在面临义利抉择时的指导原则,可见其影响力何其深远!南宋民族英雄文天祥,面对元世祖的高官诱惑,答以"一死之外,无可为者",选择从容就义;现代文学家朱自清身患重病,宁可贫饿而死,也不领美国带有屈辱性的救济粮;"中国航天之父"钱学森,面对美国的高薪挽留时说"科学没有国界,但科学家有祖国",毅然回到一穷二白的祖国。这些人身上都体现出了大丈夫人格,他们都是将道德追求与人生事业完美结合的典范。

王阳明《传习录》:"无善无恶是心之体,有善有恶是意之动,知善知恶是良知,为善去恶是格物。"[1]

这四句话被称为"四句教",是明代哲学家王阳明心学的核心思想,它揭示了人性的本质、道德的实践以及良知的觉醒。"无善无恶心之体",意味着在人的本然状态中,既没有固定的善也没有固定的恶,处于一种自然、纯净的状态;"有善有恶意之动",指当人的心遇到外界事物时,人的行为和思想受到外界刺激的影响,产生了善恶之分;"知善知恶是良知",强调了人天生具有区分善恶的能力,良知是人内在的一种道德判断力;"为善去恶是格物"表明,人们通过不断的实践和努力,可以实践善行、去除恶行,从而达到道德上的完善。

王阳明的这一思想强调了良知的重要性。他认为每个人都具有天生的良知,通过不断的实践和努力,人们可以实现自我完善,也就是止于至善。王阳明心学思想的渊源,可以追溯到孟子的"性善论"。王阳明的心学强调的是内心的觉知和行动的一致性,与孟子的"性善论"思想有着密切的联系。孟子的性善论认为人性本善,通过内心的反省和修养可以达

---

[1] 〔明〕王阳明撰,陆永胜译注:《传习录》,中华书局2021年版,第528页。

到道德的完善,这与王阳明强调的通过内心的觉知来指导行动的思想不谋而合。

王阳明的思想对后世产生了深远的影响,阳明心学席卷明代中后期的中国,在东亚文化圈也被广泛传播。阳明心学传到日本后,成为要求改革日本社会现状的强大思想武器,促成了日本"明治维新"运动的成功。

《论语·为政》:"吾十有五而志于学,三十而立,四十而不惑,五十而知天命,六十而耳顺,七十而从心所欲不逾矩。"①

孔子这段话,并不是探讨一般意义上的学习即获取知识的过程,而是触及了学习的最为本质的内涵即一个生命个体道德完善的过程,与《大学》篇所概括的大学之道是相互呼应的。孔子认为,"十五而志于学",指一个人从十五岁开始就应该立志学习,这个阶段主要是基础道德观念的形成阶段;三十而立,指到了三十岁,一个人应该确立了自己的人生方向,能够独立地承担责任,这个阶段是个人在社会和道德上自立的标志;"四十而不惑",指的是一个人到了四十岁,应该对世界和自我有了更深刻的理解,这是智慧和经验的积累阶段;"五十而知天命",是指一个人应该理解并接受生命中注定的部分,即"天命",这标志着个人对生命意义和使命的深刻理解;"六十而耳顺",是指到了六十岁,一个人有了足够的智慧,就能不受外界干扰,达到了内心的平和与宽容;"七十而从心所欲不逾矩",是说一个人道德和生命智慧已经成熟,不会超越社会的规范和道德的界限,表明个人已经与社会规则和道德要求高度融合。

孔子的这段话揭示了个体成长和道德修养的渐进过程,而每个阶段都是前一个阶段的延伸和发展,最终走向自我实现并与社会和谐共处的境界。中国文化关注的是人的成长,核心问题是德性的成长,这体现在中华道德观的价值内核与德性基质中。

---

① 〔清〕刘宝楠撰:《论语正义》,第43页。

(二)道德追求与家庭教育

家庭与道德追求有着密切的关系。家庭不仅是社会的基本细胞,也是个体道德形成和发展的重要场所。通过家规、家风、家庭氛围塑造等多种方式,家庭对家庭成员的道德认知、情感和行为习惯产生了深远影响。

1. 家训

中国古代的家,既包括小规模的核心家庭,也包括同族共居的大家族。由于家庭在中国社会结构中占有核心地位,由此而产生丰富多样的家训也是自然而然的。为了维护家庭、家族共同体的整体和谐与持久发展,大家族的家长往往制定家训,对家族成员提出修身和道德的要求。

南北朝时期著名学者颜之推的《颜氏家训》在历史上享有很高的地位,这是一部用儒家思想教育子孙、确保家庭传统的一部家庭教育教科书。里面有很多内容是道德训诫方面的。在书中,颜之推提出了许多关于家庭教育、道德修养、为人处世的原则和方法,其中最为突出的便是廉洁家风的传承。此外,书中还论及勤俭节约、慎于交友、礼貌待客、爱护书籍以及主张薄葬、反对迷信等理念,也是值得今人借鉴参考的道德告诫。《序致篇》说:"夜觉晓非,今悔昨失",这是在告诫子弟要经常进行自我反省;《教子篇》提出:"教妇初来,教儿婴孩",是强调在幼儿早期对其进行规范教育的重要性;《名实篇》说:"巧伪不如拙诚",谈到了真诚做人的原则。[1]

唐高宗时期,有一个"百忍义门"的故事,至今传为美谈。据史书记载,当时郓州有人曰张公艺,九代同居,和和睦睦、相安无事。事情传到唐高宗李治的耳朵里,李治甚是好奇。有一天高宗从泰山巡视回来顺便参观了张家,向张公艺询问其中缘故。张公艺取出一张纸,在上面写了一百个忍字并详细说明了"百忍"的具体内容:父子不忍失慈孝,兄弟不忍外人欺,妯娌不忍闹分居,婆媳不忍失孝心。唐高宗十分赞赏并亲书"百忍义门"四个大字,从此各地张姓大都以"百忍"为堂号,并列为祖训。

---

[1] 〔北齐〕颜之推著,王利器集解:《颜氏家训集解》,中华书局1983年版,第4、8、306页。

清代朱用纯致力于研究程朱理学,为后代留下了享誉后世的《朱子家训》。《朱子家训》以修身、齐家为宗旨,继承了中国传统文化的精粹,集儒家做人处世方法之大成,强调居身务期质朴、教子要有义方、勤俭持家、邻里和睦等戒条。这些谆谆教导在今天仍然有现实意义。像其中的"一粥一饭,当思来之不易;半丝半缕,恒念物力维艰"以及"施惠无念,受恩莫忘"[1],以明白晓畅的句子阐述人生的深刻道理,三百年来脍炙人口、家喻户晓。

2. 家书

家书,特别是家长写给子女、兄长写给弟弟的家书,往往是家庭教育的一种补充形式,是文化传承的一个重要渠道。在众多古今家书中,《曾国藩家书》历来为人称道。这位被誉为"晚清第一名臣"的人物,除了在政治、军事及理学、文学方面表现出成就外,他本身也是一位家书"达人"。《曾国藩家书》记录了曾国藩三十年近 1 500 封家书,内容涵盖修身、劝学、治家、理财、交友、为政、用人诸方面。如"修身类"中有一篇是写给诸弟的,内容是劝告诸弟谨记进德修业。这里将其内容摘录如下:

> 四位老弟左右:
>   昨廿七日接信,畅快之至,以信多而处处详明也。
>   四弟七夕诗甚佳,已详批诗后。从此多作诗亦甚好,但须有志有恒,乃有成就耳。余于诗亦有工夫,恨当世无韩昌黎及苏、黄一辈人可与发吾狂言者。但人事太多,故不常作诗,用心思索,则无时敢忘之耳。
>   吾人只有进德、修业两事靠得住。进德,则孝弟仁义是也;修业,则诗文作字是也。此两者由我作主,得尺则我之尺也,得寸则我之寸也。今日进一分德,便算积了一升谷;明日修一分业,又算余了一文钱;德业并增,则家私日起。至于功名富贵,悉由命走,丝毫不能自主。(道光二十四年八月廿九

---

[1] 〔清〕朱用纯著:《朱子家训》,吉林人民出版社 2005 年版,第 2 页、9 页。

日家书)①

读罢该信,威严与慈爱并存的长兄形象跃然纸上。从他给四弟七夕诗写批语,又谆谆告诫诸弟将精力用在进德、修业上面,对功名富贵表现出顺其自然的态度,这里的曾国藩不仅是令人信赖的长兄,更是把握家庭方向的师长。曾国藩家族人才辈出,与其重视家风建设是分不开的。

清末民初的政治家、学者梁启超开创了"一门三院士,九子皆才俊"的家教传奇,这与他对子女的教育培养有密切的关系。《梁启超家书》是梁启超写给子女的书信合集,体现了梁启超独特的教子良方。这里择其一例以见其一斑,如其1927年5月5日致思忠书说:

> 我自己常常感觉我要拿自己做青年的人格模范,最少也要不愧做你们姊妹弟兄的模范。我又很相信我的孩子们,个个都会受我这种遗传和教训,不会因为环境的困苦或舒服而堕落的。②

3. 家风

家风是社会美德的一种表现形式,它通过家庭成员之间的言传身教,将道德规范和原则传递给家庭成员,使他们的行为符合道德要求。这种教育方式最基础、最直接、最有效,对于个体成长和社会的发展具有深远的影响。

"孟母三迁"的故事就是重视家风建设的一个典型事例。这一故事带给我们很多启示,如环境对人的成长至关重要,教育需要投入以及应根据孩子的特点和兴趣,选择适合他们的教育方式等,这些启示在今天仍然具有重要的指导意义。

总的来说,中国古代家风建设以坚守儒家伦理道德为原则,以勤俭、谦恭、克制、利他为基调,着眼于家族的长远发展,将儒家立德修身贯彻在

---

① 〔清〕曾国藩著,檀作文译注:《曾国藩家书》,中华书局2017年版,第282—284页。
② 梁启超著:《梁启超家书》,中国青年出版社2009年版,第165—166页。

生活中的方方面面。如山东诸城刘氏家族,刘必显是家中第一个进士,立下了"当官清廉、积德行善、官显莫夸、不立碑传、勤俭持家、丧事从简"的家训。在近二百年里,刘家七代人科考得中198人,进士共计11人,举人共计35人,七品以上的官员共计73位,其中最为著名的是刘统勋、刘墉父子。刘墉任江宁知府时,史称"有清名"。[①] 这正是刘氏家族"当官清廉"的家风使然。

家庭是社会的细胞,家风的内容特点是与社会风潮相适应的。自汉武帝"罢黜百家、独尊儒术"起,儒家格外推崇孝、悌、忠、信、礼、义、廉、耻"八德"。"八德"的内容往往普遍渗透于家风之中,我们看《颜氏家训》《朱子家训》《曾国藩家书》,都能看到"八德"的影子。魏晋时期,世家大族势力兴起,与此同时国家意识薄弱,人们提倡孝道更甚于忠君。宋代以后,在程朱理学的影响下,在"八德"的基础上又专门针对女性延伸出"烈"这一品格,甚而发展出"饿死事小,失节事大"这样狭隘的道德观,这是传统文化中的糟粕,当代人要有批判意识。

(三)道德追求与家国情怀

家门内的父慈子孝推广到社会和国家层面,可以扩展为家国情怀和道义担当。

父慈子孝、兄友弟恭是家庭内的道德,属于道德追求的初级层面,当然是不可或缺的。家庭是社会的基本单位,家庭稳定和谐对于社会安定至为关键,两者之间存在相互对应关系。但一个社会不能停留于父慈子孝、兄友弟恭,而是要把家庭道德向外发扬扩充。如果一个人能够超越家天下的思维局限,由忠于某个朝代、某位君主而上升到忠于国家、民族和人民的利益,这样他的道德境界就扩充了,就表现出"至大至刚"的伟岸之力。

春秋时期,郑国商人弦高以一己之力挽救了国家,表现出商人的道义担当。在后世,人们一谈到商人的家国情怀,就不能不提到"弦高犒师"的

---

① 赵尔巽等撰:《清史稿·刘统勋传附刘墉传》,中华书局1976年版,第10467页。

故事。弦高是春秋时郑国商人，公元前 627 年，弦高与奚施去成周经商，半路遇到袭击郑国的秦军。弦高急中生智，冒充郑国的使者，以四张皮革和十二头牛犒劳秦军，暗示郑国已预知秦军来袭。与此同时，他急忙派人回郑国告急。秦帅孟明视误以为郑国早有准备，于是灭掉滑国后撤军，从而使郑国摆脱了亡国危机。郑穆公想要嘉奖弦高救国之举，弦高辞而不受。

弦高，一个微不足道的小商人，在国家遭遇侵略的危急时刻并没有冷眼旁观，而是拼尽所有，做出了自己的贡献。弦高犒师的行为，体现了他对国家的忠诚和责任感；功成而不受赏赐，则体现了他崇高的人格和道德情怀。弦高的行为，是对家国情怀的最好诠释。

汉武帝时牧羊人卜式捐财助国的故事，与弦高犒师的行为有异曲同工之妙，表现出了普通人的道德追求。《汉书·卜式传》详尽地记录了卜式捐财助国的经历：

> 卜式，河南人也。以田畜为事……时汉方事匈奴，式上书，愿输家财半助边。上使使问式："欲为官乎？"式曰："自小牧羊，不习仕宦，不愿也。"使者曰："家岂有冤，欲言事乎？"式曰："臣生与人亡所争，邑人贫者贷之，不善者教之，所居，人皆从式，式何故见冤！"使者曰："苟，子何欲？"式曰："天子诛匈奴，愚以为贤者宜死节，有财者宜输之，如此而匈奴可灭也。"使者以闻。上以语丞相弘。弘曰："此非人情，不轨之臣，不可以为化而乱法，愿陛下勿许。"上不报，数岁乃罢式。式归，复田牧。
>
> 岁余，会浑邪等降，县官费众，仓府空，贫民大徙，皆仰给县官，无以尽赡。式复持钱二十万与河南太守，以给徙民。河南上富人助贫民者，上识式姓名，曰："是固前欲输其家半财助边。"乃赐式外徭四百人，式又尽复与官。是时富豪皆争匿财，唯式尤欲助费。上于是以式终长者，乃召拜式为中郎，赐爵左

庶长,田十顷,布告天下,尊显以风百姓。①

卜式是汉武帝时的养羊专业户,是发家致富能手,是一介普通百姓,却把国家利益装在了心里,为了赞助国家抗击匈奴的大业,两次表示要捐出自己的钱财,毫不吝惜。

这样一个有着炽烈家国情怀的爱国者,他的捐财行为曾一度被误解,被认为是沽名钓誉之举,丞相公孙弘就建议汉武帝:"此非人情,愿陛下勿许"。其实,卜式的家国情怀是有迹可循的,并非出于突发奇想,当使者问他是否想要做官时,卜式的回答是"自小牧羊,不习仕宦,不愿也"。使者这样问并不奇怪,因为当时国家财政困难,曾经出台过卖爵的措施。使者还是不能理解卜式的做法,接着问卜式是不是有什么冤屈?卜式回答:"臣生与人亡所争,邑人贫者贷之,不善者教之,所居,人皆从式,或何故见冤!"卜式不仅没有冤屈可诉,他还是当地远近闻名的慈善家,受到百姓的爱戴。这就说明,卜式的慷慨好施、助人为乐是其道德追求的一贯表现。那么卜式捐财的真实出发点是什么呢?正如卜式所说:"天子诛匈奴,愚以为贤者宜死节,有财者宜输之,如此而匈奴可灭也。"这句话并非慷慨激昂,平淡得好像有点乏味,却说出了深刻的道理。国家有困难,百姓都应该伸出援手。如果百姓都能做到这一点,国家将无往而不胜,这就说明卜式懂得家国一体的道理。古往今来的历史告诉我们,"人民有信仰,国家有力量,民族有希望",这句话在任何时代都是成立的。汉武帝被卜式的做法感动了,给予卜式足够的荣誉,其目的很明确,就是要在全国范围内树立道德楷模,"尊显以风百姓",激励更多的百姓像卜式一样,胸怀大局、以国家利益为重。卜式从一个普通的牧羊人成长为全国道德楷模,展现了他的智慧、勇气和爱国情怀。他的故事不仅是对忠诚和奉献的赞歌,也是对那个时代人们精神面貌的一个缩影。

古往今来,中国人的家国情怀绵延不绝,在各自时代展现了不同的时代风貌。"杂交水稻之父"袁隆平将其一生事业与中国人的吃饭问题紧密

---

① 〔汉〕班固撰:《汉书·卜式传》,第 2624—2625 页。

联系在一起,在其逐梦路上实现了自强不息、厚德载物的道德追求。下面欣赏袁隆平科技报国的故事:

10月16日是第43个世界粮食日,我们很难不想起他——袁隆平。高中课文《喜看稻菽千重浪》中,讲述了他毕生研究杂交水稻的故事。今天,沿着课文的线索一起追忆袁老拼尽毕生精力,让中国人吃饱饭的故事。

湖南省安江农业学校,是袁隆平梦想开始的地方,也是杂交水稻的发源地。1953年,袁隆平初到湖南安江,就被这里的江水吸引了,从此人们总能在江面上见到他矫健的身影。但到了1960年,他的身影突然不再出现。袁隆平在自传中提到了这段往事:"因吃不饱饭,就中断了游泳。"在切身的饥饿中,袁隆平立下了坚定的志愿,尽毕生精力用农业科技战胜饥饿。不久之后,袁隆平在稻田里查看时,突然发现一株个体伟岸的水稻,进一步研究发现,这株水稻是天然杂交稻。它的出现,为袁隆平指明了水稻育种的新方向。此后,袁隆平不断地探索、实验……那切身的饥饿记忆,要让中国人吃饱饭的坚定信念,成了他无数次挫败后继续坚持的动力。1973年,袁隆平终于完成了杂交水稻的"三系"配套。袁隆平生前说:"科学研究不是一帆风顺的,它都是失败居多,但是我们从失败里面总结经验教训,让失败成为成功之母。"

众所周知,袁老有一个"禾下乘凉梦"。袁隆平的学生、国家杂交水稻工程技术研究中心主任邓华凤说:"10多年前他(袁老)问我,你知道我为什么一直研究高产再高产吗?我说您老人家不是有'禾下乘凉梦'吗?他说,不是的。我们国家这么多的人口,经济社会要高质量发展,意味着要占有更多高质量的耕地。作为一个农业科技工作者,一定要有一种责任感和紧迫感,提供更多更好的高产品种和技术,使国家能够腾出更多的耕地来搞经济建设。""禾下乘凉梦"的背后,是袁隆平扎根大地、心系家国的情怀……

74岁,超级杂交水稻亩产达900千克;82岁,超级杂交水稻亩产1 000千克攻关;84岁,超级杂交水稻亩产达1 100千克;88岁,超级杂交水稻亩产达1 200千克;90岁,培育第三代、第四代、第五代杂交水稻和耐盐碱水稻。

这是袁老人生最后17年的奋斗足迹,他把自己的一生交给水稻,只为国人吃饱饭、吃好饭。袁老生前曾说:"我这一生就是扑在水稻上面,我最心爱的东西是什么呢?就是高产水稻。我希望在我的有生之年,能够实现'禾下乘凉梦'。我没有实现,我的后继有人,他们会实现的,加油!"[①]

作者在世界粮食日想起袁隆平,是因为他一生致力于提高水稻产量,对于世界粮食安全和农业科技创新作出了巨大贡献。袁隆平被誉为"杂交水稻之父",他的工作直接关联到粮食生产和农业科技的发展,袁隆平的工作不仅在中国产生了深远影响,他的研究成果也被认为是对全球粮食安全的重大贡献。

袁隆平曾经对他的学生说:"我们国家这么多的人口,经济社会要高质量发展,意味着要占有更多高质量的耕地。作为一个农业科技工作者,一定要有一种责任感和紧迫感,提供更多更好的高产品种和技术,使国家能够腾出更多的耕地来搞经济建设。""禾下乘凉梦"的背后,是袁隆平扎根大地、心系家国的情怀。这个梦想不仅仅是个人的追求,而是将个人命运与国家紧密关联,通过发展杂交水稻,造福世界人民的伟大追求。袁隆平的一生,是对这个梦想的不懈追求和实现。

[①] 《"中国人一定能够靠自己养活自己!"》,引自新华报业网2023年10月16日文,有改写。网址链接 https://baijiahao.baidu.com/s? id=17799099191113040902&wfr=spider&for=pc

第二部分　道德追求的特点总结

一、案例导入

案例：

有这么一所大学，它诞生于颠沛流离之中，在日军轰炸间隙上课，其中七分之一的学子选择参军抗战。它承担着重大的救国使命。在艰苦卓绝的八年中，为国家培养出了大量高端人才，甚至有诺奖得主。它代表了当时国内学术的最高水平，同时把爱国、民主、科学的种子深植在云南这片红土地上。它，就是国立西南联合大学。

1937年卢沟桥事变后，随着北平、天津相继失陷，仅一年之内全国108所高校中就有94所遭到日军破坏，其中25所停办。危难关头，存留中国教育精英、延续国家文脉成为燃眉之急。为保存中华民族教育精华免遭毁灭，华北及沿海许多大城市的高等学校纷纷内迁。北京大学、清华大学和南开大学均迁至湖南长沙，组成了长沙临时大学。12月13日，日军占领南京，战火逐渐逼近，考虑到昆明离战区较远，相对安全，滇缅公路、滇越铁路交通较为便利，长沙临时大学决定迁滇。

1938年2月，长沙临时大学的师生分为三路：其中一路组成"湘黔滇旅行团"，徒步横跨三省进入昆明。"湘黔滇旅行团"由267名家庭贫困的男同学和11位中青年教师组成，配有4名军事教官及队医，著名学者闻一多也参与其中。他们跨越湘、黔、滇三省，翻过雪峰山、武陵山、苗岭、乌蒙山等崇山峻岭，步行3 600里。1938年4月，三路师生先后抵达昆明，长沙临时大学改名为国立西南联合大学。西南联大成立时，没有正式校舍。在省主席龙云和云南各界支持帮助下，分别在昆明、蒙自两地租借临时校舍上课，直到1939年才建成简陋的新校舍。

为躲避日军飞机轰炸,联大教授疏散到昆明城郊农村居住,加上战时物资匮乏,通货膨胀,货币不断贬值,师生们生活极其艰苦。但是,大家深信抗战必胜,保持乐观精神,崇尚真理,追求真知。自抗战开始至1943年,昆明物价飞涨300倍,致使闻名于学界的大师们也不得不以养猪、做糕点、挂牌刻印、兼课卖文等方式,赚取外快以贴补家用,用生存意志与贫困苦难相抗争。物理学教授吴大猷每天要化装成乞丐,到菜市场拣没人要的烂菜叶熬汤喝。著名的闻一多教授在上课之余,凭借着一手刻印的绝活赚些养家的费用。甚至联大的校长梅贻琦,到了昆明之后也得和夫人一起卖米糕贴补家用。学校的办学条件极为艰苦,校园设施简陋,教室和宿舍多为土墙铁皮顶或土墙草顶,遇到雨季时屋顶漏雨,教授们讲课需要提高嗓门才能压过风雨声。对于师生来说,除了没钱,还有其他困难,比如上课和住宿的地方从来紧张,课后没地方学习,只得结伙去学校附近的茶馆,花上一两毛钱泡碗茶,一直坐到晚上,然后点上油灯继续看书。

西南联大从1937年8月开始筹备,到1946年7月停止办学,共存在了8年11个月。西南联大在极其艰苦的条件下,秉承"刚毅坚卓"的校训,培养了大量优秀人才,它的成立和运作是中国高等教育史上的一个奇迹,被誉为"中国大学永远的丰碑"。①

附:罗庸、冯友兰作词的《西南联大校歌》:

万里长征,辞却了五朝宫阙,暂驻足,衡山湘水,又成离别。绝徼移栽贞干质,九州遍洒黎元血。尽笳吹弦诵在山城,情弥切。

千秋耻,终当雪;中兴业,须人杰。便一成三户,壮怀难折。多难殷忧新国运,动心忍性希前哲。待驱除倭虏复神京,还燕碣。

问题:

1. 西南联大是怎么得名的?能否简单概括其创立过程?
2. 结合文章内容,解释:"绝徼移栽贞干质"指的是什么历史事件?

---

① 老农白话著:《西南联大:一场旷世文人长征,怎能不让人热泪盈眶?》,改编自搜狐网2019年4月4日文,网址链接 https://www.sohu.com/a/305838637_166075。

"动心忍性希前哲"表现了什么精神？"待驱除倭虏复神京,还燕碣"指的是什么？

3.结合文章内容,分析西南联大在办学过程表现了中华文化的什么精神？

案例分析:

北京大学、清华大学和南开大学三所高校在抗日战争期间合并组成长沙临时大学,并在1938年4月迁至昆明后更名为国立西南联合大学。这一合并不仅体现了困难时期教育文化界的坚守与传承,也成了中国教育史上的一段佳话。西南联大不仅为战争时期的教育提供了重要的支持,也为中国的科技、文化发展培养了大批杰出人才。

"绝徼移栽贞干质",指的是西南联大在抗日战争期间的迁校事件。这句歌词形象地描绘了西南联大师生在艰难条件下,依然为国家和民族的未来播撒希望的种子,象征着在极端困难的情况下依然保持着文化传承的坚韧和决心。"绝徼"指遥远的边疆云南,"贞干"比喻具有真才实学、能胜重任的栋梁。"动心忍性希前哲"表达的是,值此国家危亡、人民多难之秋,联大师生学习前辈志士仁人,以刚毅坚卓的精神,传承民族文化,等待最后的胜利。"待驱除倭虏复神京,还燕碣",表达了驱逐日本侵略者的决心和恢复国家的期望。

西南联大的创办过程表现了中华文化自强不息、厚德载物的道德追求。这种道德追求不仅体现在师生们的家国情怀,还体现在他们的学术研究和治学态度上。这种精神在西南联大师生面对困难时的表现中得到了充分体现,在困厄流离、颠沛辗转的迁校途中,师生们依然孜孜不倦地做学问,穷且益坚,不坠青云之志。这种精神不仅激励着无数学子投身抗战报国事业,也激励知识分子为中国的学术研究和文化发展做出了巨大贡献。

二、道德追求的特点总结

在中国文化语境下,道德追求的动力是什么？中国人的道德追求有什么特点？中国人的道德追求在中华文化体系中占有什么地位？要回答这些问题，我们首先要确认以下三点：道德追求源于深切的同情心，道德追求与自强不息紧密相连，道德追求与为政以德一脉相承。

（一）道德追求源于同情心

中华传统文化认为道德追求源于同情心。道德观念的核心在于同情心，即对他人遭遇的共情与理解，从而产生帮助和支持的意愿。孔子提出"仁者爱人"的伦理观，但没有深挖仁爱之心的根源是什么。孟子把这种同情心称作"不忍人之心"，提出"不忍人之心"（也就是恻隐之心）是一切道德的本源和起点。

儒家这种推己及人的同情心塑造了中国文化的品格，"老吾老以及人之老，幼吾幼以及人之幼""民吾同胞，物我与也"这些温暖的语句建构了中国人在艰难困苦时刻守望相助的精神家园。我们从杜甫《茅屋为秋风所破歌》"安得广厦千万间，大庇天下寒士俱欢颜"的语句中，从孤勇坚毅的张桂梅身上，都能看到不忍人之心的成长。

（二）道德追求与自强不息紧密相连

王阳明在《传习录》中说："人须在事上磨炼，做功夫乃有益。若只好静，遇事便乱，终无长进。"①这句话给我们的道德启示是，人追求道德，一定要在现实生活中经受磨炼，不能停留在精神世界的冥想，也不能满足于远离尘世的隐居自处。没有经过生活磨炼的"道德"就像瓷娃娃经不起触碰，一碰就碎。真正的道德追求，一定是在现实生活中经受酸甜苦辣、摸爬滚打，一定是与自强不息紧密联系在一起的。在这方面，《周易》给了我们原初的理论滋养。

《周易·乾卦》："天行健，君子以自强不息。"②

这句话出自《周易·乾卦》的"象传"。意思是说，天的运行刚强劲健、

---

① 〔明〕王阳明撰，陆永胜译注：《传习录》，中华书局2021年版，第406页。
② 杨天才、张善文撰：《周易译注》，第8页。

永不停息,君子处事应该效法上天,努力进取、发愤图强、永不止息。

这句话在中国文化中有着深远的影响,被广泛引用和传承。民国时期著名学者梁启超在清华大学任教时,曾以自强不息激励学生继承中华传统美德,后来自强不息与厚德载物一起,被确定为清华大学校训,成为清华精神的象征。自强不息不仅是对个人道德的要求,也成为中华民族的精神象征,是推动个人和社会不断向前发展的不竭动力。梁启超曾说:"大同者,宇宙间一大人格完全实现时之圆满相也。然宇宙固永无圆满之时,圆满则不复成为宇宙。儒家深信此理,故《易》卦六十四,始'乾'而以'未济'终焉。然则在此不圆满之宇宙中,吾人所当进行者何事耶?曰:吾人常以吾心力所能逮者向上一步,使吾侪所向往之人格实现宇宙圆满的理想稍进一着,稍增一分而已。"[①]所谓自强不息,实际上体现了中国人在永无圆满的宇宙中不断保持向上的心力。

神话故事是一个民族的价值观和民族精神的原初表现形式。中国早期神话故事几乎都表现了中华民族先祖为了生存与发展不屈不挠的奋斗历程。女娲补天、后羿射日、夸父逐日、精卫填海、愚公移山,都表现了在挑战和灾难来临时中华先民的应对态度、应对办法。这些神话故事镌刻了中华文明绵延不绝的基因,单单看这些神话故事我们就可以揣摩出中华文明经久不衰的神奇密码,简单地概括就是自强不息。五千多年来,中华民族经受了无数难以想象的风险和考验,屡仆而屡兴、愈挫而愈勇,始终保持旺盛的生命力,薪尽火传,生生不息,同我们民族千百年来锤炼的自强不息的民族品格密不可分。英国历史学家汤因比提出了文明的"挑战—应战"理论,他认为"挑战—应战"催生了人类文明、促进了文明的发展,一个民族的自决能力决定文明的兴衰,要在挑战与应战中始终保持对文明的高度忧患意识。中华文明恰恰具有将自强不息精神和忧患意识完美结合的品格,《周易》六十四卦以乾卦始,以未济卦终,其实表现出了一种精心的安排。

---

① 梁启超著:《先秦政治思想史》,第90页。

《周易》为什么安排最后一卦是"未济"而不是"既济"？这种安排蕴含着做《易》者的深刻用心，也可以说体现了我们民族的智慧。既济卦的卦象是坎（水）上离（火）下，水在火上，水势压倒火势，救火大功告成，象征事情已经成功；未济卦的卦象是坎（水）下离（火）上，火在水上，水火相济相克，无法相互交融、相互成就，象征着事物尚未完成，处于一种不和谐、不稳定的状态。未济卦意在提醒人们，即使取得了一定成就，也要保持警惕，因为未来仍然充满着不确定性。盛极而衰、物极必反、福祸相依、居安思危、未雨绸缪等成语，都表现了这种忧患意识。正是凭借着朝乾夕惕的进取精神和居安思危的忧患意识，才使我们这个多灾多难的民族能够在数千年间始终生生不息、巍然屹立，并不断地发展进步，创造了无数奇迹。

《周易·坤卦》："地势坤，君子以厚德载物。"[1]

这句话出自《周易·坤卦》的"象传"。意思是说，坤象征大地，君子应效法大地，以宽厚的德行对待天下的民众和事物。

德是厚德载物的内核，《周易》诫勉我们应以包容的心态和宽厚的品行对待周围的人、物、事，不过分计较个人得失。厚德载物体现了中华文化海纳百川的包容精神和担当大任的持重品格。厚德载物的思想内涵，为中华民族生生不息提供了强大精神支撑。

乾代表天、坤代表地，天的运行刚强坚毅，地的气势厚实和顺，这就象征了进取向上和包容宽厚两种品德。一个人须同时具备这两种品德，才能建功立业，缺少了进取向上和包容宽厚的任何一种都不会有大的建树。当然一个人的成功还需要必要的天分和机遇，除此之外就是自强不息和厚德载物在起作用了。

我们比较一下《水浒传》中梁山首领的德行，颇能得到一些启示。王伦是梁山的创始人，应该说是有一定能力的，但王伦为人心胸狭隘，把梁山泊视为自己的私人领地，害怕有才能的人加入威胁到自己的地位。当

---

[1] 杨天才、张善文撰：《周易译注》，第29页。

林冲前来投靠时,王伦无情地拒绝了林冲的加入。晁盖等人上山后,王伦再次拒绝接纳,最终在吴用的挑唆下,林冲火并王伦,推举晁盖为新的梁山之主。第二任首领晁盖,为人重情重义、知恩图报、气度宏大,从道德层面讲是没有大的欠缺的;但从一个集体的长远发展来看,作为领头人,他对于梁山的规划浅尝辄止,没有明确的发展蓝图,没有想过和朝廷对抗之后要怎么做,缺乏前进的动力和奋斗的目标。第三任首领宋江的素质相对来说更为全面。他为人仁厚、敢于担当,具有政治谋略,还能够团结各种不同背景的英雄,为团队发展提出明确的目标,展现了非凡的领导艺术。

复旦大学的钟扬教授被评为 2018 年感动中国人物。他扎根大地收集植物种子的事迹,生动体现了科学家自强不息和厚德载物完美结合的人格精神。钟扬教授生前是复旦大学生命科学学院教授、博士生导师,2017 年 9 月 25 日在去内蒙古为民族地区干部讲课的途中遭遇车祸,不幸逝世,年仅 53 岁。钟扬是一位致力于保存种子的科学家,援藏 16 年,"吃最苦的苦",足迹遍布西藏最偏远、最艰苦的地区,率领团队在青藏高原为国家种子库收集了 4 000 万颗植物种子,为科学研究作出了重要贡献。

钟扬是一个始终与时间赛跑的人。无论何时,他都以时不我待、只争朝夕的紧迫感投入工作。对他来说,闹钟不是用来叫早的,而是提醒他到点睡觉。2015 年,钟扬突发脑出血,死里逃生苏醒后,第一时间口述让人写下了一封给党组织的信。他说,经过多年在西藏的工作,更加意识到建立高端人才队伍的极端重要性,他将矢志不渝将余生献给西藏建设事业。长期的高原生活和过高的工作强度,使钟扬出现心脏肥大、血管脆弱等种种症状,每分钟心跳只有四十几下。医生多次向他发出警告:不适合再进藏工作,但他还是一次次毅然选择了遵循初心,一次次踏上了进藏的路途。一年飞行次数最高超过 170 次,有时密集到一周坐十趟飞机;每次出差都选择最早班飞机,只为上午到达后就能立即开始工作。为了赶早班飞机,好几次深夜睡在机场楼梯间里;经常在办公室工作到半夜。

(三)道德完善与为政以德一脉相承

中国人习惯说,要做事先做人。对一个人的综合要求是德才兼备,也就是说德和能应该兼有,融合起来是最佳状态。如果一个人能力很强,而道德有问题,则其破坏性更大,对事业的损害也更大。深入分析,中国人的这一习惯性认知是很有道理的,它表现了个体的道德完善和事功拓展之间必须达到平衡状态。这是中国文化的传统,从古至今影响甚大。

王国维在《殷周制度论》中说:

> 且古之所谓国家者,非徒政治之枢机,亦道德之枢机也。使天子、诸侯、大夫、士各奉其制度典礼,以亲亲、尊尊、贤贤,明男女之别于上,而民风化于下,此之谓治;反是,则谓之乱。是故天子、诸侯、卿、大夫、士者,民之表也;制度典礼者,道德之器也。周人为政之精髓,实存于此。①

这段话的意思是说,古代的国家不仅仅是政治中心,同时也是道德中心。这句话道出了古代国家在政治和道德方面的双重功能。"政者,正也",在周人眼里,政治与道德是相通的,政治活动往往被视为道德的外化和体现。这一理念对政治提出了极高的要求,政治必须是合乎道义和美德的政治;另一方面,道德只有贯穿于政治的全过程,道德的价值才能得到最大限度的体现。中华民族早期对于政治和道德形成了独特的认识视角,由此衍生出"典范政治"的概念。在"典范政治"理想下,君主应该是道德典范,是民之父母,是圣君。从历史角度来看,古代的尧、舜、禹、汤、文王等人都因其卓越的德行和才能而被后人尊称为圣君。无独有偶,古希腊哲学家柏拉图将理想中的城邦领袖称为哲人王,与中国古代对君主政治、道德的全面要求是非常接近的。

《周易·系辞下》:"德薄而位尊,智小而谋大,力少而任重,鲜不及

---

① 王国维著:《观堂集林》,中华书局1959年版,第475页。

矣。"①

这句话的意思是说,如果一个人德行浅薄却地位尊贵,智慧有限却图谋大事,力量微小却承担重任,很少有不招致灾祸的。这句话是孔子对德薄、智小、力少者的忠告,同时也是对执政者选贤任能原则的提醒。

中华民族对政治人物的道德要求历来毫不松懈,有崇德重德的传统。很多文化典籍都提出了为政以德的原则。《国语·晋语》提出:"唯厚德者能受多福,无德而服者众,必自伤也。"②汉代王符在《潜夫论·忠贵》篇中也指出:"德不称其任,其祸必酷;能不称其位,其殃必大。"③这些谆谆告诫都与《周易》的意思接近。历史上,正反两方面的经验都不胜枚举。夏禹、商汤、周文王等明君兼爱天下百姓,获得天下诸侯的拥戴;相反,夏桀、商纣、周幽王等失德残暴,最终落得身死国灭。再如西楚霸王项羽、西汉末年的外戚王莽、东汉末年的军阀董卓虽然都有某一方面的特长,但是德薄且智小,都不足以成大事。

《论语·泰伯》:"士不可以不弘毅,任重而道远。仁以为己任,不亦重乎?死而后已,不亦远乎?"④

这句话由曾子道出,也代表了孔子的人生理想。这句话意思是说,一个有抱负的人必须具备宽厚、坚韧的品质,因为肩上的责任重大而道路又很遥远。把实现仁作为自己的使命,这种使命难道还不够重大吗?为了实现使命一直奋斗到死,这种境界还不够高远吗?

美国时代生活出版公司出版了《人类1000年》一书,公布了从公元1000年至公元2000年人类历史进程中发生的一百件重要事件,中国有三个历史事件入选:火药武器的发明、成吉思汗的帝国和工农红军的长征。就体现任重而道远、仁以为己任的精神而言,在中国历史上,恐怕没

---

① 杨天才、张善文撰:《周易译注》,第623页。
② 〔春秋〕左丘明著,陈桐生撰:《国语译注》,第466页。
③ 〔汉〕王符著,〔清〕汪继培笺:《潜夫论校正》,第111页。
④ 〔清〕刘宝楠撰:《论语正义》,第296—297页。

有任何一个事件可与工农红军的长征相比,对长征精神的认识和揭示才刚刚开始。

阅读《回望长征我们能感悟到什么》,从中我们可以感受到中国人对于"仁以为己任"的理解:

> 长征是什么?长征是人类历史上罕见的不畏艰难险阻的远征。在漫漫征途中,红军将士同敌人进行了 600 余次战斗,跨越近百条江河,攀越 40 余座高山险峰,其中海拔 4 000 米以上的雪山就有 20 余座,穿越了被称为"死亡陷阱"的茫茫草地,用顽强意志克服了人类生存极限。长征跨越了当时中国的 14 个省份,走过了海拔最高的广袤湿地。在长征中,工农红军往往处在数倍于己的敌军的追击堵截中,平均三天就要发生一次激烈的大战。工农红军不但要与重兵"围剿"的敌人作战,还需平均每天行军 50 千米以上。
>
> 长征是人类历史上罕见的不畏牺牲的远征。1934 年 10 月,中央红军 86 000 人踏上征途,一年后到达陕北吴起镇时的队伍只剩 7 000 人。1935 年 5 月,红四方面军近 10 万大军西渡嘉陵江,1936 年 10 月到达甘肃会宁时只剩 33 000 多人。1935 年 11 月,红二、红六军团 17 000 多人从国民党 30 万大军的封锁中冲出,1936 年 10 月到达隆德将台堡与红一方面军会合时,全军剩下 11 000 多人。1934 年 11 月,红二十五军踏上征途,经过数月的艰苦转战,成为工农红军中第一支到达陕北的部队,到达时全军只有 3 000 多人。中央红军突破腊子口后,红三军团军团长彭德怀受命担任陕甘支队司令员。离开红三军团的时候,这位历尽千难万险的红军将领面对军团所有的红军干部潸然泪下。彭德怀说:"三军团从第一次反'围剿'的几万人,现在只剩下两千人了……剩下的全是精华,是中国革命的希望。"

中国工农红军指挥员绝大多数都很年轻。年轻的红军官兵不分昼夜地急行军,然后投入激烈而残酷的战斗,其英勇顽强和不畏牺牲举世无双。这些年轻的红军官兵,这支对未来满怀着绚丽之梦的队伍,在向敌人发起冲锋时,冲在前面的永远是这支队伍中杰出的共产党人和优秀的红军指挥员。

数十年来,不断有不同国家、不同民族、不同年龄的人出现在中国工农红军曾经走过的这条漫长征途上。在人类物质文明高速发展的今天,世人何以要忍受疲惫、劳顿和生存条件的匮乏,行走在这条蜿蜒于崇山峻岭的路途上?在地球的另一端,曾出任美国国家安全事务助理的布热津斯基于1981年秋天宣布,他要到中国进行一次"沿着长征路线"的跋涉。他来了,带着他的全家走上了1934年中国工农红军走过的路。当这位西方政治家走到大渡河渡口时,他被这条湍急的河流和两岸险峻的崖壁震惊了,他被3万多工农红军在十几万敌军的追堵中渡过这条大河的壮举震惊了。布热津斯基后来说:"对崭露头角的新中国而言,长征的意义绝不只是一部无可匹敌的英雄主义史诗,它的意义要深刻得多。它是国家统一精神的提示,也是克服落后东西的必要因素。"

长征是人类文明进程中的大事件,它为人类不断注入新的精神活力。回望长征,我们始知什么是信仰的力量,什么是不屈的意志,什么是凝聚力,什么是正义而伟大的事业,什么是一个民族、一个国家、一支军队的英雄主义。[1]

在长征途中,红军将士以超乎寻常的坚强意志,不断挑战生理极限,同极其危险的自然环境和穷凶极恶的敌人进行艰苦卓绝的斗争。这种"一不怕苦、二不怕死"的精神,是红军将士勇于牺牲的革命英雄主义最生

---

[1] 王树增著:《回望长征我们能感悟到什么》,载自《中国军网》2021年10月22日文,有删减、改写。

动的写照。

　　长征对于全人类的影响是广泛且深远的,它不仅是中国革命的重要转折点,也是人类历史上的伟大奇迹。长征以特有的伟力,把濒临绝境的中国革命引向坦途,把精神涣散的古老民族推向重生,它的影响已超越国界、远播四海,展现了震撼人心的精神力量。因此,长征不仅是中国革命的成功,也是人类面对困难和挑战时,通过智慧和勇气寻找出路的一个典范。它告诉我们,即使在看似无望的情况下,通过团结、勇敢和坚持,人类仍然可以克服困难,实现自我救赎和升华。综上所述,长征的影响远远超出了中国的边界,成为全人类共同的精神财富。

　　红军将士肩负着为劳苦大众谋生存、谋发展的使命,没有任何个人或团体的私利,体现了"仁以为己任"的道义担当。红军长征总行程约65 000里,其中中央红军历时两年、走了二万五千多里,真正体现了"任重而道远"的特点。红军平均每走一天,就有约二百人献出生命,只有四分之一的人能够到达陕北,这些都体现了"死而后已"的牺牲精神。红军长征这一史无前例的军事行动,彰显了中华民族的文化精神,是中华文明的重要精神标识。中华民族自古就是一个重视价值实现的民族。历代先贤的教诲深刻影响了中华民族的文化基因。长征途中,红军面对严酷的自然环境和敌人的围追堵截,能够坚持到底,靠的就是这种执着奋进的精神和坚定的理想信念。中华儿女一直有着"以天下为己任"的强烈使命感,为了救国救民,不怕任何艰难险阻,不惜付出一切牺牲,这种精神在长征途中得到了淋漓尽致的展现。

课后思考题

一、简答题

1. 孟子心目中的"大丈夫"具有什么样的品格?
2. 王阳明的"四句教"是什么?
3. 王阳明的"知善知恶是良知"继承了孟子的什么理论?

4. 中国古代的著名家训有哪些？

5. 请简单介绍弦高犒师的故事。

6. 请简单介绍卜式捐财助国的故事。

7. 王国维在《殷周制度论》中对古代国家的定位是什么？

8. 儒家所讲的"道德"和道家所讲的"道德"是一回事吗？它们的内涵分别是什么？

9. 中国从古至今在选拔人才方面为什么一直强调德才兼备？曹操主张的"唯才是举"可行吗？

二、简要论述题

1. 云南丽江华坪女子高中的宣誓词为："我生来就是高山，而非溪流。我欲于群峰之巅，俯视平庸的沟壑……"2023年以张桂梅校长为人物原型的电影名字就是《我本是高山》，你能解读出这句话的内涵吗？

2. 为什么说张桂梅校长身上体现了自强不息、厚德载物的道德追求？

3. 你是如何理解"大学之道，在明明德，在亲民，在止于至善"这句话的？这句话的内容与儒家理论体系的关联是什么？

4. 方志敏烈士短暂而光辉的一生体现了"止于至善"的"大学之道"，你能对此做出具体说明吗？

5. 《论语·为政》说："吾十有五而志于学，三十而立，四十而不惑，五十而知天命，六十而耳顺，七十而从心所欲不逾矩。"孔子这一段话的主题是什么？请对这段话的内涵做出解释。

6. 西南联大是怎么得名的？请简单概括其创立过程，并分析西南联大在办学过程中表现了中华文化的什么精神？

7. 孟子认为道德追求源于同情心，请结合《孟子·公孙丑上》对此做出阐释。

8. 神话故事是一个民族价值观和民族精神的原初表现形式，中国古代早期神话故事表现了中华文化的什么特点？

9. 《周易》六十四卦的最后一卦是"未济"而不是"既济"，这样的安排有何用心?

10.《水浒传》中梁山前后三任首领王伦、晁盖、宋江的德行有什么差异?

11. 你能举出《周易·系辞下》中"德薄而位尊,智小而谋大,力少而任重,鲜不及矣"的事例吗?

12.《论语·泰伯》说:"士不可以不弘毅,任重而道远。仁以为己任,不亦重乎?死而后已,不亦远乎?"请解释这段话,并举例说明。

13. 中国人有没有私德和公德的区分?或者说两者之间有没有界线?这反映了中国文化的什么特点?

14. 中国人的道德追求在各个历史时代是如何体现"变"与"常"的?

15. 清华大学校训"自强不息""厚德载物"分别出自《周易》乾卦、坤卦的象传。请你结合实际对清华校训加以解释。上海财经大学校训中强调道德的部分与其他部分是什么关系?

三、案例分析题

"两弹一星"工程是中国于20世纪五六十年代组织实施的,以研制导弹、原子弹和科学试验卫星为主要内容的重大国防工程。新中国在物质技术基础十分薄弱的条件下,在较短的时间内成功地研制出"两弹一星",创造了非凡的人间奇迹,是中国人民挺直腰杆站起来的重要标志。

翻开中国近代史,从鸦片战争到甲午战争,从清王朝到民国时代,留给中国人的是一段段屈辱血腥的记忆,拥有5000年文明的华夏子孙深刻体会了"落后就要挨打""积弱即无尊严"的滋味。面对核垄断、核讹诈、核威胁,1951年远在法国的核科学家"小居里先生"请他的中国学生杨承宗回国后给毛泽东主席捎句口信:"你们要保卫世界和平,要反对原子弹,就必须自己拥有原子弹。"当时有外国领导人嘲笑我们:"中国(穷得)三个人穿一条裤子,二十年也搞不出原子弹;中国种的是'蘑菇云',收获的是'鹅卵石'。"在国民经济极端困难的情况下,中国仍咬紧牙关发展"两弹一星"。没有任何资料,没有其他国家的帮助,中国人仅仅用了16年时间,就抓住了第三次科技革命浪潮的机遇,从一个国防科技极端落后的国家,一下子站到了战略武器的最前沿。对西方国家来说,中国几乎在一夜之间从"黄包车之国"变成了拥有远程火箭的军事强国。

"自力更生、艰苦奋斗"是"两弹一星"精神的立足基点。这是一场从无到有、困难重重、白手起家的攻坚大会战,从共和国将军、著名科学家到每一名普通战士,全都拼了命般投身进去,誓死也要打赢这场大会战。志愿军20兵团十万大军刚从朝鲜战场归来,一接到命令,征尘未洗就直接开赴戈壁大漠,在极其恶劣的环境中一干就是十几年甚至几十年。工程兵司令员陈士榘上将回忆当年"两弹"创业时说,那是一场同天斗、同地斗、改造大自然的大兵团作战,吃的是沙砾饭,喝的是苦咸水,住的是地窝子,睡的是大通铺,但大家始终都有吃大苦、耐大劳的昂扬斗志。为了擎起中华民族自己的核盾牌,我们的科学家和科技工作者在国家工业基础十分薄弱的条件下,用最原始的手段向尖端武器研究试验的难关发起挑战——没有设备就自己动手加工,没有计算机就用手工计算,没有精密机床就靠金工师傅们一点一点"抠"出来,连导弹火箭发动机都是在一个工棚里开始研制的。在苏联方面突然下令撤走有关方面专家后,邓稼先决定自己带头攻克难关。他通过周光召的帮助以及自己严谨的计算,推翻了苏联专家留下的核爆大气压结论,从而解决了关系到中国原子弹试验成败的关键性难题。酒泉卫星发射中心首任司令员孙继先中将带领部队走进靶场时,立下的是"死在戈壁滩、埋在青山头"的铮铮誓言;"两弹结合"试验时,发射阵地"七勇士"向党组织递交了"死就死在阵地上、埋就埋在导弹旁"的生死状。

站在"两弹一星"辉煌背后的,不是哪一个人,也不是哪一群人,而是整个中华民族,是社会主义制度集中力量办大事的政治优势和组织能力。当年,围绕第一颗原子弹的攻关,26个部委,20多个省区市,1 000多家工厂、科研机构、大专院校,成千上万的科学技术人员、工程技术人员、后勤保障人员,团结协作,群策群力,汇成了向现代科技高峰攀登的浩浩荡荡的队伍。只要是"两弹一星"需要选调的科技专家,点到谁就给谁;只要是

"两弹一星"的协作配套任务,就一定保质保量地按时完成;只要是"两弹一星"需要办理的事情,都毫无保留地全力支持。首次核试验时,动用了来自全国十几个省区市全力支援的几千种、数万吨物资,集中了50多家军地参试单位;导弹发射试验时,为了保证通信、指挥和调度绝对可靠,邮电部把全国几乎一半的通信线路集中起来保障试验,全国民兵都动员起来,每个电线杆旁站2名民兵,一天24小时不间断值班……正是在这种国家意志、全民意愿的支撑推动下,中国人用最少的试验次数、最高的成功率、最佳的效费比,走出了一条中国特色的战略武器发展之路。

"两弹一星"精神反映了中华民族自强不息的道德追求,这种追求在中华民族未来的伟大征程中将继续发扬光大。[①]

问题:

1. "两弹一星"是在什么样的环境和条件下开始研制的?
2. 为什么说"自力更生、艰苦奋斗"是"两弹一星"精神的立足点?
3. 为什么说"两弹一星"精神反映了中华民族自强不息的道德追求?

[①] 张庆国著:《自力更生铸就大国重器》,载自中国军网2018年6月28日文,有改写。网址链接 http://www.81.cn/gfbmap/content/2018—06/28/content_209577.htm。

第九讲　形神兼备、情景交融的美学追求

形神兼备、情景交融的美学追求在中国传统艺术中有着广泛的表现，从古代的诗词、绘画、书法到戏曲、园林等艺术形式都体现了这种审美特点。情景交融强调外在形态与内在神韵的有机结合，要求将情感与景物紧密结合，使情与景相互映衬、相互烘托。形神兼备注重对神韵的捕捉和表达，使艺术作品具有鲜活的生命力。这种美学追求有着深厚的历史渊源和文化底蕴，道家的道法自然、有无相生以及气论、物化等思想都为这种美学追求提供了理论滋养。

第一部分　中华美学追求的表现层面

一、案例导入

案例：

香菱笑道："据我看来，诗的好处，有口里说不出来的意思，想去却是逼真的。有似乎无理的，想去竟是有理有情的。"黛玉笑道："这话有了些意思，但不知你从何处见得？"香菱笑道："我看他《塞上》一首，那一联云：'大漠孤烟直，长河落日圆。'想来烟如何直？日自然是圆的；这'直'字似无理，'圆'字似太俗。合上书一想，倒像是见了这景的。若说再找两个字

换这两个,竟再找不出两个字来。再还有'日落江湖白,潮来天地青':这'白''青'两个字也似无理。想来,必得这两个字才形容得尽,念在嘴里倒像有几千斤重的一个橄榄。还有'渡头余落日,墟里上孤烟':这'余'字和'上'字,难为他怎么想来!我们那年上京来,那日下晚便湾住船,岸上又没有人,只有几棵树,远远的几家人家做晚饭,那个烟竟是碧青,连云直上。谁知我昨日晚上读了这两句,倒像我又到了那个地方去了。"①

附文中所引三首诗:

王维《使至塞上》
单车欲问边,属国过居延。征蓬出汉塞,归雁入胡天。
大漠孤烟直,长河落日圆。萧关逢候骑,都护在燕然。

王维《送邢桂州》
铙吹喧京口,风波下洞庭。赭圻将赤岸,击汰复扬舲。
日落江湖白,潮来天地青。明珠归合浦,应逐使臣星。

王维《辋川闲居赠裴秀才迪》
寒山转苍翠,秋水日潺湲。倚杖柴门外,临风听暮蝉。
渡头余落日,墟里上孤烟。复值接舆醉,狂歌五柳前。

问题:

1.香菱说:"据我看来,诗的好处,有口里说不出来的意思,想去却是逼真的。有似乎无理的,想去竟是有理有情的。"请问,香菱的这一番话道出了中国古代诗歌的哪方面特点?你能解释这种特点的形成原因吗?

2."大漠孤烟直,长河落日圆"这两句诗好在哪里?

3."日落江湖白,潮来天地青"这两句诗好在哪里?

4."渡头余落日,墟里上孤烟"这两句诗好在哪里?

---

① 〔清〕曹雪芹、高鹗著:《红楼梦》,华夏出版社2007年版,第405页。

案例分析：

香菱说道："据我看来，诗的好处，有口里说不出来的意思，想去却是逼真的。有似乎无理的，想去竟是有理有情的。"这种"说不出来的意思"正是诗歌的魅力所在，也就是说，它留给读者无限的想象空间和回味余地，让读者在品味中感受到诗歌的独特韵味和深远意境。尤其是唐诗，根据钱钟书的说法，最大的优点就在于具有风神情韵。

中国古典诗词特别讲求意境，所谓情景交融、形神兼备、虚实相生、韵味无穷等，都是对这种美学追求的概括。一首好诗，不仅写景状物要精当凝练，写出景物的特色，还要灌注诗人的情趣和生命意志，要使人从有限的景语中领略到韵味无穷的言外之意，如王国维所说的"一切景语皆情语也"。梅尧臣说得更加完整、精辟："状难写之景如在目前，含不尽之意见于言外，然后为至矣。"

王维《使至塞上》中"大漠孤烟直，长河落日圆"两句好在哪里呢？香菱对这两句，一开始觉得"直"字无理，"圆"字太俗。不过掩卷沉思之后，又觉得"倒像是见了这景的"，这说明香菱读出了这两句的"言外之意"。孤烟之"直"、落日之"圆"，不仅体现了沙漠中特定的物理现象，也蕴含了诗人的情感表达，让人体会到戈壁黄昏时静谧死寂的气氛。此外，大漠孤烟、长河落日，是西北边地特有的苍凉大气、一无依傍的壮美画面，由江山之壮阔又能映衬出诗人胸襟之开阔、使命之伟大。

香菱对于"日落江湖白，潮来天地青"这两句，觉得"念在嘴里倒像有几千斤重的一个橄榄"。几千斤重的橄榄说明了什么呢？说明诗句有味道，耐人回味，而这种味道又不是轻易就能概括出来的，所以让人觉得一字千金。"日落江湖白"，形象地描绘了太阳落山时江湖水面的反光，形成一片白色的景象；"潮来天地青"，则形象地描绘了潮水涌来时天地间一片青色的壮观景象。"白"和"青"两种颜色的对比，形成了视觉上的冲击力，色彩鲜明、引人注目，典型地反映了王维诗"诗中有画"的特点。这两句诗还通过自然景象的变化，传达了对时间和自然规律的深刻思考，令人感受到大自然的循环往复和生生不息，传达出不以人的意志为转移的生命律动。莫砺锋教授具体阐释了王维"诗中有画"的特点,指出王维有意识地用画家的眼光在观察景物,抓住其本质特征。如"直"和"圆"是线条,是轮廓,而"白"和"青"是色彩。王维善于模山范水,因此写出来的诗就非常具有画面感。

"渡头余落日,墟里上孤烟",也是"诗中有画"之作,描绘了一幅深秋时节傍晚时分的田园风景画。"渡头余落日",描绘了渡口旁落日即将与水面相切的瞬间景象;"墟里上孤烟",描写了黄昏时一缕炊烟袅袅上升到半空的景象,一个"上"字形象地写出了炊烟徐徐上升的动态。这两句让读者仿佛置身于那宁静而悠然的田园之中,感受到田园生活的温馨与和谐。香菱年幼即被人拐卖,身世凄苦,对家庭的温暖有一种特别的渴望,这样一幅画面对她而言特别有吸引力,所以才说出了"谁知我昨日晚上读了这两句,倒像我又到了那个地方去了"。

二、中华美学追求的表现层面

道家哲学的"道法自然"理念、有无相生原则以及"通天下一气"的气论思想,都对中国美学产生了深远的影响。可以说,道家思想的理论塑造了中华民族的审美习惯,奠定了中国艺术风格的审美取向,决定了形神兼备、情景交融的审美追求。

(一)生气灌注、气韵生动

气韵生动是中华美学的一个核心概念,它强调艺术作品应具有一种生动的、富有生命力的特质。这一美学原则发源于道家的"气论"思想。

《庄子·知北游》:"通天下一气耳。"[1]

"通天下一气耳"这个观念体现了庄子关于万物本原和构成的基本思考,也体现了庄子对生命的看法。他认为,生命由气聚而生,而死亡则是气散而亡,宇宙中的一切现象都可以归结为"气"的聚散和运动。同时,庄

---

[1] 〔战国〕庄子著,陈鼓应注译:《庄子今注今译》,第559页。

子也强调了气的运动变化和相互联系性,这种特性使万物得以相互转化。

这一观念不仅在哲学上有着深刻的理论意义,在现实生活中也有着广泛的应用和影响。例如,中医理论认为,人体由阴阳之气冲和而成,整个世界就是一个整体性的气化过程,因此中医养生治病重在调理气血、固本扶元。气论也被广泛运用于文艺领域,被视为一个审美概念。由此,生气灌注、气韵生动是对文学艺术创作和品评的一个基本要求,构成了中国传统文化中独特的美学观念。

谢赫《古画品录》:"六法者何？一气韵生动是也。"[1]

南齐谢赫提出了中国古代绘画的"六法",其中第一法就是"气韵生动",与其他五法(骨法用笔、应物象形、随类赋彩、经营位置、传移模写)紧密相关,形成一个整体。"气韵生动"被放在第一法,且后来成为中国画创作的核心原则,可见其是对中国艺术精神的精准概括。气韵生动包含了画家的天赋气质、个性特征在绘画中的生动体现,同时也与其他五法紧密相关,形成一个整体。它要求作品不仅在形式上具有美感,更要具有一种生动的气度韵致,富有生命力。

"气韵生动"中的"气",指的是作品中流露出的创作者的精神气质,而"韵"则是指作品所表现出来的风格和韵味。这一原则体现了对艺术作品内在生命力的追求,要求艺术家在作品中表现出个性精神、生命情调以及大自然生生不息的生命力。中国艺术最独特的魅力,在于表现了活的生命。宇宙是一个生命流转、生生不息的过程,画家的眼前都是生机,所以绘画就是表现生机。中国人以生命的精神看待大千世界,在艺术家笔下,人物画、花鸟画乃至山水画都具有活泼泼的生命,有一股生气、生意贯穿其间。绘画归根到底就是要"写生",即写出万物的生意来。宗白华在《论中西画法的渊源与基础》一文中指出,中国画以气韵生动为追求,"他的精神与着重点在全幅的节奏生命而不黏滞于个体形象的刻画。画家用笔墨

---

[1] 〔南齐〕谢赫著:《古画品录》,人民美术出版社1959年版,第1页。

的浓淡、点线的交错、明暗虚实的互映、形体气势的开合,谱成一幅如音乐如舞蹈的图案"。① 从更广泛的意义上说,"气韵生动"不仅适用于绘画艺术,也是诗、文、书、画、音乐诸理论共享的术语,是中国文学和艺术所追求的核心审美境界。

1978年,日本音乐指挥大师小泽征尔访问中国,中方安排十七岁女生姜建华为他现场演奏《二泉映月》。委婉流畅的旋律传来,小泽征尔立即被这首曲子的深邃意境所吸引,他似乎感受到了阿炳如泣如诉、如悲似怒的感情。没过多久,姜建华突然听到有人在哭泣,循声望去,只见小泽征尔从椅子上跪倒在地,掩面哭泣。随行人员也被小泽征尔的举动吓了一跳,只见他摆了摆手说道:这种音乐应该跪下去听,站着坐着都是极为不恭敬的。小泽征尔作为世界顶级的指挥家,他为何要用这种方式表达自己尊敬与虔诚的想法呢?其实,小泽征尔的这一跪,是发自内心对音乐的尊重,是不同时代、不同国籍音乐家的灵魂共鸣。通过音乐,小泽征尔似乎看到了瞎子阿炳悲凉的一生,听出了他对光明的憧憬以及受尽磨难但仍然倔强不屈的精神,总之,他感受到的是灌注于音乐之中阿炳的生命。

方薰《山静居画论》:"古人写生,即写物之生意。"②

清代画家方薰的这句论画之语,意思是说,古人对于写生的理解,不仅仅是外形相似,而是超越了简单的形态模仿,上升到捕捉和表现物体的生命力和精神内涵。

这一观念反映了中国绘画中追求"气韵生动"的美学理念,即通过绘画表现活的生命和动态的美。这句话的内涵可以从两个方面来理解:一方面大自然生生不息,天地之间无处不充盈和展示着蓬勃的生命力,《周易·系辞下》说"天地之大德曰生"③,就是对大自然生命力的敬畏与赞

---

① 宗白华著:《美学散步》,上海人民出版社2005年版,第205—206页。
② 俞剑华编著:《中国古代画论类编》,人民美术出版社1957年版,第1190页。
③ 杨天才、张善文撰:《周易译注》,第606页。

美,艺术家有责任把宇宙间的生命意趣展现出来;另一方面,"写物之生意"强调艺术家要有生气灌注,要把自己的生命体验和情感追求投射到自然中去,与自然精神交融往还。这就要求艺术家不仅要提高对自然的观察和理解能力,还要在创作过程中融入自己的情感和思考,使作品具有更深层的意义和价值,从而体现为艺术作品独特的风格和创造性。中国绘画传统注重"写物之生意",由此形成绘画史上的"写意"一派。

"写意"与"写实"相对,强调展示画家的内在精神。通过简洁的笔触和自由的构图来表达作者的情感和意境。这种绘画方式强调的是作者的个人体验和情感投入,而不是对客观世界的精确复制。在中国的绘画传统中,写意画尤其是大写意,曾经占据着主导地位,一脉传承,不断超越,体现了中国画"超以象外"的东方气质。写意画在长期的艺术实践中逐步形成,其中文人参与绘画对写意画的形成和发展起了积极的作用。元代画家倪瓒在《跋画竹》中,以自身画竹的经历来说明他对"写意"的独特理解,很有启发意义,他说:"以中(笔者案"以中"为人名)每爱余画竹,余之竹聊以写胸中逸气耳,岂复较其似与非,叶之繁与疏,枝之斜与直哉!或涂抹久之,他人视以为麻为芦,仆亦不能强辩为竹,真没奈览者何,但不知以中视为何物耳。"[1]从文中可知,倪瓒所画之竹未完全取其形似,又不完全抛弃物象的基本样貌,而是取其神似,以至于观画者不能清晰地辨别出他所画为何物,甚至被误认为麻或芦。这说明倪瓒在自娱之态下创作时,沉浸于一山一石、一岩一树,将自身精神注入画幅且乐在其中。元代书画鉴赏家汤垕在《画鉴》中的一段话,与方薰对写生的解释是相通的,他说:"画梅谓之写梅,画竹谓之写竹,画兰谓之写兰,何哉?盖花之至清者,画之当以意写,不在形似耳。"[2]写梅、写竹、写兰,不仅仅是对于梅、竹、兰这些花卉的描绘,而是画家通过这些题材表达自己的情感和思想。王冕笔下的梅花,不仅是画家本人纯洁心灵的写照,也是民族精神的象征。

---

[1] 〔元〕倪瓒著:《清閟阁集》,西泠印社2010年版,第302页。
[2] 〔元〕汤垕著:《画鉴》,人民美术出版社2016年版,第70页。

(二)虚实相生、超越形似

虚实相生是中华美学的重要原则,这一原则要求通过有形的物象与无形空间的巧妙结合,创造出既具有实体感又富有想象空间的美感。在古典园林设计中,通过建筑、山石、水流等实体与草坪、庭院、天空等自然空间的相互映衬,形成虚实对比,赋予园林无限的空间感和深远的意境。在中国画中,通过"留白"等手法,给人以想象的空间,营造了虚实结合的境界,让人回味无穷。在诗歌领域里,通过"状难写之景如在目前"的艺术功力,实现"含不尽之意见于言外"的艺术魅力。

《道德经》第2章:"有无相生,难易相成,长短相形,高下相盈,音声相和,前后相随,恒也。"①

这段话告诉我们,有和无是相互生成的,没有绝对的虚无,也没有永恒的存在;难和易是相互促成的,没有绝对的困难,也没有绝对的容易;长和短是互相比较的,没有绝对的长,也没有绝对的短;高和下是相互补足的,没有绝对的高,也没有绝对的低;乐器的音响和人的声音互相应和,才构成自然界和谐的音律;前和后互相跟随,永远不断追随回转。这些是永恒不变的道理。

有无相生的思想不仅是一种哲学思辨,而且是中国古典美学虚实相生思想的源头。这一理念的美学启示在于强调虚实结合,通过虚空与实在的相互映衬,达到艺术作品的最高境界。虚和实是艺术创作与欣赏中不可或缺的两个方面。虚,即无、妙有、空灵,代表着艺术作品中的空白、留白部分,看似没有具体的形象,却包含了无限形象的可能,能够给予欣赏者以丰富的联想空间。实,即有、实有、质实,代表着艺术作品中的具体形象,是直接可感知的部分。虚和实的结合,在形式上也体现出一种疏密、聚散的节奏与韵律,从而生出流转的气韵,达到"气韵生动"的艺术效果。这种思想在绘画美学、书法美学、音乐美学、园林美学中都得到了充

---

① 〔春秋〕老子著,陈鼓应注评:《老子注译及评介》,第64页。

分体现。在绘画中,艺术家通过简洁的笔墨和留白,营造出一种深远、深邃的氛围,使观者感受到画作之外的意境和情感。

宋代画家马远的《寒江独钓图》,画面中只有一叶扁舟,上有一位老翁俯身垂钓,船旁以淡墨寥寥数笔勾出水纹,四周都是空白,令人觉得江水浩渺、气氛凄清。靖康之变后北宋灭亡,南宋王朝偏安一隅。面对山河破碎、国土沦丧,马远作为一名昔日的宫廷画家,为表达对国家破碎、山河不复的悲叹,只能借助笔墨表达内心的苦痛,取材柳宗元《江雪》诗意创作了《寒江独钓图》。这种苦痛既是对自己身世的写照,又是对南宋屈辱政权的慨叹,还包含着对昔日繁华景象的追忆和眷恋。这种通过简洁笔墨和留白营造出的意境,正是"有无相生"理念在绘画中的具体表现。

《道德经》第11章:"三十辐,共一毂;当其无,有车之用。埏埴以为器,当其无,有器之用。凿户牖以为室,当其无,有室之用。故有之以为利,无之以为用。"[1]

这段话对中国艺术精神影响极大,值得花一些笔墨来介绍。这段话的意思是,车轮上的三十根辐条,聚集到一个车轴上,有了轴心空虚处,才有车的作用。糅合黏土做成器皿,有了器皿中间的空虚处,才产生了器皿的作用。开凿门窗并建成房屋,有了房屋中间的空虚处,才有房屋的作用。所以,"有"给人便利,"无"发挥效用。

这段话强调了"有"和"无"的相互依存和相互作用。其中,"有"指的是具体的物质存在,如车子、器皿、房屋等,它们给人带来便利,提供了实际的使用价值。而"无"则指的是这些物质存在的空间或内部空虚部分,如车轮中心的空洞、器皿内部的空虚、房屋内部的空间等,这些"无"的部分虽然看似没有实际物质,实际上却是这些"有"发挥作用的必要条件。"无"不是完全没有,可以理解为一种"妙有"状态,包含了"有"的潜在可能性,即将有未有或已在孕育之中,类似于种子在地下尚未萌芽的状态。

---

[1] 〔春秋〕老子著,陈鼓应注评:《老子注译及评介》,第102页。

"留白——虚无"的概念通常是人生体悟的暗藏发条和看不见的发动机。留白不是真的虚无，而是激发鉴赏者想象、联想的动力和空间。不留"无"，生不了丰富的"有"。"有"的丰富与生动性被牵连出来，那是鉴赏的贮备，也是鉴赏者与创作者的缘。无缘，他见到的是"白"；有缘，他和创作者的心灵一样，进入了从"有"的意象暗示出来的那个丰富世界。齐白石画鱼从不画水，纸上只点染了一条鱼，其余全部留白，欣赏者的第一感受是满目的水流纹漾之生动。有限的意象，唤醒了鉴赏者的无限经验。

叶绍翁《游园不值》："应怜屐齿印苍苔，小扣柴扉久不开。春色满园关不住，一枝红杏出墙来。"

宋代叶绍翁的这首诗我们很早就读过了，甚至倒背如流，但是要我们说出这首诗的好处，特别是这首诗背后所表现的艺术精神，恐怕很多人就功力不逮了。

首句"应怜屐齿印苍苔"，与第三句中的"关"形成照应。有可能是主人担心来访的客人太多，破坏自家小园的美景和宁静的气氛，干脆就闭门谢客；也可能是主人久出未归，家中无人应客，于是就出现了"屐齿印苍苔"这难得一见的情况。但来访者是既小心翼翼又不甘心白走一遭，于是有了第二句"小扣"和"久"扣而不离开。三四两句是诗人要表达的重点，也是这首诗千载流传的魅力所在。这两句的动人之处就在于，虽然诗人的着眼点是红杏，却未止于红杏，而是就红杏而写出了满园春色。透过一枝红杏，诗人窥见了无尽的风光以及大自然的勃勃生机。着眼点虽小，而意境深远。作者似在告诫主人，大自然之美非人力可禁，蓬勃的生命力是关不住的，那枝出墙的红杏正冲破高墙的阻隔，尽情拥抱春天、展示生命。此诗之妙，妙在"关"与"出墙来"的张力，也妙在"一枝红杏"之实与"满园春色"之虚的照应对比写法。一实一虚，以实写虚，深得中国美学的妙理。

清代沈复在《浮生六记》中有专门一段是论及园林艺术的，其审美观念就来源于道家的"有无相生"哲学，这一审美原则对于我们欣赏园林之美可以提供一些基本思路。沈复说："若夫园亭楼阁，套室回廊，叠石成山,栽花取势,又在大中见小,小中见大,虚中有实,实中有虚,或藏或露,或浅或深,不仅在'周回曲折'四字。"[①]沈复的这段话涉及园林设计中的多个方面,包括园亭、楼阁、套间、回廊的布局,以及如何通过叠石和栽花来营造景观,特别是这段心得体会揭示了虚实相生在中国传统美学中的重要地位,它强调了园林设计中的大小、多少、藏露、浅深、曲直等元素之间的相互作用和影响,以及如何通过这些元素的巧妙安排,使有限的物理空间得到无限的延伸和扩展。

古琴艺术也是如此。我们在欣赏古琴演奏时,有时会有一种似断实连、若有若无的感受,就是所谓的"此时无声胜有声",一切的意境都在这有无之间体现出来。这一点也正表现了中国人的审美习惯。"大音希声"与"有无相生"的美学观相通,也是老子提出的,这一理念深刻地影响了中国人的音乐审美。在中国人看来,好的音乐不是为了展现演奏者的技巧和旋律之美,而是用来感悟天道的,因此不可太满,不可堆积得过于厚密,应给予人们以领会音乐的空间。对听者也有要求,只能用心灵领会,要听之以心,而非听之以耳。因此,古琴音乐时常会有断续的停顿,这就相当于视觉艺术中的留白,正是点到为止,让人们有时间去领略弦外之音的美妙。

苏轼《书鄢陵王主簿所画折枝》二首其一:"论画以形似,见与儿童邻。赋诗必此诗,定非知诗人。"

这四句话的意思是,如果一个人评价一幅画时执着于像与不像,那么他的见识就和儿童差不多。如果作诗只停留在字面上的意思,那他不是一个真正的诗人。

苏轼认为,过于追求形似是儿童级的理解,真正的艺术家不应该简单地模仿现实,而是要追求神似,即通过艺术作品传达出作者的精神内涵。苏轼通过这句话,还表达了对艺术创新和个性的重视。如果艺术家在创

[①] 〔清〕沈复著,苗怀明评注:《浮生六记》,中华书局2010年版,第38页。

作时仅仅满足于对现实的描绘,而不进行创新和个性化的表达,这样的作品就不能算作真正的艺术。

西方绘画最显著的特点就在于它的真实性,流传着许多动人的故事。画家提香画圣徒约翰牵来羔羊,结果激发了母羊愉快的叫声;德国画家丢勒的《野兔》,那毛茸茸的皮毛,可谓栩栩如生,足以乱真。这些事例都说明,西方画家追求"真",以科学的精神对待绘画艺术,因此研究透视、比例、明暗,其目的就是创造出与现实完全一致的世界。中国绘画也有求真的作品,但在中国美学眼光之下,求形似不过是雕虫小技,好的绘画作品必须表现出创作者的精神,心灵表现才是绘画的最高境界。

宋代郭若虚在《图画见闻志》中讲了两个事例。一个故事是五代时,西蜀有一个术士自称善画,蜀主孟昶就叫他在庭院东墙上画了一只野鹊,不久许多禽鸟飞来聚集而噪鸣。孟昶又叫大画家黄筌在庭院西墙上也画一只野鹊,却没有聚集群鸟。孟昶问黄筌这是为什么?黄筌回答,我所画的是艺画,术士所画的是术画。蜀主孟昶认为黄筌说得正确。第二个事例是,宋代有一个道士叫陆希直,于壁间画一枝花,游蜂飞来,大画家边鸾、黄筌、徐熙、赵昌同样画一枝花,却没有游蜂飞来。究其原因,就在于道士的所谓作品被认为是怪诞方术,所以,宋代郭若虚编撰的《图画见闻志》中不采录他们的作品。

是不是说中国绘画不追求"真"呢?不是。中国画同样追求真,只不过中国绘画对真的理解与西方绘画不同。西方绘画的"真",是对事物的形貌、色彩、光影、比例的如实反映;中国绘画理论认为,这不叫"真",只能够叫作"形似",只有既表现了事物形貌色彩又超越了形貌色彩,即表现出了事物的风采、风神,也就是经过画家内心世界统摄的意象,才叫作"真"。

(三)情景交融、意境深远

中国古典诗歌就其本质而言,是以审美的方式处理人与世界、人与自然的关系,基于中国哲学精神的有无相生、虚实相生原则,人们形成了古典诗歌的评价标准:情景交融、意境深远。

欧阳修《六一诗话》引梅尧臣语:"必能状难写之景,如在目前,含不尽之意,见于言外,然后为至矣。"①

梅尧臣认为,诗歌要能够描绘难以言传的景象,使得读者仿佛身临其境;同时在形象中蕴含深远的意境,又不直截了当地表达出来,这样才能达到艺术的至高境界。

这不仅是诗人对自己创作经验的总结,也是对前人经验的继承和发展,代表了古人的一般标准。它强调了在诗歌创作中,写景状物需要鲜明、生动,而表情达意则需要含蓄、丰富、深远,超越文字表面之意。前文"香菱学诗"故事中所举的王维的诗"大漠孤烟直,长河落日圆""日落江湖白,潮来天地青""渡头余落日,墟里上孤烟",都是难写之景与不尽之意的最佳结合。

为了表达观点的方便,梅尧臣把难写之景和不尽之意分开来说,强调各自的特点,实际上景和情、意怎么能割裂开呢? 情和景早经由诗人的生命体验化为元气淋漓的整体了。所以清代学者王夫之在《姜斋诗话》中说:"情、景名为二,而实不可离。神于诗者,妙合无垠。巧者则有情中景、景中情。"②情与景在诗歌中虽然看似是两个独立的部分,但实际上它们交融在一起,共同构成了诗歌的意境。这句话是对传统诗学中情景关系的一种概括,它揭示了诗歌创作中景物与情感相互依存的本质特征。因此,景被视为"情中景",情又被看作"景中情",这种情景交融的境界被王夫之称为"妙合无垠",意味着两者结合达到了一个极高的艺术境界。

王国维《人间词话》:"有我之境,以我观物,故物我皆著我之色彩;无我之境,以物观物,故不知何者为我,何者为物。"③

王国维在这里提出了词的两种风格类型,即有我之境和无我之境,他

---

① 郭绍虞主编:《中国历代文论选》第二册,上海古籍出版社1979年版,第244页。
② 〔清〕王夫之等撰:《清诗话》,上海古籍出版社1999年版,第11页。
③ 郭绍虞主编:《中国历代文论选》第四册,第371页。

所概括的两种类型主要是以感情的表现方式为标准的。所谓"有我之境",王国维的解释是"以我观物,故物皆著我之色彩",指的是文学创作中,创作者的情感非常强烈,作品带有创作者强烈的主观色彩和情感表达。"无我之境",王国维的解释是,"以物观物,故不知何者为我,何者为物",无我之境强调的是意境交融、物我一体的优美境界,在无我之境中,创作者的主观色彩表现得比较恬淡,或者退隐到景物背后。

《人间词话》是王国维所著的一部文学批评著作,该书接受了西方美学理念,提出了许多崭新的观念和方法,形成了独特的思想体系,在文学批评和美学领域具有深远影响。王国维同时列举了有我之境和无我之境的例子。欧阳修的"泪眼问花花不语,乱红飞过秋千去"、秦观的"可堪孤馆闭春寒,杜鹃声里斜阳暮"等作品属于有我之境;陶渊明的"采菊东篱下,悠然见南山"、元好问的"寒波澹澹起,白鸟悠悠下"属于无我之境。欧阳修的《蝶恋花》描写闺中少妇的伤春之情,"泪眼问花"可见其幽恨怨愤之情非常强烈。秦观的《踏莎行·郴州旅舍》写于词人因党争遭贬、远徙郴州之际,孤馆、春寒之语可见其精神之悲苦、羁旅之感慨。相反,陶渊明的《饮酒其五》,采菊之举、悠然之态,写出了诗人对宁静、自然的田园生活情趣的向往,这里没有表现出激烈的感情或内心矛盾,诗意是淡淡的,意味是隽永的。元好问的《颖亭留别》通过生动的意象和精练的语言,展现了诗人对自然美景的细腻感受和对人生哲理的深刻思考。叠字"澹澹"和"悠悠"恰到好处地表现了江水的平静和鸟儿的从容,而且通过素色"寒""白"的运用,简笔勾勒出一幅冲淡平和、宁静娴雅的幽美意境。

情景交融虽是针对诗歌创作而发,但也可以扩展到以描绘自然景色为主的绘画作品中。画家吴冠中曾说,在我的众多江南题材的作品中,最突出、最具有代表性的是《双燕》,即使双燕飞去,乡情依然。

《双燕》中贯穿整个画面的,是粉墙黑瓦的江南建筑,通过和谐简约的形式和灵动淡雅的气韵,将江南景色刻画得入木三分。白墙上窄长的黑色门洞与白墙呈现明显的对比,画面左上角是典型的江南风韵的山墙尖角,画面中有灵巧的双燕飞来。

第二部分　中华美学追求的成因探寻

一、案例导入

案例：

贾政刚至园门前,只见贾珍带领许多执事人来,一旁侍立。贾政道:"你且把园门都关上,我们先瞧了外面再进去。"贾珍听说,命人将门关了。贾政先秉正看门。只见正门五间,上面桶瓦泥鳅脊,那门栏窗槅,皆是细雕新鲜花样,并无朱粉涂饰,一色水磨群墙,下面白石台矶,凿成西番草花样。左右一望,皆雪白粉墙,下面虎皮石,随势砌去,果然不落富丽俗套,自是欢喜。遂命开门,只见迎面一带翠嶂挡在前面。众清客都道:"好山,好山!"贾政道:"非此一山,一进来园中所有之景悉入目中,则有何趣。"人道:"极是。非胸中大有丘壑,焉想及此。"说毕,往前一望,见白石崚嶒,或如鬼怪,或如猛兽,纵横拱立,上面苔藓成斑,藤萝掩映,其中微露羊肠小径。贾政道:"我们就从此小径游去,回来由那一边出去,方可遍览。"

……

说着,进入石洞来。只见佳木茏葱,奇花炳灼,一带清流,从花木深处曲折泻于石隙之下。再进数步,渐向北边,平坦宽豁,两边飞楼插空,雕甍绣槛,皆隐于山坳树杪之间。俯而视之,则清溪泻雪,石磴穿云,白石为栏,环抱池沿,石桥三港,兽面衔吐。桥上有亭。贾政与诸人上了亭子,倚栏坐了,因问:"诸公以何题此?"诸人都道:"当日欧阳公《醉翁亭记》有云:'有亭翼然',就名'翼然'。"贾政笑道:"'翼然'虽佳,但此亭压水而成,还须偏于水题方称。依我拙裁,欧阳公之'泻出于两峰之间',竟用他这一个'泻'字。"有一客道:"是极,是极。竟是'泻玉'二字妙。"贾政拈髯寻思,因抬头见宝玉侍侧,便笑命他也拟一个来。宝玉听说,连忙回道:"老爷方才所议已是。但是如今追究了去,似乎当日欧阳公题酿泉用一'泻'字则妥,今日此泉若亦用'泻'字,则觉不妥。况此处虽云省亲驻跸别墅,亦当入于应制之例,用此等字眼,亦觉粗陋不雅。求再拟较此蕴藉含蓄者。"贾政笑道:"诸公听此论若何?方才众人编新,你又说不如述古;如今我们述古,你又说粗陋不妥。你且说你的来我听。"宝玉道:"有用'泻玉'二字,则莫若'沁芳'二字,岂不新雅?"贾政拈髯点头不语。众人都忙迎合,赞宝玉才情不凡。贾政道:"匾上二字容易。再作一副七言对联来。"宝玉听说,立于亭上,四顾一望,便机上心来,乃念道:"绕堤柳借三篙翠,隔岸花分一脉香。"贾政听了,点头微笑。众人先称赞不已。①

问题:
1. 贾政的话表现了他对园林艺术有何见解?
2. 大观园的布局安排表现了中华园林艺术的哪些精神要素?

案例分析:

贾政对园林艺术的见解体现在诸多方面。首先,从美学风格上看,他崇尚简约、朴素之美,并不钟情于华丽奢靡风格。文中写道,当贾政看到正门五间"并无朱粉涂饰""皆雪白粉墙,下面虎皮石,随势砌去,果然不落富丽俗套",表现出的态度是"自是欢喜"。由此可见,贾政的审美鉴赏不落俗套,至少达到了文人士大夫的一般水准。其次,对园林布局,贾政也有自己的理解。他认为,园林的设计应注重整体规划与移步换景的手法,通过巧妙的隔断让空间看上去更有层次感。如进入园中,只见迎面一带翠嶂挡在前面。众清客都道:"好山,好山!"贾政道:"非此一山,一进来园中所有之景悉入目中,则有何趣。"这就看出了他对造园艺术是有独特见解的。此外,贾政强调,好的建筑必须有好的文字相匹配,一个漂亮的建筑如果名字不当,会大大降低其美感。在大观园的建造中,贾政最头痛的问题也是建筑的命名,为此他多次借机考察贾宝玉的水平,如对于石隙间的泉水,他取名"泻玉",宝玉取名"沁芳",他也默许;又让宝玉做出一副七

---

① 〔清〕曹雪芹、高鹗著:《红楼梦》,第133—134页。

言对联,他听了以后点头微笑,这些都见出贾政具有不凡的鉴赏力和判断力以及对于园林设计的熟悉。

园林艺术是时间的艺术,在园林中感知时间,便是在感知生命、体悟生命与自然的同一。首先,大观园的设计强调人与自然的和谐共存。通过堆叠假山、挖掘河水、安排花草树木等方式,模仿自然景观,营造出一种人与自然和谐相处的氛围,使得整个园林景观更加生动和自然。其次是追求意境深远。通过障景、借景等手法,达到了山重水复、曲径通幽的意境效果。例如,通过设置翠嶂和泉水,增加了园林的层次感和深度。中国园林最讲究含蓄遮挡的美,通过设置审美阻碍,让人产生柳暗花明的感觉。再次是文化内涵的丰富表达。大观园的设计蕴含了丰富的文化内涵,通过建筑风格、植物配置以及匾额、楹联等细节,展现了深厚的文化底蕴。综上所述,大观园的布局安排不仅展现了中华园林艺术的自然和谐、意境深远、空间布局的巧妙运用以及文化内涵的丰富表达等精神要素,而且通过对自然景观的模仿和对人文精神的表达,使其成为中国传统园林艺术的典范之作。

二、中华美学追求的成因探寻

(一)中华美学追求的哲学基础是天人合一

天人合一的观念不仅是中国古代哲学的核心思想,也是中华美学精神生成的基础。哲学是艺术的基础,而天人合一便是中国艺术精神之核心。无论是建筑、诗词或是绘画,艺术家们在处理自身与万物关系时,总是呈现一种交融与共享的状态。正是因为天人合一思想如此根深蒂固,中国的山水诗、山水画乃至于园林艺术才会如此发达。

计成《园冶》:"虽由人作,宛自天开。"[1]

计成是明代园林艺术家,他撰写的《园冶》是中国最早、最系统的造园

---

[1] 〔明〕计成撰:《园冶》,中华书局2020年版,第21页。

著作。这句话意思是说,园林虽是人工创造的,但其呈现的景色必须真实,好像是天然生成的一般。这是在强调园林建造应顺应自然,使人为的美融入大自然,成为大自然和谐的一部分。如《红楼梦》"大观园"中的翠障、假山、泉水等与整体景观和谐交融,就体现了"虽由人作,宛自天开"的原则。因此可以说,这一命题体现了古人"天人合一"的审美观。

计成《园冶》:"构园无格,借景有因。""因借无由,触情俱是。""借者,园虽别内外,得景则无拘远近。"①

这里集中展示了计成对于园林"借景"理论的论述。在园林设计中,借景是一种重要的艺术手法,它强调将园内外景观元素有机地结合在一起,以达到扩大视觉空间感和增强景观效果的目的。一座园林的空间毕竟是有限的,为了扩大景物的深度和广度,造园者常常运用借景的手法,收无限于有限之中。这种方法起到了扩大空间、丰富景观效果的作用。

要在有限空间内表现无限的景物,就必须充分地借景。所谓借景,就是根据人的视线所及,把空间之外的景物纳入观赏视线之中的构景处理。这是通过创造性的手法来扩展视野范围,以摆脱有限空间对人的禁锢与束缚。"构园无格,借景有因",这一观点强调,园林的设计不应被限制在特定的模式或格局中,要根据周围的环境和景观来灵活设计。通过巧妙地利用自然景观和四季变化,创造出与自然和谐共生的园林空间。"因借无由,触情俱是",意味着借景没有什么固定的规则或方法,可以根据情感和情境来决定。也就是说,在园林设计中,借景的运用是非常灵活的,可以根据不同的情境和情感需要,灵活地借用周围的自然景观或人造景观,以达到丰富园林空间美感、触发观景者情感的目的。"借者,园虽别内外,得景则无拘远近",这句话指出了借景的核心理念在于园内外互相凭借,不受远近限制,不仅局限于园林内部,还包括对外部自然景观的引入和利用。

---

① 〔明〕计成撰:《园冶》,第153页。

借景是古典园林建筑中常用的构景手段之一,通常分远借、邻借、互借、仰借、俯借、应时借等方式。借景也不一定局限于园林,大型建筑景观如果借助于借景手法,会使风景增色不少。唐代的滕王阁远借赣江之景,登阁可以远望"落霞与孤鹜齐飞,秋水共长天一色";岳阳楼远借君山,构成气象万千的山水画面。北京颐和园的"湖山真意"远借西山、近借玉泉山,因而层峦叠嶂、莽苍壮阔。

(二)外师造化、中得心源

关于艺术与自然的关系,基于各自对世界的不同看法,中国和西方的艺术家给出了各自的回答。西方最有代表性的看法是"模仿说",而中国占优势的观念是"表现说"。文艺复兴时期画家达·芬奇曾说,艺术家不能做自然的老子,也不能做自然的孙子,只能做自然的儿子。中国画家的观点是"外师造化,中得心源",艺术家与自然可以说是朋友或恋人关系。

张彦远《历代名画记》载张璪语:"外师造化,中得心源。"[1]

"外师造化,中得心源"是唐代画家张璪所提出的绘画创作理论,是中国艺术家处理自然与艺术关系的代表性言论。"造化"即大自然,"心源"即作者内心的感悟。"外师造化",就是说艺术创作来源于对大自然的师法;"中得心源"的意思是,艺术家需要通过自己的情感和构想,将自然的美转化为艺术的美。张璪的这一理论,强调艺术家在创作过程中,既要深入自然、观察自然、理解自然,又要将个人的情感和审美趣味融入作品,实现主观与客观、心灵与自然的和谐统一,从而达到艺术的最高境界。这一理论不仅是中国传统绘画理论的重要命题,也是中国古代美学思想的重要组成部分。历代艺术家和艺术批评家都继承和发展了这一理论,使其成为中国美学史上的代表性主张。

石涛《画语录》:"夫画者,从于心者也。山川人物之秀错,鸟兽草木之

---

[1] 〔唐〕张彦远撰,尚莲霞等译注:《历代名画记》,中华书局2023年版,第622页。

性情,池榭楼台之矩度,未能深入其理,曲尽其态,终未得一画之洪规也。"①

这段话的大意是,绘画是从内心中流露出来的艺术表现。山川人物各有样态,鸟兽草木都有性情,池榭楼台都遵循着规矩尺度,如果不能深入了解自然和生活的本质进而准确地捕捉和表达事物的神韵和形态,那么就无法达到绘画的最高境界,即"一画之洪规"。

中国画中的"一画",最基本的意义是指一根线条,画家仰赖这根线条为万物传神写照。"一画"看起来简单,但它能"笼天地于形内,挫万物于笔端",把天地万物收进画面。如何才能"得一画之洪规"呢?这就要求画家通过自己的眼睛去观察世界,通过自己的心灵去感受生活,然后将这种感受通过独特的艺术形式表达出来,这样才能创作出具有深刻内涵和独特风格的作品。

石涛强调绘画创作的核心在于对自然和生活的深入理解和独特表达,而不是简单地模仿或复制。他提出"夫画者,从于心者也",就是说绘画是源于画家内心的表达,是画家内心世界的投射,与张璪的"外师造化,中得心源"理论是前后相承的关系。

通过考察张璪和石涛绘画理论的共同点,我们不难发现,中国画论突出一个"心"字。也就是说,绘画不是模仿,而是"心造",画境就是心境。根据中国文化传统,中国的画家不可能做自然的儿子,更不可能做自然的孙子,而只能做自然的朋友或情人。王冕的墨梅、郑思肖的兰花、八大山人的鱼鸟、郑板桥的墨竹,究其精神实质,都是画家自己。我们看八大山人的作品,非常鲜明地体现了"画从于心"的中国艺术精神。

朱耷(1626年—约1705年),号八大山人、雪个等,明末清初画家。朱耷是明太祖朱元璋第十七子朱权的九世孙,明朝灭亡时,朱耷时年十九,不久父亲去世,内心极度忧郁、悲愤,便削发为僧,隐姓埋名遁迹空门,

---

① 〔清〕道济著:《石涛画语录》,人民美术出版社1959年版,第3页。

住在南昌青云谱道院。一生以明遗民自居,花鸟以水墨写意为主,形象夸张奇特。朱耷六十岁时开始用"八大山人"署名题诗作画,他在署款时常把"八大山人"四字连缀起来,仿佛"哭之""笑之"字样,以寄托他哭笑皆非的痛苦心情。八大山人有一首题画诗说:"墨点无多泪点多,山河仍是旧山河。横流乱世杈椰树,留得文林细揣摩。"言简意赅地道出了他绘画艺术的特色和寄寓的思想情感。

八大山人所画的鱼和鸟,或拉长身子,或紧缩一团,特别是那双眼睛,都不是我们生活中所看的鱼、鸟的眼睛。八大山人的鱼、鸟的眼珠子都能转动,有时还会翻白眼瞪人。他画的山石上大下小,头重脚轻,也不管它是不是稳当,立不立得住。我们在欣赏这些作品时,强烈地感觉到朱耷的个性。那些山石树木以及茅亭房舍等,逸笔草草,看似漫不经心,随手拾掇,而干湿浓淡、疏密虚实、远近高低,笔笔无出法度之外。这种无法而法的境界,是情感与技巧的高度结合,使其艺术创作进入一个自由王国。

八大山人,前承古人,后启来者。齐白石老人曾有诗曰:"青藤雪个远凡胎,缶老当年别有才。我原九泉为走狗,三家门下转轮来。"青藤指的是徐渭,雪个是朱耷的另一个号,缶老则是吴昌硕的号。一向傲气的齐白石居然要做八大山人门下的走狗,古今粉丝之狂热恐怕无出其右吧!

(三)物我同一

物化,是战国时期思想家庄子提出的一个概念,指的是泯除事物差别、彼我同化的精神境界。物化思想后来成为中国古典美学关于审美创造的独特范畴,庄子的"心斋"奠定了物化的心理机制,审美移情则是它的表现特征。

《庄子·齐物论》:"天地与我并生,而万物与我为一。"[①]

这句话意思是说,天地与我共存,万物与我是合为一体的。

这句话蕴含了物我同一、心物交融的中华美学精神,人通过与自然和

---

① 〔战国〕庄子著,陈鼓应注译:《庄子今注今译》,第71页。

谐相处,感受天地万物的气息和律动,与自然交融在一起,达到审美感受和生命体验的升华。这种心物相通的美学精神,指向人与自然的生生之美,是中华美学根本性的规范。古典文学创作中那种虚静、心斋等心理机制和情景交融、虚实相生等美学风格都受惠于这种理念。

《庄子·齐物论》:"不知周之梦为蝴蝶与,蝴蝶之梦为周与?周与蝴蝶,则必有分矣。此之谓物化。"①

"庄周梦蝶"是庄子讲述的一个重要寓言,表达了"齐物论"的核心观点。从前庄周梦见自己变成了一只生动的蝴蝶。醒来以后,惊觉自己原来是庄周。于是他发出了这样的疑问,不知道是庄周梦中化为蝴蝶,还是蝴蝶梦中化为庄周呢?庄周和蝴蝶肯定是有分别的,这样的变化就叫作物化。

这里呈现的是人与物之间的界限消失、万物融合为一体的状态。庄周梦见自己变成蝴蝶,体验到蝴蝶的自由与快乐,醒来后却发现自己原来还是庄周,从而引发了对真实与虚幻、生与死的思考。这种状态就是庄子哲学中的齐物论,没有是非、美丑、善恶、贵贱之分。当然也就消除了物我差别,达到了个体与宇宙、自然与社会的和谐统一。物化是中国美学的独特范畴,庄子的"心斋"奠定了物化的心理机制,审美移情是它的表现特征,这是一种忘我的精神境界,是中国艺术家进行审美创造时追求的境界。

《庄子·田子方》记载了"解衣般礴"的故事,生动地传达出艺术创作中"物化"的境界。故事是这样的:"宋元君将画图,众史皆至,受揖而立;舐笔和墨,在外者半。有一史后至者,儃儃然不趋,受揖不立,因之舍。公使人视之,则解衣盘礴,裸。君曰:'可矣,是真画者也。'"②"解衣般礴"就是脱衣箕坐,不管不顾,无视他人。不仅如此,和"解衣般礴"相伴随的,是这位画师的其他表现,不仅"后至",还"儃儃然不趋,受揖不立",与其他画

---

① 〔战国〕庄子著,陈鼓应注译:《庄子今注今译》,第92页。
② 〔战国〕庄子著,陈鼓应注译:《庄子今注今译》,第546页。

师的拘谨相比,这位后来的画师非常放松,进入了一种气定神闲、不受拘束的心理状态。《世说新语》中记载郗太傅派人来王家选婿时,王羲之"坦腹东床"、不为所动,也是这种精神状态。

"解衣盘礴"的审美心态在中国美学中有着深厚的文化内涵和哲学基础,它与中国古代哲学尤其是道家的物化思想密切相关,认为创作时心态应充分放松,要进入无功利的自由境界,不受外界束缚。在中国绘画尤其是在大写意绘画中,艺术家进入自由无碍的精神状态、达到心灵与自然的和谐统一,可以创造出独特的艺术效果。

庄子"物我同一"的审美思想深刻地影响了绘画创作,宋代画家曾云巢的草虫画得很好,人们问他创作草虫的秘诀,他的回答与"庄周化蝶"故事颇有异曲同工之妙。罗大经《鹤林玉露》就记录了他独特的艺术体验:

> 曾云巢无疑工画草虫,年迈愈精。余尝问其有所传乎,无疑笑曰:"是岂有法可传哉!某自少时取草虫笼而观之,穷昼夜不厌,又恐其神之不完也,复就草地之间观之,于是始得其天。方其落笔之际,不知我之为草虫耶,草虫之为我耶,此与造化生物之机缄盖无以异,岂有可传之法哉!"[1]

这段话的大致意思是,曾云巢擅长画草虫,年纪愈大笔力愈专精。罗大经曾经问他有没有什么秘诀可传,他笑着回答,哪里有什么奥秘,只是我对草虫的体验有异于常人罢了。曾云巢观摩草虫的过程分为三个阶段,第一阶段是"取草虫笼而观之,穷昼夜不厌";第二阶段是"恐其神之不完也,复就草地之间观之";第三阶段是"不知我之为草虫耶,草虫之为我耶"。第三个阶段进入物我同一的状态,草虫就是我,我就是草虫。

在诗歌创作中,最能表现"物我同一"审美理想的作品,就是李白"斗酒诗百篇"式的创作。在书法创作领域,张旭的草书创作也颇有"解衣般礴"气象。他们二人的创作状态,在杜甫的《饮中八仙歌》中都有生动的描

---

[1] 引自俞剑华编著:《中国古代画论类编》,第 1036 页。

述。在杜甫笔下,"李白一斗诗百篇,长安市上酒家眠,天子呼来不上船,自称臣是酒中仙";"张旭三杯草圣传,脱帽露顶王公前,挥毫落纸如云烟"。张旭的"脱帽露顶王公前",深得艺术创作中自由的精髓。李白的《将进酒》汪洋恣肆、一泻千里,展现了诗人对生活的热爱和对自由的追求。诗中"会须一饮三百杯"的豪迈,是对人生畅快淋漓、无拘无束态度的彰显。在李白的世界里,已经达到了"天地与我并生,而万物与我为一"的境界。

课后思考题

一、简答题

1. "大漠孤烟直,长河落日圆"这两句好在哪里?
2. "日落江湖白,潮来天地青"这两句好在哪里?
3. "渡头余落日,墟里上孤烟"这两句好在哪里?
4. 中国绘画和西方绘画的本质差异是什么?
5. "通天下一气耳"是谁提出的?
6. "有无相生"出自谁的笔下?
7. 园林艺术中的"借景"指的是什么?请举例说明。
8. "外师造化,中得心源"说的是什么意思?
9. 八大山人画的禽鸟和鱼有什么特点?
10. "解衣盘礴"故事讲述了什么道理?

二、简要论述题

1. 《红楼梦》中香菱说:"据我看来,诗的好处,有口里说不出来的意思,想去却是逼真的。有似乎无理的,想去竟是有理有情的。"请问,香菱的这一番话道出了中国古代诗歌的哪方面特点?你能解释这些特点的形成原因吗?
2. 庄子"通天下一气耳"的思想对中华美学追求、美学风格有什么影响?

3. 谢赫"六法"中的"气韵生动"在中国艺术中是如何表现的?

4. 方薰在《山敬居画论》中说:"古人写生,即写物之生意。"请对这句话的意思进行阐发。

5. 元代画家倪瓒在《跋画竹》中说:"以中每爱余画竹,余之竹聊以写胸中逸气耳,岂复较其似与非,叶之繁与疏,枝之斜与直哉!或涂抹久之,他人视以为麻为芦,仆亦不能强辩为竹,真没奈览者何!"请对倪瓒的艺术理念加以概括分析。

6. 中国艺术讲究"留白"的手法,给人以想象的空间,呈现了虚实结合的境界。请指出"留白"手法的思想渊源。

7. 宋代画家马远《寒江独钓图》的创作背景是什么?你能分析出画家的画外之意吗?

8. 老子《道德经》第11章说:"三十辐共一毂,当其无,有车之用。埏埴以为器,当其无,有器之用。凿户牖以为室,当其无,有室之用。故有之以为利,无之以为用。"请逐句解释每句话的含义并结合实例对"有无相生"的理念进行阐发。

9. 请具体阐发宋代诗人叶绍翁《游园不值》所蕴含的中华美学精神。

10. 清代沈复在《浮生六记》中说:"若夫园亭楼阁,套室回廊,叠石成山,栽花取势,又在大中见小,小中见大,虚中有实,实中有虚,或藏或露,或浅或深,不仅在'周回曲折'四字。"请对这段话中所包含的园林美学原则加以概括、阐发。

11. 古琴艺术讲究"此时无声胜有声"和"大音希声",这一理念反映了什么美学精神?

12. 如果说西方绘画追求的是形似,追求的是真实性,那么中国绘画追求的是什么?请对此加以深入阐发。

13. 欧阳修《六一诗话》引梅尧臣语:"必能状难写之景,如在目前,含不尽之意,见于言外,然后为至矣。"请结合实例对这段话进行解说。

14. 王国维在《人间词话》中提出"有我之境"和"无我之境"的区分,你能举例说明两者的区别吗?

15. 庄子《齐物论》中"庄周化蝶"故事对艺术创作有什么启示?

16. "解衣盘礴"故事折射了中国艺术的什么精神?

17. 根据你所了解的中国美学精神,请尝试说明如何以绘画形式表现"深山藏古寺"。

18. 根据你所了解的中国美学精神,请尝试说明如何以绘画形式表现"竹锁桥边卖酒家"。

19. 根据你所了解的中国美学精神,请尝试说明如何以绘画形式表现"踏花归去马蹄香"。

20. 根据你所了解的中国美学精神,请尝试说明如何以绘画形式表现"蛙声十里出山泉"。

21. 李白《送孟浩然之广陵》中后两句"孤帆远影碧空尽,惟见长江天际流"是如何表现依依惜别之情的?这一表述方式蕴含了什么中华美学精神?

22. 请根据园林美学中的借景理论,谈谈下列诗句(文句)是如何将诗歌、建筑与自然美完美融合在一起的?

(1)王勃《滕王阁序》:"落霞与孤鹜齐飞,秋水共长天一色。"

(2)杜甫《绝句》:"窗含西岭千秋雪,门泊东吴万里船。"

(3)范仲淹《岳阳楼记》:"衔远山,吞长江,浩浩汤汤,横无际涯。朝晖夕阴,气象万千。"

三、案例分析题

案例一

《庄子·田子方》记载了"解衣般礴"故事:

宋元君将画图,众史皆至,受揖而立;舐笔和墨,在外者半。有一史后至,儃儃然不趋,受揖不立,因之舍。公使人视之,则解衣盘礴,裸。君曰:"可矣,是真画者也。"

问题:

请对故事所反映出的艺术精神进行概括阐释。

案例二

罗大经《鹤林玉露》中记录了曾云巢的艺术体验：

曾云巢无疑工画草虫，年迈愈精。余尝问其有所传乎，无疑笑曰："是岂有法可传哉！某自少时取草虫笼而观之，穷昼夜不厌，又恐其神之不完也，复就草地之间观之，于是始得其天。方其落笔之际，不知我之为草虫耶，草虫之为我耶，此与造化生物之机缄盖无以异，岂有可传之法哉！"

问题：

请对曾云巢的艺术创作心理进行概括阐释。

案例三

苏州园林据说有一百多处，我到过的不过十多处。其他地方的园林我也到过一些。倘若要我说说总的印象，我觉得苏州园林是我国各地园林的标本，各地园林或多或少都受到苏州园林的影响。因此，谁如果要鉴赏我国的园林，苏州园林就不该错过。

设计者和匠师们因地制宜，自出心裁，修建成功的园林当然各各不同。可是苏州各个园林在不同之中有个共同点，似乎设计者和匠师们一致追求的是：务必使游览者无论站在哪个点上，眼前总是一幅美丽的图画。为了达到这个目的，他们讲究亭台轩榭的布局，讲究假山池沼的配合，讲究花草树木的映衬，讲究近景远景的层次。总之，一切都要为构成完美的图画而存在，决不容许有欠美伤美的败笔。他们唯愿游览者得到"如在画图中"的美感，而他们的成绩实现了他们的愿望，游览者来到园里，没有一个不心里想着口头说着"如在画图中"的。

我国的建筑，从古代的宫殿到近代的一般住房，绝大部分是对称的，左边怎么样，右边也怎么样。苏州园林可绝不讲究对称，好像故意避免似的。东边有了一个亭子或者一道回廊，西边决不会来一个同样的亭子或者一道同样的回廊。这是为什么？我想，用图画来比方，对称的建筑是图案画，不是美术画，而园林是美术画，美术画要求自然之趣，是不讲究对称的。

　　苏州园林里都有假山和池沼。假山的堆叠，可以说是一项艺术而不仅是技术。或者是重峦叠嶂，或者是几座小山配合着竹子花木，全在乎设计者和匠师们生平多阅历，胸中有丘壑，才能使游览者攀登的时候忘却苏州城市，只觉得身在山间。至于池沼，大多引用活水。有些园林池沼宽敞，就把池沼作为全园的中心，其他景物配合着布置。水面假如成河道模样，往往安排桥梁。假如安排两座以上的桥梁，那就一座一个样，决不雷同。池沼或河道的边沿很少砌齐整的石岸，总是高低屈曲任其自然。还在那儿布置几块玲珑的石头，或者种些花草；这也是为了取得从各个角度看都成一幅画的效果。池沼里养着金鱼或各色鲤鱼，夏秋季节荷花或睡莲开放，游览者看"鱼戏莲叶间"，又是入画的一景。

　　苏州园林栽种和修剪树木也着眼在画意。高树与低树俯仰生姿。落叶树与常绿树相间，花时不同的多种花树相间，这就一年四季不感到寂寞。没有修剪得像宝塔那样的松柏，没有阅兵式似的道旁树：因为依据中国画的审美观点看，这是不足取的。有几个园里有古老的藤萝，盘曲嶙峋的枝干就是一幅好画。开花的时候满眼的珠光宝气，使游览者感到无限的繁华和欢悦，可是没法说出来。

　　游览苏州园林必然会注意到花墙和廊子。有墙壁隔着，有廊子界着，层次多了，景致就见得深了。可是墙壁上有砖砌的各式镂空图案，廊子大多是两边无所依傍的，实际是隔而不隔，界而未界，因而更增加了景致的深度。有几个园林还在适当的位置装上一面大镜子，层次就更多了，几乎可以说把整个园林翻了一番。

　　游览者必然也不会忽略另外一点，就是苏州园林在每一个角落都注意图画美。阶砌旁边栽几丛书带草。墙上蔓延着爬山虎或者蔷薇木香。如果开窗正对着白色墙壁，太单调了，给补上几竿竹子或几棵芭蕉。诸如此类，无非要游览者即使就极小范围的局部看，也能得到美的享受。

　　苏州园林里的门和窗，图案设计和雕镂琢磨功夫都是工艺美术的上品。大致说来，那些门和窗尽量工细而决不庸俗，即使简朴而别具匠心。

四扇、八扇、十二扇,综合起来看,谁都要赞叹这是高度的图案美。摄影家挺喜欢这些门和窗,他们斟酌着光和影,摄成称心满意的照片。

苏州园林与北京的园林不同,极少使用彩绘。梁和柱子以及门窗栏杆大多漆广漆,那是不刺眼的颜色。墙壁白色。有些室内墙壁下半截铺水磨方砖,淡灰色和白色对称。屋瓦和檐漏一律淡灰色。这些颜色与草木的绿色配合,引起人们安静闲适的感觉。花开时节,更显得各种花明艳照眼。

可以说的当然不止以上这些,这里不再多写了。①

问题:

1. 为了使游览者得到"如在画图中"的美感,设计者和匠师们做出了哪些努力?

2. 苏州园林讲究对称美吗?为什么?

3. 苏州园林里假山和池沼的安排遵循什么原则?

4. 苏州园林栽种和修剪树木遵循什么原则?

5. 苏州园林里面的花墙和廊子有什么作用?有什么特点?

6. 苏州园林在每一个角落都注意图画美,这是考虑到了造园艺术的什么原则?

7. 苏州园林里的门和窗有什么特点?

8. 苏州园林与西方园林有何不同?

9. 请结合实例概括苏州园林的美学理念。

---

① 叶圣陶著:《叶圣陶散文精选》,长江文艺出版社2018年版,第15—17页。

第十讲 文以载道、以文化人的教化思想

文以载道、以文化人的教化思想强调文艺作品要承载道德、伦理等价值观念,通过文化的力量引导人们树立正确的人生观和价值观,鼓励人们追求有意义的人生,培养积极进取、乐观向上的人生态度。文以载道、以文化人的教化思想不是通过强制手段来实现的,而是通过文学、艺术特有的表现方式潜移默化地影响人们的思想和行为。儒家强调道德修养和社会秩序,主张通过教育和文化传承来培养人们的品德,使人们具备仁、义、礼、智、信等道德品质,这就为文以载道、以文化人提供了思想基础。

第一部分 文艺教化思想的表现层面

一、案例导入

案例:

炎炎夏日,山村寂静,一群孩子中午时分准时围在收音机旁听评书。灰头土脸的扮相,竖起的耳朵,放光的眼睛,从电波里传出的神奇声音,弥漫于空气中的激动,那是我们的精神盛宴。今天回忆那段时光,居然成了世间的华彩,闪烁着璀璨的光芒。

那时候,农村的娱乐节目实在是太少了,最难忘的就是守在一台破旧

的收音机旁听评书。村里人家大多经济条件比较差,买得起收音机的人家寥寥无几。为了听《岳飞传》,小伙伴们集中到邻居显爷家里,他家有一台很普通的收音机,在当时成了全村小孩子的精神寄托。收音机是正规的叫法,我们统称它为"戏匣子",老年人听戏完全指望它,我们小孩子却指望它听评书。那时候,娱乐的方式非常贫乏,而评书则带着无穷魅力陪伴着大家度过每一个日夜。因为听评书,评书中的"忠义礼智信"的传统观念,润物无声,延续传统文化在中国的大地上默默传承。

开场前的气氛煞是热烈。大家在激动地谈论昨天的情节,并猜测今天将会发生的事情,那种讨论是津津有味、百说而不厌的。只听收音机里传出洪亮的声音:"上回书说到……"这时候屋里屋外的小伙伴们一下子鸦雀无声,大家开始凝神谛听说书人那富有魅力的磁性的声音。三十分钟的评书常常在扣人心弦的时候戛然而止,小伙伴们被撩拨得心痒难耐,迟迟不愿离开。这种不舍到了第二天仍然会在学校或闲聊的时候重新发酵,于是再激烈地温习一遍,直到新一回的评书见了分晓为止。《岳飞传》终于结束了。已经习惯每天中午聚在一起听评书的小伙伴们似乎一下子失去了生活的重心,变得失落起来。每到往常评书快开始的时候,总有人下意识地往显爷家走,但常常走到半路方才明白过来,只好再怅怅地离去。

空闲时大家仍然谈着岳飞,骂着秦桧,只是觉得日子缺少了点什么。直到后来有一天收音机里又传出刘兰芳那熟悉的声音,大家才又聚到显爷家里。刘兰芳开始说《杨家将》,大家的兴致又被吊了起来,每日里又聚到一起,开始了新的快乐。播《杨家将》的时候,我家的条件开始好转,父亲花了五十多块钱从城里买了一台收音机。那机子块头比显爷家的大,声音也响亮得多,于是每到评书开始的时候,我家也成了听书的重要场所。每天评书时间一到,父亲便大方地把收音机拿到院子里,把音量开得大大的,连那路过的人也被吸引了走过来听。气氛自然是热烈的,那种场面让爱面子的父亲看了觉得欢喜。

杨六郎、穆桂英、寇准、八千岁、孟良、焦赞……评书里的故事跌宕起伏、荡人心肠。大家听得是全神贯注、心驰神往。金沙滩赴会、二狼山被困、四郎探母、大破天门镇，刘兰芳老师的声音清脆悦耳，口齿清晰，绘声绘色，引人入胜，填充了我们无数个中午和黄昏的荒芜时光。评书里的情节，每天都牵动着我们的心：枪挑、八百破十万、杨再兴战死小商河、大破朱仙镇、风波亭含冤、岳雷哭坟、柜中缘、岳雷扫北、气死兀术、笑死牛皋。

刘兰芳的《岳飞传》《杨家将》、袁阔成的《三国演义》、单田芳的《隋唐演义》《三侠五义》、田连元的《水浒传》等，我们一路听来，痴迷、沉醉而忘我。短暂的半个小时，却能让一个孩子兴奋一整天。那些古人的故事让我们感受到一种别有滋味的情怀和辽远，忘记烦人的作业，忘记刻板的课堂。因为听评书，记住了很多故事，这些故事又牵引我的好奇心，让我饥不择食地找书，从书里寻找更多的故事。然后读的书多了，收获的也就不只是故事了。评书在我们那个苦中作乐的年代，帮我打开了一扇窗户，阳光一直照耀着我。

那个时候，听评书痴迷到什么程度呢？忘了吃饭，不想睡觉，甚至下地干活的时候也带上收音机，这种情形现在看来，真是无法想象。无论多么贪玩，在中午十二点半和晚上六点半这个时间段，我们也是要跑回家听评书的。评书里的人物，忠奸善恶，是非分明，一个个鲜活的形象留在了我们的记忆里，至今仍然历历在目。那是一段让人难以忘怀的日子。那"花开两朵，各表一枝"的无限可能，"欲知后事如何，请听下回分解"的戛然而止，都让我们怅然和联想。①

问题：

1. 评书在当时人们的生活中占据什么地位？从哪些描写可以看出来？

2. 文中列举了哪些著名的评书演员和作品？你听过他们说过的评书吗？

---

① 社会瞭望塔著：《听评书的童年岁月》，引自百度网 2020 年 6 月 30 日文，有改写。网址链接 https://baijiahao.baidu.com/s? id=16709130237586555568&wfr=spider&for=pc。

3.文中列举的评书作品在思想内容上有什么共性？为什么会有这样的共性？

4.评书对人产生了什么教育作用？请结合文章说明。

5.除了评书,你还知道你的父辈小时候还有哪些喜闻乐见的文化娱乐方式？

案例分析：

评书是中国传统文化中一种独特的艺术形式。它是一种口头艺术形式,以讲述故事、塑造人物形象为主要特点,通过独特的表演方式将故事情节娓娓道来,使听众如身临其境般沉浸其中。评书作为一种口头传统艺术,承载着丰富的文化内涵,发挥着重要的教育和文化传承作用。

评书是一种雅俗共赏的民间文艺形式,在物资匮乏、娱乐形式单一的时代,评书占据了中国人民的日常生活,成为他们最重要的日常娱乐。作者在文中多用充满感情的语言回忆那段快乐的岁月,真实而感人。比如他写道:"那时候,农村的娱乐节目实在是太少了,最难忘的就是守在一台破旧的收音机旁听评书""那时候,娱乐的方式非常贫乏,而评书则带着无穷魅力陪伴着大家度过每一个日夜""这种不舍到了第二天仍然会在学校或闲聊的时候重新发酵,于是再激烈地温习一遍""评书在我们那个苦中作乐的年代,帮我打开了一扇窗户,阳光一直照耀着我。"我们看作者使用的词汇,都是很有分量的,如最难忘、无穷魅力、陪伴、不舍、激烈地温习、打开一扇窗、阳光照耀等。作为评书滋养长大的一代人,笔者对文中的描写深有会心,文中的每一句话都能打动内心深藏的记忆。

文中列举了刘兰芳的《岳飞传》《杨家将》、袁阔成的《三国演义》、单田芳的《隋唐演义》《三侠五义》、田连元的《水浒传》等优秀的作品。这些作品的共性是反映了家国情怀、忠奸之辨、勇气和担当、诚信和善良、智慧和谋略、扶困嫉恶、反抗压迫等品质。之所以这些评书中所表现的思想内容呈现出共性,是因为评书中的大部分故事产生于古代,是基于古代历史事件和历史故事发展演变而来的,儒家文化和儒家道德标准必然成为评书故事的精神内核和评判原则,由此决定了评书作品思想内容的"家族相似性"。

评书中有历史教育,更重要的是有道德塑造和价值观教育,教我们怎么做人,告诉我们什么样的人是好人,尽管这些做人的原则都是以儒家思想为核心的,但是很多内容并不过时。文中以生动的细节描写表现了评书"以文化人"的教化功能,如文中写"空闲时大家仍然谈着岳飞,骂着秦桧""评书里的人物,忠奸善恶,是非分明,一个个鲜活的形象留在了我们的记忆里,至今仍然历历鲜明",这就说明了评书实现教化功能的方式是自然的,效果是长久的,是群众喜闻乐见的。在物质较为匮乏、娱乐形式单一的时代,评书、小人书、连环画、地方戏等是人民群众的重要精神食粮,滋养了几代人的精神成长。

附:明张岱《柳敬亭说书》

南京柳麻子,黧黑,满面疤癗,悠悠忽忽,土木形骸,善说书。一日说书一回,定价一两。十日前先送书帕下定,常不得空。南京一时有两行情人:王月生、柳麻子是也。余听其说景阳冈武松打虎白文,与本传大异。其描写刻画,微入毫发,然又找截干净,并不唠叨。哱夬声如巨钟,说至筋节处,叱咤叫喊,汹汹崩屋。武松到店沽酒,店内无人,謷地一吼,店中空缸空甓皆瓮瓮有声。闲中着色,细微至此。主人必屏息静坐,倾耳听之,彼方掉舌。稍见下人咕哔耳语,听者欠伸有倦色,辄不言,故不得强。每至丙夜,拭桌剪灯,素瓷静递,款款言之。其疾徐轻重,吞吐抑扬,入情入理,入筋入骨,摘世上说书之耳,而使之谛听,不怕其不齰舌死也。柳麻貌奇丑,然其口角波俏,眼目流利,衣服恬静,直与王月生同其婉娈,故其行情正等。①

---

① 朱东润主编:《中国历代文学作品选》下编第二册,第245—246页。

二、文艺教化思想的表现层面

中国传统文学艺术深受儒家思想影响,高度重视文艺的伦理教化功能,强调艺术家的道德修养和道德表达,推崇艺术家培育崇高的道德情操和深厚的精神境界,闪耀着道德理想主义的光芒。

(一)诗歌艺术与教化

诗歌是社会审美有效的提升方式,但审美历来是有节制、有寄托的,它不可能是没有边际的自由抒发,而是被赋予了社会使命和人生责任的有限度表达。认识到这一点,始可以言诗,始可以言中国传统文艺。

《礼记·经解》:"温柔敦厚,《诗》教也……其为人也,温柔敦厚而不愚,则深于《诗》者也。"[1]

这句话的意思是,通过阅读和学习《诗经》,人们可以学会以温和、善良的态度来对待他人,从而形成一种和谐的社会氛围。如果一个人学习了《诗经》,性格温和宽厚而不迂腐,那么他就深入地理解了《诗经》的本质。

这句话展现了孔子"以诗化民"的诗教观。孔子认为,当一个国家或社会深受《诗经》影响时,其民众会表现出温和宽厚的性格特征。反过来说,百姓性格温和宽厚且不迂腐,这正是《诗经》教育所追求的效果。《诗经》以其温柔敦厚的风格和寓教于乐的审美教育功能,传递出中华文化"以文化人"的特质。《诗经》的温润风格,在相当程度上参与了对中国人的人格塑造。中国人温和、优雅、宽厚、内敛而不失真诚的品格,与《诗经》的特质是相通的。中国人温柔敦厚的形象,正是《诗经》乐而不淫、哀而不伤、怨而不怒的美学风格长期熏陶的结果。因此,温柔敦厚象征着"以和为贵"的处世哲学,彰显着"中庸之道"与"中和之美"。

---

[1] 〔汉〕戴圣编撰,杨天宇译注:《礼记译注》,第849—850页。

《诗大序》:"正得失,动天地,感鬼神,莫近于诗。先王以是经夫妇,成孝敬,厚人伦,美教化,移风俗。"①

这段话是说,《诗经》在伦理道德方面具有纠正作用,在情感表达方面能够触动人心、引起强烈的情感共鸣。先王因此以诗歌来规范夫妇关系,成就孝敬的德行,厚植人伦道德修养,美化教化、引导社会风尚向积极健康的方向发展。这段话表达了《诗经》在伦理道德、情感表达以及社会教化方面的重要作用,强调了古代君王如何利用《诗经》来达到社会治理的目的。

如果不了解中国文化的背景,就会觉得上面两段话说得有点玄妙。其实,上面的说法一点也不神秘、也不玄妙。在当时社会,《诗经》正是被认为具有那样的功能,正是被寄寓了那样的使命。下面我们举例来具体说明《诗经》所负载的教化功能。先看《诗经·周南·关雎》:

关关雎鸠,在河之洲。窈窕淑女,君子好逑。
参差荇菜,左右流之。窈窕淑女,寤寐求之。
求之不得,寤寐思服。悠哉悠哉,辗转反侧。
参差荇菜,左右采之。窈窕淑女,琴瑟友之。
参差荇菜,左右芼之。窈窕淑女,钟鼓乐之。

《关雎》作为《诗经》的开篇之作,其教化意义极其深远。《毛诗序》对《关雎》的题解是:"《关雎》,后妃之德也。风之始也,所以风天下而正夫妇也,故用之乡人焉,用之邦国焉。"②这实际上代表了儒家学者对《关雎》内容的教化视角解读。在儒家学者眼中,《关雎》被解读为一首婚姻教化诗,是赞美后妃之德的,旨在强调后妃的品格对于君主家庭、事业至关重要,对于天下夫妇具有榜样示范作用。后妃之德是什么样的呢?诗中对后妃的理想化的描写是"窈窕淑女"。所谓"窈窕淑女",并不是写女子的美貌,

---

① 〔汉〕毛亨传,郑玄笺,〔唐〕陆德明音义:《毛诗传笺》,中华书局2018年版,第1页。
② 〔汉〕毛亨传,郑玄笺,〔唐〕陆德明音义:《毛诗传笺》,第1页。

而是写女子的端庄娴静,关注点在女子动静合宜的精神气质,这样的女子才符合儒家的审美理想,才能起到"风天下而正夫妇"的示范作用。《毛传》说:"窈窕,幽娴也。""淑,善。"①总体来说,就是指女子内敛性情、幽静贤淑。与"淑女"相对,儒家对理想型男人的称呼是"君子",君子追求爱情虽然寤寐思服、辗转反侧,这似乎与常人的表现无异,但他"发乎情,止乎礼义",举手投足间表现出温柔敦厚的品行。诗中以琴瑟友之、钟鼓乐之写君子和淑女如琴瑟和鸣、如钟鼓相应般和睦相处、声气相应,表现出了对有礼有节爱情的追求和向往。

诗中还多处出现荇菜意象,又写淑女采之、芼之,荇菜意象表现了古人对女子美德暗示性的期待。《礼记·昏义》中明文记载贵族女子将嫁之前,有萍藻之祭:"是以古者,妇人先嫁三月,祖庙未毁,教于公宫;祖庙既毁,教于宗室。教以妇德、妇言、妇容、妇功。教成祭之,牲用鱼,芼之以萍藻,所以成妇顺也。"②这就告诉我们,女子出嫁前捞取萍藻,是仪式性活动。萍藻荇菜,共同点是柔顺,女子亲近这些物事,寄意女子养成柔顺之德,这就与"窈窕淑女"的精神气质衔接上了。

中国古人的诗教观并未随着《诗经》时代的过去而式微,"汉乐府"就是在"观风俗,知薄厚"③的教化理念统摄下编撰而成的歌诗合集。汉乐府诗的不少作品表现了鲜明的教化内容,大体来说包括三个方面:

一是倡导家庭伦理,具体包括爱情婚姻伦理、兄弟相处之道;

二是为汉代妇女树立时代女性的典范;

三是对世人立身行事进行告诫与劝勉,具体包括告诫世人审慎远行、游子自重自爱,劝诫世人立德修身、谨慎自保,劝勉世人惜时奋进等各个方面。

我们举例来说明这一特点。杂曲《古艳歌》只有短短四句:"茕茕白兔,东走西顾。衣不如新,人不如故。"诗篇以惊慌失措的白兔起兴,进而

---

① 〔汉〕毛亨传,郑玄笺,〔唐〕陆德明音义:《毛诗传笺》,第3页。
② 〔汉〕戴圣编撰,杨天宇译注:《礼记译注》,第1058页。
③ 〔汉〕班固撰:《汉书·艺文志》,第1756页。

写到人。兔子胆小,往往东盼西顾,这一意象很容易使人联想到女性被抛弃后孤独无依、仍眷恋故人的情景。如果分析到此止步,这首诗就不过是一首怨诗,看不出有什么劝诫警世的意味,或者说,其深层的价值就得不到彰显,我们就很难理解这首短章为何千载传诵。要挖掘这首古歌的深层价值,主要在于对后面两句的理解。如果我们将后两句的告诫对象转换为男性,那将呈现不同的局面。也就是说,男子的移情别恋不仅给女性带来巨大的心灵伤害,男子本人也将深受其害,至于身受何害,就要靠读者调动个人的生活经验去展开想象了:与新人的感情磨合、各种人际关系的调适、子女抚养、新人的妇德妇功等,都是不得不面对的具体问题。归结为一点,就是告诫男人要珍惜眼前人,不能轻言放弃。

《陌上桑》是汉乐府歌诗中知名度很高的篇章,歌词通过罗敷采桑和夸夫场景的叙述,歌颂了她勤劳、坚贞的品格,表现了她机智、活泼、泼辣等性格特点,实际上为汉代女性树立了一个优秀的标杆。

陌上桑

日出东南隅,照我秦氏楼。秦氏有好女,自名为罗敷。罗敷善蚕桑,采桑城南隅。青丝为笼系,桂枝为笼钩。头上倭堕髻,耳中明月珠。缃绮为下裙,紫绮为上襦。行者见罗敷,下担捋髭须。少年见罗敷,脱帽著帩头。耕者忘其犁,锄者忘其锄。来归相怨怒,但坐观罗敷。

使君从南来,五马立踟蹰。使君遣吏往,问此谁家姝?秦氏有好女,自名为罗敷。罗敷年几何?二十尚不足,十五颇有余。使君谢罗敷,宁可共载不。罗敷前致辞,使君一何愚。使君自有妇,罗敷自有夫。

东方千余骑,夫婿居上头。何用识夫婿,白马从骊驹。青丝系马尾,黄金络马头。腰中鹿卢剑,可值千万余。十五府小吏,二十朝大夫。三十侍中郎,四十专城居。为人洁白皙,鬑鬑鬑颇有须。盈盈公府步,冉冉府中趋。坐中数千人,皆言夫婿殊。①

笔者以为,罗敷身上不仅体现了时代伦理的印记,还体现了民间文化的影响,儒家伦理道德和民间观念的双重影响使歌词的创作者塑造出了罗敷这样一位既坚贞专一又活泼开朗、洋溢着生活智慧的时代女性形象。一般来说,儒家观念的女性形象是庄严的、贞顺的、服从的,这种形象往往是与贵族女性身份联系在一起的;罗敷身上既有坚贞不可侵犯的一面,同时具有活泼、机智、泼辣的特点,充满了生活气息,体现了民间色彩。罗敷的形象既是超越现实的,反映了人们的审美期待;又是基于现实的,她的勤劳、坚贞的品德是汉代女性共有的。

中唐时期,由白居易、元稹等人倡导的"新乐府运动"主张恢复古代的采诗制度,发扬《诗经》时期比兴讽喻的传统,使诗歌起到补察时政、泄导人情的作用。下面我们选录白居易《与元九书》的片段,以考察其"新乐府运动"理论对《诗经》传统的坚守。

> 圣人感人心而天下和平。感人心者,莫先乎情,莫始乎言,莫切乎声,莫深乎义。诗者:根情,苗言,华声,实义。上自圣贤,下至愚呆,微及豚鱼,幽及鬼神,群分而气同,形异而情一。未有声入而不应,情交而不感者……
>
> 泊周衰秦兴,采诗官废,上不以诗补察时政,下不以歌泄导人情。用至于谄成之风动,救失之道缺。于时六义始刓矣。
>
> 国风变为骚辞,五言始于苏、李。苏、李诗骚皆不遇者,各系其志,发而为文。故河梁之句,止于伤别;泽畔之吟,归于怨思。彷徨抑郁,不暇及他耳。然去《诗》未远,梗概尚存。故兴离别则引双凫一雁为喻,讽君子小人则引香草恶鸟为比。虽义类不具,犹得风人之什二三焉。于时六义始缺矣。

---

① 逯钦立辑校:《先秦汉魏晋南北朝诗》,中华书局1983年版,第259—260页。

晋、宋已还,得者盖寡。以康乐之奥博,多溺于山水;以渊明之高古,偏放于田园。江、鲍之流,又狭于此。如梁鸿《五噫》之例者,百无一二。于时六义浸微矣,陵夷矣。

至于梁、陈间,率不过嘲风雪、弄花草而已。噫！风雪花草之物,《三百篇》中岂舍之乎？顾所用何如耳。设如"北风其凉",假风以刺威虐也;"雨雪霏霏",因雪以愍征役也;"棠棣之华",感华以讽兄弟也;"采采芣苢",美草以乐有子也。皆兴发于此而义归于彼。反是者,可乎哉！然则"余霞散成绮,澄江净如练""离花先委露,别叶乍辞风"之什,丽则丽矣,吾不知其所讽焉。故仆所谓嘲风雪、弄花草而已。于时六义尽去矣。

唐兴二百年,其间诗人不可胜数。所可举者,陈子昂有《感遇诗》二十首,鲍防有《感兴诗》十五首。又诗之豪者,世称李、杜。李之作,才矣奇矣！人不逮矣！索其风雅比兴,十无一焉。杜诗最多,可传者千余首。至于贯穿古今,觑缕格律,尽工尽善,又过于李。然撮其《新安吏》《石壕吏》《潼关吏》《塞芦子》《留花门》之章,"朱门酒肉臭,路有冻死骨"之句,亦不过三四十首。杜尚如此,况不逮杜者乎！

仆常痛诗道崩坏,忽忽奋发,废食辍寝,不量才力,欲扶起之。嗟乎！事有大谬者,又不可一二而言,然亦不能不粗陈于左右……

自登朝来,年齿渐长,阅事渐多,每与人言,多询时务;每读书史,多求理道。始知文章合为时而著,歌诗合为事而作。①

在《与元九书》中,白居易提出,诗歌是通过"情"感动人心的,他的具体看法是:"感人心者,莫先乎情,莫始乎言,莫切乎声,莫深乎义。诗者,根情,苗言,华声,实义。"这说明他对诗歌以情感人这一文学基本规律是

---

① 郭绍虞主编:《中国历代文论选》第二册,上海古籍出版社1979年版,第96—98页。

有深切认识的,白居易虽然坚持诗歌的教化作用,但他并没有忽略诗歌艺术的特质。这一认识无疑是全面的、平衡的。

白居易对周秦以后的诗歌创作,也就是《诗经》以后的创作总体评价较低,并认为是一代不如一代,因此他倡导新乐府运动,想要重振诗坛。具体来说,他认为屈原等人的骚体和苏李等人的五言诗,"犹得风人之什二三焉。于时六义始缺矣";晋宋时期的陶渊明、谢灵运、江淹、鲍照诸人的创作,具有《国风》精神的作品"百无一二","于时六义浸微矣";南朝梁陈时期的作品,"六义尽去矣",也就是完全失去了《国风》的精神。不难看出,白居易是以《诗经》"六义"(即风、雅、颂、赋、比、兴)的使用程度为标准来衡量诗歌的价值和意义的。以此标准衡量,白居易所批评的那些诗人的创作,确实距离儒家诗教精神越来越远,并不具备儒家所要求的化人的功能,因为他们对于文学已然有了不同于传统的理解。对于唐朝即白居易所生活时代的诗人的创作,他认为只有陈子昂《感遇诗》二十首、鲍防《感兴诗》十五篇是有兴寄的作品,也就是符合儒家诗教要求的。至于李白,在白居易看来虽是才华横溢的诗人,但是"索其风雅比兴,十无一焉",是不能令人满意的。

正是在这一背景之下,白居易、元稹、张籍、李绅等人倡导"新乐府运动",主张恢复古代的采诗制度,发扬《诗经》和乐府讽喻时事的传统。他们的诗学理论包括诸多方面,最核心的理论是诗歌应植根于社会现实,要真实地反映现实生活,也就是"文章合为时而著,歌诗合为事而作";他们还强调诗歌应有干预现实的功能,提出了诗歌要有补察时政、泄导人情的功能;此外,他们还以《诗经》六义的标准去衡量诗歌创作,要求诗歌运用比兴手法,要有兴寄,不能无病呻吟或者局限于个人情感的小天地。

"新乐府运动"的诗歌创作,实践了倡导者的理论主张。他们的作品从各个方面揭示了当时存在的社会矛盾,提出了异常尖锐的社会问题,或是描写劳动人民所遭受的残酷剥削和压迫,为他们的悲惨命运鸣不平;或是直接刺责统治阶级的骄奢淫逸,并从中反映贫富悬殊、阶级对立;或是揭露特权阶层及恶势力为非作歹、残害人民;或是反映边地士兵之苦,反对穷兵黩武；或是反映当时商业经济的畸形发展及富裕商人和穷苦农民之间的矛盾；或是同情妇女的不幸遭遇等。这些作品大多具有较强烈的现实意义和鲜明的倾向性，在艺术上大多体现通俗平易、明白晓畅的特色。

我们学过白居易的《卖炭翁》，这首诗通过卖炭翁的遭遇，深刻地揭露了"宫市"的腐败本质。这里我们再引录白居易的《新丰折臂翁》，可看出诗中表达的讽谕之意。

《新丰折臂翁》"戒边功也"

新丰老翁八十八，头鬓眉须皆似雪。玄孙扶向店前行，左臂凭肩右臂折。问翁臂折来几年，兼问致折何因缘。翁云贯属新丰县，生逢圣代无征战。惯听梨园歌管声，不识旗枪与弓箭。无何天宝大征兵，户有三丁点一丁。点得驱将何处去，五月万里云南行。闻道云南有泸水，椒花落时瘴烟起。大军徒涉水如汤，未过十人二三死。村南村北哭声哀，儿别爷娘夫别妻。皆云前后征蛮者，千万人行无一回。是时翁年二十四，兵部牒中有名字。夜深不敢使人知，偷将大石锤折臂。张弓簸旗俱不堪，从兹始免征云南。骨碎筋伤非不苦，且图拣退归乡土。此臂折来六十年，一肢虽废一身全。至今风雨阴寒夜，直到天明痛不眠。痛不眠，终不悔，且喜老身今独在。不然当时泸水头，身死魂孤骨不收。应作云南望乡鬼，万人冢上哭呦呦。老人言，君听取。君不闻开元宰相宋开府，不赏边功防黩武。又不闻天宝宰相杨国忠，欲求恩幸立边功。边功未立生人怨，请问新丰折臂翁。①

这首诗通过一位新丰折臂老人的自述，揭示了非正义战争给普通百

---

① 〔唐〕白居易著：《白居易全集》，上海古籍出版社1999年版，第40—41页。

姓造成的痛苦和牺牲，反映了当时社会上对战争的恐惧和对和平的渴望，谴责了唐玄宗对南诏国发动的不义之战，从而劝谕执政者以历史教训为戒，避免悲剧重演。

从涉及对象角度分类，诗歌教化既包括对百姓的教化，也包括对统治者上层的教化。对全社会百姓的教化，有《诗经·周南》中的诸多作品及《汉乐府》中的大量作品；对统治者上层的教化是以劝谏、讽谕甚至批评的形式出现的，就像《卖炭翁》《新丰折臂翁》所表现的那样。从表现形式上看，诗歌教化既包括以否定、讽刺的形式出现的刺诗或讽喻诗，也包括以正面歌颂形式出现的颂诗。王昌龄的《从军行》就是以歌颂为教化的。

《从军行》七首之四
王昌龄

青海长云暗雪山，孤城遥望玉门关。
黄沙百战穿金甲，不破楼兰终不还。

这首诗描绘了边塞的荒凉景象和戍边将士的艰苦生活，也表达了将士们对家乡的深切思念和对胜利的渴望。"不破楼兰终不还"一句，充满了豪迈的乐观主义精神，反映了将士们在恶劣环境下坚韧不拔的品格、保家卫国的决心、建功立业的志向，对于古往今来守边将士都是巨大的激励和鼓舞。可以说，这首诗的教化意义上是不可估量的。

诗歌运用托物言志的手法，给人以鼓舞，给人以力量，是诗歌实现其教化功能的一种独特形式。我们看下面袁枚的这首小诗：

苔
袁　枚

白日不到处，青春恰自来。
苔花如米小，也学牡丹开。

《苔》是清代诗人袁枚创作的一首小诗。此诗描写了苔藓虽生活在阴暗潮湿之处，却有自己的生命意向，并不因为环境恶劣而丧失生发的勇气。世间确有这样一些生命，它们无缘享有太阳的厚爱，却同样顽强地生长与发展。苔藓，就处于这低贱而可尊敬的生命圈末端。它们地处阴湿，备受冷落，依然顽强地生长，展示了其存在价值。战国时期思想家庄子满怀着极大的热情描写了残疾人的故事，他们的存在就如同不被阳光普照的苔藓一样，虽然身有残疾，却没有自暴自弃，相反活出了自己的样子。他们"德有所长而形有所忘"，他们的品德和才能赢得了人们的尊敬。每次读这首小诗，心里总充满了莫名的感动，因为平凡甚至渺小如我辈，又何尝不是那地上的苔藓呢？当我们身处逆境厄运的时候，想想袁枚的这首《苔》，一定会获得一种意想不到的感动。

以上我们对中国古代的"诗教"传统做了一个简单的介绍，现在让我们用钱穆[1]先生的一段话来对这一小节的内容做个总结。钱穆先生在《中国文学论丛》中说：

> 故中国人学文学，实即是学做人一条径直的大道……中国古人曾说"诗言志"，此是说诗是讲我们心里东西的，若心里龌龊，怎能作出干净的诗，心里卑鄙，怎能作出光明的诗。所以学诗便会使人走上人生另一境界去。正因文学是人生最亲切的东西，而中国文学又是最真实的人生写照，所以学诗就成为学做人的一条径直大道了。[2]

（二）文章艺术与教化

在儒家传统观念那里，文章也被要求负载化人的功能，具体表现为文以载道、文以明道、文以贯道等。几千年来，文以载道与诗以载道，在很大

---

[1] 钱穆（1895—1990年），中国现代历史学家、思想家、教育家、国学大师。钱穆毕生弘扬中国传统文化，高举现代新儒家的旗帜，在海内外产生了巨大影响。中国学术界尊之为"一代宗师"，与吕思勉、陈垣、陈寅恪并称为"史学四大家"。其著述多达80种以上。

[2] 钱穆著：《中国文学论丛》，长江文艺出版社2024年版，第122页。

程度上塑造了中国人的阅读口味、欣赏品味。

曹丕《典论·论文》:"盖文章,经国之大业,不朽之盛事。年寿有时而尽,荣乐止乎其身,两者必至之常期,未若文章之无穷。"①

曹丕是三国时期政治家、文学家曹操的儿子,后来代汉自立,成为魏国的第一代皇帝。汉末建安时期,在魏都邺城形成了以曹氏父子为中心的"邺下文人集团",诗文酬唱、交游往还,史称"三曹七子",曹丕是核心成员。激荡的社会变动、百姓生活的苦难以及戎马倥偬的人生经历等,造就了曹丕建功立业、追求不朽的人生观和文学观。曹丕认为,文章是关系到治国理政的伟大事业,是可以流传百世的盛事。人的年寿长短不可控制,荣誉欢乐也只能终于一身,这两者都有一定的期限,不像文章那样永久流传。

曹丕提出的"文章,经国之大业,不朽之盛事",反映了古代作者对于文学创作的高度重视,强调了文章的重要性不仅限于文学领域,还涉及国家治理的方方面面。曹丕的这一观点在中国文学批评史上具有划时代的意义。我们应该追问一句,文章和经国之大业有什么关联呢?曹丕没有解释,我们不妨补充这一环节。不言而喻,在儒家视野下,文章不应只是表达个人的喜怒哀乐,还应上升到治国经世的层面,文章的内容涉及国家和社会的方方面面,包括政治、经济、军事、教育、文化等,其内容无所不涉。这些可以说都负载着儒家的化人之道、经国之道。我们历览从先秦、两汉再到曹丕所处的曹魏时期,能够流传下来脍炙人口的文学作品,多是超越了个人的狭小天地而表达了深切的群体关怀的有担当之作。贾谊的《治安策》被后人誉为"西汉第一雄文"。这篇文章不仅深刻分析了当时社会的各种问题,如地方诸侯势力做大、北方少数民族威胁以及社会各阶层的内在矛盾,还提出了一系列具体的解决对策和补救措施,表现出作者高度的社会责任感和深远的政治预见能力。晁错的《论贵粟疏》是一篇针对

---

① 郭绍虞主编:《中国历代文论选》第一册,第159页。

当时社会问题的奏疏,强调了重视农业和粮食生产的重要性,提出了重农抑商、入粟于官、拜爵除罪等一系列主张。这些主张对于巩固和发展西汉王朝,产生了积极而深远的影响。晁错所提出的重视农业和粮食生产的观点,在现代也有借鉴意义。贾谊、晁错的文章涉及西汉政治、经济等重大时代课题,表现出了他们的深切关怀,可以说是"文章经国"的生动表现。

李汉《昌黎先生集序》:"文者,贯道之器也。"[1]

这句话出自唐代大文豪韩愈的门生李汉的《昌黎先生集序》,简明地概括了韩愈关于文与道关系的基本观点。文与道的关系就是"文以贯道",这是韩愈文学思想的核心,强调文章是贯通道的工具,旨在解决现实社会问题。

韩愈和柳宗元领导了中唐古文运动。韩愈文学观的主要内容是提倡古文,重视恢复古道。其所谓"道",是指尧、舜、禹、汤、文、武、周公、孔子、孟子一脉相承的儒家道统。韩愈排斥佛教和道教,认为只有儒家才能救偏补弊。韩愈心目中的古文,是先秦两汉时期通行的散体文章。与此同时,他反对六朝以来骈文的绮靡文风。苏轼在《潮州韩文公庙碑》中评价韩愈"文起八代之衰,道济天下之溺",盛赞其所领导的古文运动的意义及取得的成就。韩愈的散文代表作有《原道》《原性》《答李翊书》《师说》《送李愿归盘谷序》《送孟东野序》《张中丞传后叙》《进学解》等。柳宗元的代表作有《捕蛇者说》《种树郭橐驼传》《永州八记》《段太尉逸事状》《黔之驴》等。这些散文都体现了高度的思想性,言之有物、针对性强、情感充沛,体现了他们对文学和社会责任的深刻理解,实践了文以贯道、文以明道的主张。举例来说,韩愈在《师说》中针对当时社会上"耻学于师"的陋习,提出了"师者,所以传道授业解惑也"的观点,论述了从师学习的必要性,提倡通过尊师来维护儒家的道统,具有强烈的现实意义。柳宗元写作《封建

---

[1] 郭绍虞主编:《中国历代文论选》第二册,第121页。

论》的现实背景是中唐时期藩镇割据问题严峻,他对中唐社会的衰颓状况有深刻的认识,尤其是对藩镇割据和宦官专权问题有自己明确的态度。在这篇文章中,柳宗元对封建制进行了全面的历史分析,雄辩地论证了郡县制的优越性,肯定了郡县制代替封建制是历史发展的必然,鲜明地表达了"今国家尽制郡邑,连置守宰,其不可变也固矣。善制兵,谨择守,则理平矣"①的观点,打击了藩镇势力的气焰,表现了强烈的现实精神。

周敦颐《通书·文辞》:"文所以载道也。轮辕饰而人弗庸,徒饰也,况虚车乎。"②

这句话由宋代理学家周敦颐提出,表达了他对文与道关系的看法。这句话的意思是,文章是用来表达思想和道理的。文章如果不表现道理,就像装饰得漂亮的车子而没有人乘坐一样,装饰得再好也只是虚设。

"文以载道"是关于文学社会功用的概括,这一观念由"文以贯道"发展而来,经宋代理学家周敦颐的解释得以确立。这一观念强调了文章的社会作用,即通过文章来传播儒家思想。文章所载的"道"是儒家之道,是儒家治国平天下的根本原则。这一观念强调,文章要体现道的精神,促进道的实现。"文以载道"思想强调了文学的教化功能,为古代文学注入了政治热情、进取精神和社会使命感。但是,由于这一文学观过分注重文学经世的目的,对文学内容与形式的关系缺乏深层次的思考,使文学在一定程度上有沦为道德、政治附庸的危险。

宋代政治家、文学家王安石在《游褒禅山记》中,通过对游山经历的记述,抒发了人生感悟。在其诸多富有哲理性的句子中,下面这句话给人的启示和教育意义经久不衰,那就是:"世之奇伟、瑰怪、非常之观,常在于险远,而人之所罕至焉,故非有志者不能至也。"③这就启示我们,无限风光在险峰,只有心怀远大目标,才能在攀登过程中不畏艰险,最终欣赏到壮

---

① 高文、屈光选注:《柳宗元选集》,上海古籍出版社2016年版,第264页。
② 〔宋〕周敦颐撰:《周子通书》,上海古籍出版社2000年版,第39页。
③ 〔宋〕王安石著:《王文公文集》,上海人民出版社1974年版,第419页。

观的景色。王安石的这一感悟与他在《登飞来峰》诗中的名句"不畏浮云遮望眼，自缘身在最高层"有异曲同工之妙，都反映出胸襟宽广、目标远大的政治家总是以更高的目标挑战自己、激励自己上进。这些人生感悟既励己又励人，是深深嵌刻在文学中的千古不易之论。

文章教化的前提是被教化者有阅读能力，接受过一定程度的教育，这对于没有受过教育的或教育程度较低的百姓是一个障碍。幸好，很多文章所表现的道理浓缩为成语，存在于我们的日常语言中。这些成语蕴含了诸多方面的教化内容：

(1) 民族历史文化方面的，如"卧薪尝胆"出自《史记·越王勾践世家》，让人们铭记越王勾践忍辱负重、奋发图强的历史，激励人们在困境中不屈不挠、苦撑待变；"负荆请罪"出自《史记·廉颇蔺相如列传》，体现了廉颇知错能改、蔺相如宽宏大量的品质，传承了勇于认错、团结协作的文化传统。

(2) 价值观方面的，如"舍生取义"出自《孟子·告子上》，告诫人们在面临生死抉择时，为了维护正义应坚守道德原则而不惜牺牲一切；"一诺千金"出自《史记·季布栾布列传》，讲述了季布重信守诺并得到众人敬重的故事，传达出诚信的价值观。

(3) 道德规范方面的，如"己所不欲，勿施于人"出自《论语·颜渊》，它强调了在人际交往中要尊重他人的感受和需求，以同理心去对待他人；"出淤泥而不染"出自周敦颐的《爱莲说》，象征着在恶劣环境中仍能保持高尚品德、坚守道德底线的人格操守。

(4) 人生智慧方面的，如"居安思危"出自《左传·襄公十一年》，提醒人们在安逸的环境中也要提前做好准备，以防不测；"不入虎穴，焉得虎子"出自《后汉书·班超传》，强调了勇气、冒险精神和勇于探索的重要性。

(三) 小说艺术与教化

让我们先来阅读明代冯梦龙《警世通言》"叙"中的片段，然后思考一些问题：

六经、《语》《孟》，谭者纷如，归于令人为忠臣、为孝子，为贤牧，为良友，为义夫，为节妇，为树德之士，为积善之家，如是而已矣。经书著其理，史传述其事，其揆一也。理著而世不皆切磋之彦，事述而世不皆博雅之儒。于是乎村夫稚子、里妇估儿，以甲是乙非为喜怒，以前因后果为劝惩，以道听途说为学问，而通俗演义一种，遂足以佐经书史传之穷……里中儿代庖而创其指，不呼痛。或怪之，曰："吾顷从玄妙观听说《三国志》来，关云长刮骨疗毒，且谈笑自若，我何痛为！"夫能使里中儿顿有刮骨疗毒之勇，推此说孝而孝，说忠而忠，说节义而节义，触性性通，导情情出。①

通过上面的文字，我们不难认识到经书和史传的共同点，都是"归于令人为忠臣、为孝子，为贤牧，为良友，为义夫，为节妇，为树德之士，为积善之家"，此为两者之同，即都是教人养成忠孝贤良节义的道德人格。但是，经书是以"著其理"的方式，史传是以"述其事"的方式来实现共同目标的，也就是说，一个是靠讲道理，一个是通过讲述历史故事。但是经典、史传接触的人群有限，有些底层百姓没有受过教育，他们看不懂书面的大道理。这时通俗演义的优越性就彰显出来了，通俗演义是对儒家经典和史传作品的辅助，以百姓喜闻乐见的方式实现教化。通俗演义实现教化的方式是讲故事。有这么一个故事，说是有一个人在厨房切伤了手指，却谈笑自若、不喊痛，原来他刚刚在玄妙观听人讲三国故事中"关云长刮骨疗毒"的事迹，受到了英雄气概的鼓舞。这是通俗文学实现其教化功能的生动事例。

刘献廷《广阳杂记》："戏文小说，乃明王转移世界之大枢机。圣人复起，不能舍此而为治也。"②

---

① 〔明〕冯梦龙编撰：《警世通言》，中华书局2014年版，第1—2页。
② 〔清〕刘献廷撰：《广阳杂记》卷二，中华书局1957年版，第107页。

这句话是说，戏文小说是贤明君主用来移风易俗、改造社会的重要凭借，即使圣人再次出现，也不能离开这些原则来治理国家。

明清时期是小说、戏剧蔚然风行的时代，传统文化观念开始动摇。这一时期，市民社会结构发生松动，商人阶层崛起。商人阶层位于精英文化和通俗文化的接榫之处，戏文小说恰好满足了两种文化交流的需求。商人阶层所嗜好的民间文学愈来愈发达，也愈受士人的重视，随之出现了一些夸大小说、戏剧社会作用的说法，小说和戏文甚至被视为与六经同等重要的文化形式。

闲斋老人《儒林外史》"序"："稗官为史之支流，善读稗官者可进于史；故其为书亦必善善恶恶，俾读者有所观感戒惧，而风俗人心庶以维持不坏也。"[1]

这段话的意思是说，民间传说或故事是历史记载的一个分支，对于那些善于品读传说或故事的人来说，他们可以通过这些材料进一步深入学习历史。这些传说或故事中赞扬美好的事物、批评不良的行为，希望引导读者有所感悟，产生警诫和畏惧之心。这样做，风俗和人心就有希望得以维持，不至于败坏。

在《儒林外史》序中，闲斋老人（疑为吴敬梓）概括了《儒林外史》的创作题旨，强调了小说教化人心、改造风俗的社会作用。这段序言不仅符合吴敬梓的创作意图，而且通过其批评《水浒》《金瓶梅》为"诲盗诲淫，久干例禁"[2]来看，其教化仍不脱儒家伦理道德的藩篱。

《滕大尹鬼断家私》是一篇明代白话短篇小说，收录于明末冯梦龙纂辑的《喻世明言》第十卷、明代抱瓮老人编著的《今古奇观》第三卷。小说主要讲述了永乐年间北京香河太守倪守谦赚下一份大家业，独子倪善继盼着早日继承这份祖业。谁知，罢官鳏居的倪守谦竟纳十七岁的梅氏为妾，并生下一子倪善述，由此展开了一场财产继承权的明争暗斗。倪守谦

---

[1] 郭绍虞主编：《中国历代文论选》第三册，第452页。
[2] 郭绍虞主编：《中国历代文论选》第三册，第452页。

为了保住幼子,使他也能分得一份家私,生前设下锦囊妙计:表面上将家财全部传给善继,暗中将一藏有哑谜的画轴传给梅氏母子。他去世后,弟兄间果为家私诉讼到官。滕大尹识得画轴机密,装模作样"鬼断"家私,巧用机关,将其一半据为己有,另一半则断给善述母子。

案例:

《滕大尹鬼断家私》节选

玉树庭前诸谢,紫荆花下三田。埙篪和好弟兄贤,父母心中欢忭。

多少争财竞产,同根苦自相煎。相持鹬蚌枉垂涎,落得渔人取便。

这首词名为《西江月》,是劝人家弟兄和睦的。且说如今三教经典,都是教人为善的。儒教有十三经、六经、五经,释教有诸品《大藏金经》,道教有《南华冲虚经》及诸品藏经,盈箱满案,千言万语,看来都是赘疣。依我说,要做好人,只消个两字经,是"孝弟"两个字。那两字经中,又只消理会一个字,是个"孝"字。假如孝顺父母的,见父母所爱者亦爱之,父母所敬者亦敬之。何况兄弟行中,同气连枝,想到父母身上去,哪有不和不睦之理?就是家私田产,总是父母挣来的,分什么尔我?较什么肥瘠?假如你生于穷汉之家,分文没得承受,少不得自家挽起眉毛,挣扎过活。见成有田有地,兀自争多嫌寡,动不动推说爹娘偏爱,分受不均。那爹娘在九泉之下,他心上必然不乐。此岂是孝子所为?所以古人说得好,道是:难得者兄弟,易得者田地。

怎么是难得者兄弟?且说人生在世,至亲的莫如爹娘,爹娘养下我来时节,极早已是壮年了,况且爹娘怎守得我同去?也只好半世相处。再说至爱的莫如夫妇,白头相守,极是长久的了。然未做亲以前,你张我李,各门各户,也空着幼年一段。只有兄弟们,生于一家,从幼相随到老。有事共商,有难共救,真像手足一般,何等情谊!譬如良田美产,今日弃了,明日又可挣得来的;若失了个弟兄,分明割了一手,折了一足,乃终身缺陷。

说到此地,岂不是难得者兄弟,易得者田地?若是为田地上,坏了手足亲情,倒不如穷汉,赤光光没得承受,反为干净,省了许多是非口舌。

如今在下说一节国朝故事,乃是"滕县尹鬼断家私"。这节故事是劝人重义轻财,休忘了"孝弟"两字经。看官们或是有弟兄没兄弟,都不关在下之事,各人自去摸着心头,学好做人便了。正是:善人听说心中刺,恶人听说耳边风。①

问题:

1. 文中说的"三教"指的是什么?各有什么代表性的经典?
2. 作者所说的"两字经"指的是什么?
3. 用文中的话概括《滕大尹鬼断家私》故事的写作目的。
4. 读了这段序,你觉得有道理吗?

案例分析:

文中的"三教"指的是儒、释、道三家,中国人有一个习惯性的说法,把它们称作"三教"。儒家主要经典有五经、六经和十三经之说;释指的是佛教,其经典的集合为《大藏经》;道教的经典代表作有《南华经》《冲虚经》等。作者在文中所说的"两字经"指的是孝、悌二字,其中又以孝最为根本。作者认为,如能真正能够做到孝,"父母所爱者,亦爱之;父母所敬者,亦敬之",也就自然地做到了悌。这篇以兄弟争财的事例为反面典型,劝告人们重义轻财,休忘了"孝弟"两字。如何处理义利关系,在任何时代都是具有现实意义的话题。在财产面前,不仅考验人的道德,也考验人的智慧。文中的倪老先生能够预见到死后兄弟争财的状况,却没预料到滕大尹魔高一丈,侵占了一半家私。

(四)戏曲艺术与教化

俗语云,"观剧如读书"。通过看戏,观众不仅能汲取丰富的文化知识,还能透过舞台上的忠奸、美丑、善恶故事反观人生与社会,获得思想的

---

① 〔明〕冯梦龙撰:《喻世明言》,中华书局 2014 年版,第 142—143 页。

熏陶与感染。

清李调元《雨村剧话》："今举贤奸忠佞、理乱兴亡,搬演于笙歌鼓吹之场,男男妇妇、善善恶恶,使人触目而惩戒生焉,岂不亦可兴、可观、可群、可怨乎?"①

这段话的意思是说,现在把忠贤与奸佞的人物、治乱兴衰的故事搬到舞台上以戏剧的形式展演出来,通过男男女女、善善恶恶的故事,给人以惩戒和教训,这不就是和《诗经》的兴、观、群、怨的功能是异曲同工的吗?

戏曲反映社会现实,表达民众心声,表现作者对社会的思考,通过寓教于乐、惩恶扬善的方式,达到化民成俗的功用,是百姓喜闻乐见的艺术形式。作为"高台教化"的载体,戏曲在传统社会中发挥了儒家经典和正统文学不易实现的功用。清代李调元将戏曲的功能与《诗经》的兴、观、群、怨相比,反映了时代的深刻变化。清人梁章钜《浪迹续谈》(卷六)记载一则故事,从中颇能看出这一变化:清代官员龚海峰想要在家中唱堂会,借机问他的四个儿子是看戏好还是读书好?少子说看戏好,结果被斥退;长子说读书好,又被当成老生常谈;次子提出折中观点,说书也须读、戏也须看,却被老爹视为调停两可之说。三子回答,读书即是看戏,看戏即是读书。龚老太爷听罢大笑,笑曰:得之矣!② 优秀的戏剧总是浓缩人世间的大智慧,古往今来从来不乏在戏剧中寄托人生社会道理的剧作家。

陈独秀《论戏曲》："依我说起来,戏馆子是众人的大学堂,戏子是众人大教师,世上人都是他们教训出来的。"③

陈独秀很早就意识到民间通俗文艺在提升民智上的价值。1904 年 9 月 10 日,陈独秀在《安徽俗话报》发表《论戏曲》一文,用通俗易懂的语言

---

① 中国戏曲研究院编:《中国古典戏曲论著集成》第八册,中国戏剧出版社 1959 年版,第 35 页。
② 〔清〕梁章钜著:《浪迹续谈》卷六,中华书局 1981 年版,第 345—346 页。
③ 陈独秀著:《论戏曲》,引自《陈独秀文集》第一卷,人民出版社 2013 年版,第 67 页。

阐述了他对中国传统戏曲的看法及改革主张。文章中，陈独秀对戏曲的功用持积极评价，认为戏曲是改良社会的重要工具，戏园相当于普天下人的大学堂，而艺人则是大教师。这说明他重视戏曲的社会功能和教育价值，通过提倡戏曲来传播新的伦理道德。

不过，陈独秀并非毫无批判地接受中国古代戏曲的全部价值，他在《论戏曲》一文中提出改革戏曲的五点主张：

一是要多排有益风化的戏，把古代大英雄的事迹表现出来，要做得忠孝义烈，唱得激昂慷慨，这样于世道人心大有益处；

二是可采用西法，戏中夹些演说，这样可以长人见识；

三是不唱神仙鬼怪的戏；

四是不唱淫戏；

五是除去富贵功名的俗套。

陈独秀说道，中国人从出娘胎一直到进棺材，只知道混自己的功名富贵，至于国家的治乱、有用的学问，一概不管，这便是人才缺少、国家衰弱的原因。在文章的最后，陈独秀盼望各处的戏馆进行戏剧改良，排练开通民智的新戏，使看戏的人都受到感化，变成有血性、有知识的好人。陈独秀顺应时代潮流，认识到戏剧在提升民智、改造国民性方面的独特价值，并提出戏剧改良的真知灼见，其见解达到了时代的高度，对后来的戏剧改革具有启发意义。

第二部分　文艺教化思想的特点提炼

一、案例导入

案例：

要论中国戏曲的独特性，恐怕首先要说其普遍性。麦高温曾写道："中国人全民性的娱乐就是看戏。不管有多少消遣方法可以用来消磨人们的闲暇时光,至少暂时没有一种方法比得上看戏。看戏是最理想的娱乐形式;无论贫富贵贱,不管是饱读诗书的士子,还是大字不识的乡民,全都把戏台看作是极乐之地,人们的思想被转移到了那里,内心的悲伤至少是暂时被赶走了。"

麦高温既写出了中国人对戏曲的普遍热爱,也道出了人们之所以如此热爱戏曲的一部分原因。另一位早期来华的美国传教士倪维思在其《中国和中国人》一书中也写道:"戏曲演出在中国不仅异常盛行,而且还深入民心。"世界上没有哪个国家像中国这样拥有如此之多的我们称之为"地方戏"的戏曲种类。所谓"地方戏",就是流行于一定地区并具有该地区鲜明的语言、音乐特色的戏曲剧种,比如除了"国戏"京剧、"百戏之祖"昆曲外,还有浙江越剧、安徽黄梅戏、河北评剧、河南豫剧、山东吕剧、四川川剧、海南琼剧、湖南花鼓戏等剧种,另外还有河北梆子、河南坠子、陕西秦腔、东北二人转等具有地方特色的曲艺形式。

中国戏曲的普遍性首先是因为戏曲的锣鼓喧天、色彩斑斓、历史荣辱与人生悲喜,为人们单调贫乏的日常生活带来莫大乐趣;其次,传统的"戏班子"流动性强并且较少受地点限制的灵活演出形式,使穷乡僻壤的人们也可以享受到戏曲美妙唱腔和华丽服饰的悦耳悦目之美的滋养,还有善恶有报的心灵抚慰。这便是传统戏曲"高台教化"作用的体现。除了吕蒙正这样的历史贤臣,以春秋时期晋国的一段历史为题材的《赵氏孤儿》便是对程婴等人"忠孝节义"的颂赞;北宋仁宗年间抗击西夏的《杨门女将》中的"满门忠烈"故事同样感发人心;《铡美案》中"包青天"对忘恩负义的陈世美的惩戒则大快人心;《牡丹亭》中太守之女杜丽娘与书生柳梦梅生死相恋的爱情故事感天动地。这些唱腔优美、衣饰华丽、情节曲折、感人至深的戏曲,有一种宣扬仁、义、礼、智、信给世人的价值。麦高温在20世纪初也观察到中国戏曲的这种"高台教化"作用:"中国历史上有大量的场景都被戏剧化了。戏剧因此成了一种手段,不仅用历史大事教育了平民百姓(他们大多数目不识丁),而且还维持了全民对英雄的崇拜,正是这些崇拜,在他们早已消亡的时代发挥了一个如此有力的作用。"

倪维思在其《中国和中国人》中还写道："对中国人而言，戏曲可以算是道德教育的一种手段，因为剧中的人物一般都善恶分明、因果有报。"所以中国戏曲"舞台上的角色和剧情内容与西方的戏剧截然不同"。综览中国戏曲，不难发现经典曲目大多是讴歌英雄贤良和赞颂传统美德的。

戏曲的"高台教化"作用，是寓于其写意性、虚拟性、交互性的艺术特色之中的。这也是中国戏曲带给当代中国文艺的重要启示。"写意性"可谓是中国传统戏曲的核心美学特征。与西方传统戏剧追求模仿与再现的写实性倾向不同，中国戏曲更注重抒情言志、传神达意，这种写意性美学贯穿了中国戏曲的始终。例如，为了展现高度概括凝练的故事情节，舞台时空可以像中国画的散点透视法一样自由转换，方寸之间见其无穷，不似西方"三一律"焦点透视式的呆板，而更有一种"畅游"之意境。同时，舞台场景与演员动作的"虚拟性"，更使一方舞台足以容纳下历史风云变幻与人生悲欢离合。比如高举马鞭绕舞台一周便是远征了关山万里，棍来棒去一番就是鏖战沙场。虽然这些"程式化"的一招一式都有其"一板一眼"的传承规范，但其抒情写意之神韵，仍然可以从演员的表演"功底"中感受出来。范迪安对此写道：中国戏曲经过千锤百炼保留下来的高度"程式化"的表现方式和"虚拟性"的艺术特征，与中国绘画讲究的传神写意有着异曲同工之妙，都是中国式的精神意志、思维模式和语言方式，尤其体现了东方人感怀历史、体验现实、品味人生的态度，在表现心理感情活动和表达艺术创造冲动上达到了炉火纯青的境界。

而与西方戏剧尤其不同的是中国戏曲的"交互性"，也就是观众在演出过程中不仅可以喝茶水、嗑瓜子，还可以对演员精彩的表演"叫好儿"。这是习惯了在演出结束时才鼓掌的西方观众尤其难以理解的。这种台上与台下的"互动"，使观众更容易随着生、旦、净、末、丑的唱腔和招式而"入戏"，在剧情高潮之处或表演精彩之际，一声情不自禁的"好"是"拍案叫绝"的会心之意。

回望180多年来的中国，在追求民族复兴的现代化之路上，中国传统戏曲这种写意性、虚拟性、交互性的艺术特色及其"高台教化"功能已经颇有"式微"之意了。尽管20世纪上半叶有《放下你的鞭子》等"街头剧",下半叶还有《红灯记》等"样板戏",但中国古典戏曲的文化内涵和艺术精神仍有待我们重新认识与再度续接,使其在新时代中国强起来、新时代中国人美起来的历史进程中发挥出更重要的作用。①

问题:
1. 中国戏曲的普遍性指的是什么?
2. 中国戏曲普遍性的形成原因是什么?
3. 中国戏曲的"高台教化"有什么表现?
4. 中国戏曲的写意性、虚拟性指的是什么?蕴含了什么中国美学精神?
5. 中国戏曲的交互性指的是什么?

案例分析:

中国戏曲的普遍性,指的是中国全民性的娱乐就是看戏,看戏是最理想的娱乐形式,无论贫富贵贱,不管是饱读诗书的士子还是大字不识的乡民,都把戏台看作极乐之地。并且,世界上没有哪个国家像中国这样,拥有如此之多的"地方戏"。造成中国戏曲的普遍受欢迎,首先是因为戏曲宽广的社会内容和热闹的场面,为人们单调贫乏的日常生活带来莫大乐趣;其次,是因为传统的"戏班子"流动性强并且较少受地点限制,演出形式灵活,使穷乡僻壤的人们也可以享受到戏曲美的滋养和心灵抚慰。中国戏曲的"高台教化",表现在戏曲以美妙唱腔、华丽服饰和程式化的审美习惯,向百姓宣扬儒家仁、义、礼、智、信的价值观,比如《赵氏孤儿》中的"忠孝节义"、《杨门女将》中的忠君爱国、《铡美案》中对忘恩负义的惩戒等无不感人至深。

中国戏曲的"写意性"指的是中国戏曲注重抒情言志、富于诗情、追求意境,时间空间的自由运用,为了展现高度概括凝练的故事情节,舞台时空可以像中国画的散点透视法一样自由转换;"虚拟性"更接近象征性,以

---

① 耶律公子著:《中国戏曲中的礼乐教化》,百家号2023年7月17日文,网址链接为 https://baijiahao.baidu.com/s?id=1771648528907615427&wfr=spider&for=pc。

规定性动作象征特定的内容,比如高举马鞭绕舞台一周便是远征了关山万里,棍来棒去一番就是鏖战沙场,这种特点要求观众与演员之间要达成一种默契。中国戏曲的写意性、虚拟性特点植根于中国美学精神的传神写意、情景交融、虚实相生等特点,与其他艺术门类的特色是一脉相承的。中国戏曲的"交互性"是指观众在演出过程中不仅可以喝茶水、嗑瓜子,还可以对演员精彩的表演"叫好儿",形成观众与演员之间的会意,这是中国戏曲所独有的。

二、文艺教化思想的特点提炼

(一)教化文艺观具有鲜明的功利色彩

儒家文艺观是一种功利色彩极强的文学思想,在追求文艺审美特质的同时更追求文艺的载道之功、化人之用。这是因为,在中国人看来,文学艺术不是独立于"道"之外的存在形式,其本身就是"道"的外在表现。刘勰在《文心雕龙·原道》中说:"道沿圣以垂文,圣因文而明道""辞之所以能鼓天下者,乃道之文也"[1],均明确指出了文对道的依存关系。

儒家的教化文艺观源于儒家化成天下的人文理想,这一思想渊源在《周易·贲卦》的"象传"中有明确揭示。

《周易·贲卦》"象传":"观乎天文,以察时变;观乎人文,以化成天下。"[2]

这两句话的意思是,观察天象,可以察觉到时序的变化;观察社会人文现象,就可以用教化改造成就天下。

这两句话强调,无论是个人生活还是国家治理,既要遵循自然规律,同时还应注重道德教育,以实现社会的和谐与进步。"观乎人文,以化成天下"强调了人文教化的重要性,提出通过教育和文化传播来影响和改善

---

[1] 〔南朝梁〕刘勰著,王运熙等译注:《文心雕龙译注》,第4页。
[2] 杨天才、张善文撰:《周易译注》,第207页。

社会。文学艺术作为"人文"的重要表现形式,正是儒家实现化成天下理想的一种有效手段。由此看来,儒家重视文艺的载道功能,是有充分学理依据的。

《荀子·乐论》:"乐者,圣人之所乐也,而可以善民心。其感人深,其移风易俗,故先王导之以礼乐而民和睦。"①

这句话的意思是,音乐是圣人所喜欢的,它有助于改善人心;正因为音乐具有深远的影响力,能够改变社会风气,因此古代君王通过礼乐引导人民,使人民和睦相处。"礼乐教化"一般连称,说明在教化方式中,音乐承担着重要作用。在《论语·泰伯》中,孔子提出人的成长有三个关键步骤:"兴于诗,立于礼,成于乐。"②从学诗开始,以学礼立身,最后成于音乐,成就人的品性。音乐在教化中之所以如此重要,就在于音乐"其感人深"。礼对人的塑造带有外在强制性,而音乐对人的影响则是直接进入人的心灵。在中国文化语境下,音乐的教化作用往往融入礼仪功能之中,音乐是礼仪活动的有机组成部分,故礼乐往往连称。音乐确实具有"感人深"的特点,当音乐的旋律、曲调与负载儒家伦理道德的故事结合在一起的时候,戏曲的教化作用就自然而然地发生了。

(二)教化文艺观的功利色彩与审美追求相映成趣

儒家文艺观奠定了中国文学的比兴传统,塑造了中国文学的品格。儒家文艺观对文艺自身规律有自己的认识,《诗经》"六义"风、雅、颂、赋、比、兴就是儒家早期文艺观的集中概括。我们一般说的"比兴"手法,是儒家对于中国美学的贡献。

朱熹在《诗集传》中指出:"比者,以彼状此""兴者,托物兴词。"③托物言志与触景生情是中国文学创作中常用的手法或习惯。"比"相当于现代的比喻修辞;"兴"的基本含义就是借助其他事物作为诗歌的开头。大量

---

① 〔战国〕荀子著,张觉译注:《荀子译注》,第437页。
② 〔清〕刘宝楠撰:《论语正义》,第298页。
③ 〔宋〕朱熹集撰:《诗集传》,中华书局2017年版,第6页。

蕴含风雅兴寄的作品,都是比兴思维方式濡染的结果。我们读王冕的《墨梅诗》、陈子昂的《感遇诗》、于谦的《石灰吟》、袁枚的《苔》,往往深有会心,实际上是我们的阅读习惯中深深打下了比兴思维的烙印。

儒家文艺观的比兴手法与道家美学的情景交融、意境追求具有一种天然的契合,它们共同植根于中国美学传统,在这里儒家和道家文艺观有了自然的结合。

此外,儒家美学的"中和观"运用到艺术中,形成了中国传统艺术含蓄、内敛的风格。受儒家"哀而不伤、乐而不淫"的"中和"思想影响,中国绘画作品大多以平和、宁静为美。与西方绘画常常表现出强烈的愤怒、绝望的痛苦等情感不同,中国画中几乎找不到激烈的情绪。中国古代的戏曲艺术也承袭了"中和"的审美观念,常常通过悲喜交加的手法和大团圆的结局,使观众的情感得到"中和"。《窦娥冤》中的窦娥含冤而死,但窦娥临刑前发下的三桩誓愿:血溅白练、六月飞雪、大旱三年都一一实现,窦娥最终沉冤得雪。这样的结局设计,缓解了人们的极端心理,使得情绪得以平复。再如乐府诗《孔雀东南飞》的结尾:"两家求合葬,合葬华山傍。东西植松柏,左右种梧桐。枝枝相覆盖,叶叶相交通。中有双飞鸟,自名为鸳鸯。仰头相向鸣,夜夜达五更。"这样的浪漫主义结尾,给读者保留一丝光明和希望,也就是要他们对生活抱有信心。

课后思考题

一、简答题

1. 评书对人产生了什么样的精神影响?请举例说明。

2. 《诗经·周南·关雎》中的"窈窕淑女"指的是怎样的女性?

3. 《诗经·周南·关雎》中的"琴瑟友之""钟鼓乐之"表达了怎样的夫妻相处之道?

4. 白居易在《与元九书》中提出了什么诗歌理论?

5. 白居易的《新丰折臂翁》表达了什么讽谕之意?

6. "文以载道"的具体提法出自哪位思想家？

7. 儒家文艺观对文艺自身规律有哪些认识？

二、简要论述题

1. 儒家认为"诗教"对人格将产生什么样的影响？为什么会产生这样的影响？

2.《诗大序》认为《诗经》具有哪些社会教化功能？

3. 在儒家学者眼中，《诗经·周南·关雎》的主题是什么？

4. 为什么说汉乐府《陌上桑》为汉代女性树立了一个优秀标杆？

5. 如何理解王昌龄的《从军行》（七首之四"青海长云暗雪山"）是以歌颂为教化？

6. 请对清代诗人袁枚《苔》的主题做出阐发。

7. 钱穆先生在《中国文学论丛》中提出："中国人学文学，实即是学做人一条径直的大道"，请结合实例谈谈你对这句话的理解。

8. 曹丕在《典论·论文》中说："文章，经国之大业，不朽之盛事。"你能结合实例对这句话做出阐释吗？

9. 刘献廷在《广阳杂记》中说："戏文小说，乃明王转移世界之大枢机。"请对这一观点进行阐释分析。

10. 陈独秀早年在《论戏曲》中说："戏馆子是众人的大学堂，戏子是众人大教师，世上人都是他们教训出来的。"你对这一观点是否同意？请作出具体阐释。

11. 请解释中国戏曲的普遍性、虚拟性、交互性。

12. 为什么说中国戏曲的"高台教化"是寓于其写意性、虚拟性、交互性的艺术特色之中的？

13. 为什么说"观剧如读书"？

三、拓展阅读题

下面列出了"三言二拍"中的一些故事，请从中任选一篇，结合故事内容分析其教化世人的特点：

《杜十娘怒沉百宝箱》《蒋兴哥重会珍珠衫》《玉堂春落难寻夫》
《白娘子永镇雷峰塔》《卖油郎独占花魁》《灌园叟晚逢仙女》

四、案例分析题

"赵氏孤儿"的故事，体现的是中国人杀身成仁的道德境界。但历史上的"赵氏孤儿"与后来的艺术形象完全不同。千百年来的不同版本，也反映了人们不同时期的思想变迁。《赵氏孤儿》有许多版本，也一直被看作堪比《哈姆雷特》的东方悲剧。

《史记》版采自民间故事

"赵氏孤儿"的故事，主要来源于司马迁的《史记·赵世家》。但司马迁写这个故事时，带有强烈的小说色彩。早有史学家认为，《史记》中记载的赵氏被灭族与赵武复仇的故事，全采自民间传说，不能称为信史。

在司马迁的记载中，晋国奸臣屠岸贾诬陷名门忠烈赵盾、赵朔父子并将其满门抄斩，而赵朔之子赵武却因故脱逃。为赶尽杀绝，屠岸贾下令将全城婴儿杀光。赵家家臣公孙杵臼和程婴上演调包计和苦肉计，由公孙杵臼假装带着婴儿逃跑，再由程婴向屠岸贾告发。背负"出卖朋友、陷害忠良之后"的骂名，程婴带着赵武躲进深山十五年，将其养大成人，最终报灭门深仇。其实这是司马迁由搜集整理的先秦民间故事改编而成。

汉人亡国恨催生元杂剧

元代纪君祥以《史记》为蓝本，创作杂剧《冤报冤赵氏孤儿》，又名《赵氏孤儿大报仇》。元杂剧的改写使这个故事更富戏剧性，其中两个细节是以往所没有的：一个是将《史记》中的"他人婴儿"改写为程婴的亲生儿子，再一个是写屠岸贾命程婴拷打公孙杵臼，它所得到的效果就是突出了公孙杵臼在肉体上受到摧残以及程婴在精神上受到煎熬，从而更加强烈地表现出程婴的高贵品质以及公孙杵臼大无畏的英雄气概。此外，元杂剧还增加了程婴带赵武投奔屠岸贾门下、让赵武认屠岸贾为干爹等更加戏剧性的情节。在元杂剧中,"搜孤""救孤"情节为重中之重,原因就在于这部分不仅戏剧冲突激烈,人物也更有崇高感。

为什么《史记》关于"赵氏孤儿"的记载,独独到了宋元间才汇成悲剧的洪流?原因是宋朝汉人在军事上极度弱势,一直被北方游牧民族欺压,直至沦陷亡国。国恨家仇,汉人又处于被压迫的位置,愤怨之气聚集,报仇复国的血誓借民间戏文的样式存身。"赵氏孤儿"这个故事恰好成为汉民族情绪的绝好载体。舍生取义、杀身成仁,为实现正义或慷慨赴死或忍辱负重,呈现酣畅淋漓的民族血性。

现代人的"赵孤"更倾向于人性

进入21世纪,人们对这出经典剧目的改编与解读,则更多地从"忠义"与"人性"的冲突出发。2003年曾有两个版本的《赵氏孤儿》话剧同时在北京的舞台上演,一个出自大导演林兆华,另一个出自先锋戏剧人田沁鑫。

林兆华的"赵孤"最后放弃了复仇。林导认为让下一代背负上一代的血债,这不公平,也违背人性。田沁鑫则让"赵孤"在结尾哭喊道:"今天以前我有两个父亲,今天以后我是孤儿。"同样诠释了复仇并没有让"赵孤"得到解脱,反而增加了他的悲愤的思想。此外,陈凯歌版也通过屠岸贾之口质问程婴:"你有什么权力决定你儿子的生死,又有什么权力让这个孩子替你复仇?"

千百年来,《赵氏孤儿》因剧中人在人性与道义的纠结中最终选择后者,从而感动了无数观众。而在当今更注重个体生命和人性的思潮中,导演们显然更倾向于前者。是杀身成仁,还是化解仇恨、尊重生命?看来在今后若干年这还将是一个难以说清的命题,继续困扰不同年代的人们。[1]

---

[1] 观察者著:《〈赵氏孤儿〉折射千年思想变迁:是取道义还是遵从人性》,《北京日报》2010年12月1日文,有改写。

问题：

1. 为什么说《赵氏孤儿》是堪比《哈姆雷特》的东方悲剧？
2. 根据文章介绍，《赵氏孤儿》故事的三个版本有什么不同？
3. 你能从《赵氏孤儿》三个版本的不同得到什么启示？